西田哲学と禅

岡廣二

22世紀アート

まえがき

本書は旧著『西田幾多郎と宗教』（２０１３年・ぷねうま舎刊、２０２０年・22世紀アート社刊）のいわば前篇をなすものである。前著上梓の際、ぷねうま舎主の中川氏から二冊出版されてはどうかとの提案を受けたが、その余裕がなく、後半期執筆の論文のみの製本となった。このたび、すでにして喜寿を過ぎた筆者は、電子書籍によって前半期の諸論稿も世に問うべきか、と決意したのである。

強調したいことは、西田哲学の立場は「立場なき立場である」、ということである。それは禅の「無」の立場の裏返しであって、学としての「哲学」の内に禅が無証跡に結実しているのである。周知のように、その哲学の出発点は「純粋経験を唯一の実在としてすべてを説明して見たい」というものであった。「純粋経験」とは「主客合一」の事態であるが、なんとすでにこの「主客合一」の「純粋経験」のうちに禅の「見性」体験が概念化されていたのである。

打ち明ければ、筆者は早くから禅の核心は「主客合一」の体験にあると睨み、それを示す西田の証言を探し求めてきた。長い間むなしく月日が流れたが、ついに、その文言を発見したのである（本書の論文執筆当時はまだ探索中であった）。それはこうである――「我々の真の自己は宇宙の本体である、真の自己を知れば啻に人類一般の善と合するばかりでなく、宇宙の本体と融合し神意と冥合するのである。宗教も道徳も実に此処に尽きて居る。而して真の自己を知り神と合する法は、唯主客合一の力を自得するにあるのみである。而して此力を得るのは我々のこの偽我を殺し盡して一たび此世の慾より死して後蘇るのである。……此の如くして始めて真に主客合一の境に到ることができる。……基督教では之を再生といひ仏教では之を見性といふ」(『善の研究』第三篇「善」・第十三章の末尾)。

西田哲学の精髄は、まことに「主客合一」としての「見性」体験――ここにあることをよくよく銘記し、各自が自得すべき事柄であろう。西田哲学の体系はこの「純粋経験」が認識論的には「自覚」の概念に、判断論理的には「場所」の、社会歴史的には「世界」の、そして宗教的には「絶対無」の概念に展開・深化されていったのであるから、その哲学の底流には禅の無が絶対無であるがゆえに有として活きているのである。

凡例

1　底本は、岩波書店刊・『西田幾多郎全集』（1947〜53年）に拠る。

2　引用箇所の表示（Ⅲ・四五）は、全集第三巻・45頁であることを示す。
なお、引用に際しては、旧字体の表記の一部を新字体に改めたところがある。

3　引用文の傍点は筆者（岡）が付けたものである。

目次

第一章　西田哲学の核心……『善の研究』における「己事究明」

〔一〕

『善の研究』――これは云うまでもなく、日本の思想を代表する「西田哲学」の出発点をなす書物である。明治四十一年、西田幾多郎四十一才の時の出版であった。それは中央の学界を離れた「北国の辺陬において不遇な高等学校の一教師」の孤独な省察と読書によってなされた講義の草案を原型とするものであった①が、その成立の意義たるや、「日本の思想史の一つの時期を劃する事件」②とされるのである。なぜなら、これにおいて初めて日本の哲学は「単なる翻訳、紹介の段階を離れて自己自身の思惟による綜合と統一をもった主体的形成を得た」③からであり、さらにはこれを介して、禅あるいは大乗仏教、あるいは一般的に東洋精神と西洋哲学ないしキリスト教との出会いを可能にする場が開かれたからである。

『善の研究』の成立を俟って初めて東洋に固有な考え方や体験が哲学的に表現され、その思想や論理構造が明らかにされたということ、これが可能となった主因は西田個人の参禅体験に依拠したものであること、広く一般に解されている。西洋哲学の単なる解釈・説明ではなく、これと真摯に対峙し、また、援用することによって己の思想を展開発展せしめ、独自の哲学体系を構築しえたこと、これはほぼ十年にわたる打座・公案拈提・無字の透過など・彼の参禅体験に裏づけられて初めて可能となった。西田哲学の宗教の傾斜には、「禅の影響だけでなく、その底には母から受けた浄土真宗の躾の影響が大いにある」(④)としても、その著作『善の研究』には禅が決定的な役割を演じており、これとの深い内面的関連があることは否定し得ない。事実、西田自身、後年、その高弟西谷啓治への手紙に記して云う――「背後に禅的なるものと云はれるのは全くさうであります。私は固より禅を知るものではないが、元来人は禅といふものを全く誤解して居るので、禅といふものは真に現実把握を生命とするものではないかとおもひます。私はこんなこと不可能ではあるが、何とかして哲学と結合したい。これが私の三十年代からの念願で御座います……」(XIX・二二四・書簡番号・一七三八)。

「西田哲学」の基盤に禅があること、このことは禅の立場がそのまま直接哲学の分野に移行したということではない。「禅」即「西田哲学」ではない(⑤)。禅と哲学とは別個の存在であり、目的も次元も、対象も方法も異にする。このことは師家の警告もあって、彼自身早くから「参禅の要は実地の辛苦にあり、人は往々禅を以て他に資せんと欲す。大なる誤なり。参禅の眼目は生死解脱にあり、この外他事あるなし」と自省し、「余は禅を学の為になすは誤りなり。余が心の為め、生命の為になすべし」と日記に自戒していることからもわかる。

しかしそれにもかかわらず、真摯な哲学徒・西田幾多郎にとって禅との没交渉の生活はあり得なかった。参禅による自己修養・打座による己事究明・公案の工夫・これらに参入せずしては余りにも生活は多事多難をきわめ、内心の葛藤煩悶は余りにも大きすぎた。何よりも現実の自己自身のあり方が問題となったのである（⑥）。父との対立、妻との一時的離婚、校内の紛擾、四高講師の失職など、これらの苦しみを厳しい打座の修業に求めたのである。彼にとっての参禅は「自己の改造」のため、「心の奥底に返って妄念の本を斬るため」であった。職を得て山口に移った後も、三十代の西田を捕えて離さなかったものは打座の工夫であった。春、夏の休暇・年末から年始にかけての休業に例外なく起居したのは京都や金沢の禅堂であった。かくて、『善の研究』の成立にはほぼ十年間の参禅体験が根底にあり、両者の間には密接な内面的脈絡が存在するのである。『善の研究』の根本思想や基本概念、また総じて「西田哲学」の思惟のあり方は禅の体得から生まれた、と言ってよい。

ところで、「西田哲学」の源泉ないしその「哲学以前」を禅とする場合、問題となるのは禅におけるいかなる眼目、いかなる思惟が脱化して「西田哲学」に転生移入され、また、活用されているのか、である。「事」としての禅で求められたものが、「理」としての「西田哲学」にいかに移植され、潜在しているのか――小論の目的はこれの模索にある。

しかし、一般的に禅と云っても、甚だ漠然としているため、『臨済録』をとり上げ、この書で云われている根本的教理が『善の研究』の中でいかに哲学的に表現されているかを追跡することにしよう。なぜなら、『臨済録』は『歎異抄』と並んで、寸心・西田幾多郎が「最も尊敬した」典籍だからであり、また、「禅書を読むなら『臨済録』一冊でよい」（⑦）とするのが彼の読書法だからである。

〔二〕

しばしば禅の根本は「己事究明」にあるとされる。それは仏法の大意を単なる客観的知識として理解することではなく、日常の自己の生存のうちに、着衣喫飯・屙屎送尿の自己の平生のあり方を通して領得・体解せんとする。この道は自己の何たるかを通常の意識的自己・自我意識の奥底に徹見し、これを突破脱却して慧眼を開き、乾坤新たなる世界に躍入することにある。したがって、我々の課題は、禅の眼目たる「己事究明」が哲学の分野たる『善の研究』においていかに脱化され論理的に追求されたか、いかに哲学的省察を加えられて哲学的論理的表現を得たか、の追跡である。本書の「実在」や「純粋経験」、あるいは「善」や「神」などの基本概念の中において、禅で云われる「己事」はどのように哲学的に「究明」され、論理化されたのであろうか。

さて、禅における「己事究明」とは、自己自身がいかなる存在であるのかを本来のあるがままのあり方において知ろうとすることである(⑧)。「己事究明」の道は、禅筵においては主に打座の修業や作務を通して、または、公案拈提あるいは禅問答などによる法があるであろうが、しかしここ哲学の領域では、通常の我々の自己が果していかなるものであるかの論理的省察である。自己とは何であり、如何なる存在であるかの哲学的考察である。禅における「事」としての「己事究明」は、「理」としての哲学の場にいかに転生論理化されているのであるか。

『善の研究』の中で、「自己」の問題は特別積極的に考察されている訳ではない。各章、各節でも「自己」はそれ自体単独で取り上げられてはいない。本文中にあっても、第三篇「善」を例外とすれば、「自己」という表現は多い方ではなく、これに関する直接的記述は稀である。

しかし、このゆえをもって「自己」が全く言及されていないと断ずることはできない。むしろ「自己」の文字が直接使用されること少なくして、諸々の論述の背後に語られていると云うべきである。「実在」や「純粋経験」、あるいは「主観」「客観」、「自然」や「精神」、また、「神」の諸概念と結びつけられることによって「自己」は間接的に表白されている。「自己」が現実そのものの世界から切り離され、抽象化されて語られているのではなく、「実在」や「純粋経験」といったあるがままの現実そのものの奥行のある次元において言表されているのである。実際、『善の研究』の中心課題は、「実在とは如何なる者であるか」とし、「実在」の成立・構造、その発展分化の解明にある。本書の第二篇は「この書の骨子というべきもの」と著者自身によって指摘されているが、そこでは外ならぬ「真実在」「唯一実在」「具体的実在」が論究されたのである。いわゆる「純粋経験」の概念も、それ自体が考察されたのではなく、「純粋経験を唯一の実在としてすべてを説明して見たい」と期し、「実在」の成立や構造、あるいは、その展開との関連から取り上げられたにすぎない。「意識」や「意志」、「主観」「客観」などの哲学上の一般通念が論究されたのも、すべて「実在」との関係からであって、これらは「真接経験」・「真実在」の奥行のある背景から改めて捉え直され、一層深く掘り下げられ、新しい意味を賦与されたのである。「神」すらも「実在の統一者」ないしは「実在の根柢」とされ、「実在」との連関から思量されたのであった。

それゆえ、「自己」も単独で「実在」から遊離して究明されたのではなく、「我とはいつでも実在の統一者」であると説くように、これとの連係から探索されたのであった。すなわち、「真実在」は我々の「自己」を離れて成り立つものではないとし、「真の自己」をもって「具体的実在」を成立・構成せしめ、「実在」を「実在」たらしめる創造的なもの、と捉えたのである。日常の見たり聞いたりする具体的生の「自己」を捨象した実在は、考えられた実在でしかなく、抽象的存在以外の何物でもない。それは生きたものではない。

逆に、「唯一実在」「具体的実在」における「真の自己」は、通常の経験界から乖離した自己ではない。表象され、意識された自己ではなく、考えられた自己でもない。それは、反省知によって捉えられる底のものではなくて、当今即下の働きとして洞察され、自己は「実在の真景」・「直接経験の事実」における「独立自全の活動」の主体として掴まえられた。すなわち、我々の「真正な自己」とは「実在」ないし「純粋経験」を成立・構成せしめる当の主体であり、これを自発自展せしめ、もって「独立自全の活動」を完遂せしめるもの、と見たのであった。「純粋経験の事実」を離れて「自己といつて別にあるのではない」。純粋経験における直覚的統一が自己なのである。反省知によって捉えられた自己ではなく、現に反省しつつある働きとしての自己が「真の自己」なのである。曰く――「我々の自己は常に創造的で自由で無限の活動と感ぜられる……」。(Ｉ・九三)「真に活動せる物の本体といふのは、実在成立の根本的作用である統一力であつて、すなわち真正の主観でなければならぬ」。

結局、「真正な自己」とはそれ自体で単に存在するのではなく、活動であり、「真実在」において「統一するもの」なのである。それはなんら抽象態ではない。「直接経験より見れば活動其者が実在である」と説かれる場合の「実在」における自己であり、これ以外に自己は存在しない。結局、それは「純粋経験」の只中における働きなのである。

　ところで、このような「自己」を働き、あるいは活動として見る見方ないし捉え方は、通常のそれとは異なるであろう。けだし、常識は「実在」を「物」と「我」、「主観」と「客観」などとに分別し、自己は経験における「主観（主観的自己）」と捉えられ、「客観」と対立するものと解されているからである。それは主観の外に独立せる物体が存在し、主観の側の意識現象はこれに基づいて起こるものと見る。西欧の哲学でも、一般に主観と客観・精神と物体の対立を前提し、これを思想一般の出発点となしている。

　しかしながら、『善の研究』の立場はこれと異なり、主観の外に独立・固定せる物体とは具体的実在から抽象されたものに外ならないとし、「これらの相対せるもの或いは対立そのものを究極的なもの、具体的なものとせず、その根底に純粋経験の事実を認め、逆に純粋経験からこの対立を理解し、それから派生したもの、抽象したものと理解しようとする」⑨。主客の対立、あるいは、物我の対立は、「実在の真景を離れて反省し、思推することによつて」生じたものであると見、逆に主もなく客もない純粋経験ないし唯一実在がさらに大なる統一を求めて反省・省察されて主観・客観、自然・精神などの諸概念が分化・派生したもの、と説くのである。曰く――「普通には主観・客観を別々に独立しうる実在であるかの様に思ひ、此の二者の作用によりて意識現象を生ずる様に考へて居る。従つて精神と物体との両実在があると考へて居るが、これは凡て誤である。主観客観とは一の事実を考察する見方の相違である。精神物体の区別も此の見方より生ずるのであつて、事実其者の区別でない」（Ｉ・六〇）。「直接経験の事実においては主客の対立なく、精神物体の区別なく、物即心、心即物、唯一箇の現実あるのみである。ただかくのような実在の体系の衝突即ち一方より見ればその発展上より主客の対立が出てくる。換言すれば、知覚の連続においては主客の別はない。ただこの対立は反省によつて起つてくるのである」（Ⅰ・一八〇）。

問題は、通例とは異なるこのような主観の理解の仕方、また、ひいては「客観」の捉え方が一体何を意味するのか、である。すなわち主客の対立を前提とせず、この先入見を離脱し、活動そのものとしての主客合一の直接経験の事実から逆に翻転して主客の生成・成立を理解する思推が果して何を示唆するのか、である。

端的に云って、この問題は「自己」の捉え方・「自己」把握の仕方に収斂・帰一しうるであろう。そして惟うに、これは単なる哲学上の問題ではなく、西田個人の「己事究明」の参禅体験に由来するであろう。すなわち、「哲学」の分野で「自己」を単なる抽象的「主観」と前提せず、「実在」に即し、これを「直接経験」の真っ只中における活動の主体として把得しえたこと、このことは哲学以前に西田自身が参禅体験を通して「己事究明」に徹し、主観的自己・意識的自我の桎梏を突破脱却し、「自己本来の面目」を了得・体得したことを左証するものであろう。「哲学」という「理」の裡にではなく、「哲学以前」の「事」としての著者自身の打座の工夫によって「己事」を徹見し、意識的自我・主観的自己の次元を脱底突破して、「真正な自己（本来の面目）」の悟得・体得に至ったことを示唆するものであろう。もし、このことが確証しうるならば、「西田哲学」はいわば「往相の哲学」ではなく、「還相の哲学」として理解されるべきである。

したがって問題は、禅で云われる「己事究明」とはいかなる事態を云うのか、である。「己事」のいかなるあり方が、問題となるのであろうか。

通常、我々の知覚や分別は物事を意識に上った範囲内でしか捉えることができない。自己意識の対境となったもののみが知覚・分別されるのであって、いわゆる自己意識こそ対象認識成立の中心点・原点を構成するのである。「自己および自己の経験」の理解もこの構造上のこと、対象認識の領域内のことであって、自己はその場合、一般に「客観的事物」と区別された「主観的自己」として理解されているのである。

問題は、自我意識・意識的自己の領域内で受けとめられた「主観的自己」が果して「真正な自己」であるかどうか、である。すなわち自我意識ないし意識的自己によって捉えられた、その限りで分別的知解の対象となった「主観的自己」が果して「真正な自己」であるかどうか、である。

『善の研究』の立場は、「真正な自己」即「主観（的自己）」とするものではなかった。なぜなら、「主観的自己」と把握することは「純粋経験」において働く「真正な自己」を反省し、分析・抽象した結果に外ならないからである。「真正な自己」が意識の鑑に映されたものでしかないからである。実在の次元において働く「真正な自己」は一切を対象認識し、表象する働きそのものであるから、自己自身は対象とならず、表象化されない。したがって自我意識に映され捉えられた「主観的自己」は「真正な自己」ではない。「真正な自己」はいつでも働きそのものであるから、これを捉えようとするそのつど「真正な自己」は捉える側に廻っていつでも対象―表象の範疇を超越してしまう。それにもかかわらず、通常の理解の仕方は、意識の領域に入った、知的対象に訴えられた限りでの「主観的自己」をもって「真正な自己」と誤認するのである。それは意識された自己、対象化された自己であろうとも、つねに意識し対象化する働きとしての「真の自己」ではない。それゆえ、この自覚なくして通常の対象認識の場に執われるならば、「真正な自己」に触れることもできず、これに到る道も閉ざされてしまう。「主観的自己」が思考一般の自明の前提ないし足場となってしまうために、そこに潜んでいる如上の問題が看過されてしまうのである。そこでは、我々の日常経験の直下、「主観的自己」として表現・知解される以前に、つねにすでに活動している「真正な自己」が埋没されてしまう。この立場は、「真正な自己」を「主観的自己」という枠組に閉じ込めて、「内なるもの」となし、自己以外の対象物を「外なるもの」と看做す。そして内なる「主観的自己」から外なる「客観的事物」への道を唯一の真実在認識の法と思い込んでしまうのである。西田の云う対象認識とはまさにこの謂に外ならない。そこでは「内なるもの」と看做された「主観的自己」ですら、表象を介在せしめ、自我意識を通過して対象認識されたものであるから真の内なるものではない。それは「外なるもの」の一種にすぎない。「内」と「外」との絶対此岸にあって、しかもこれを同時に成り立たせしめている「真正な自己」が看過されている。ここに立脚し、「主観的自己」に執着している限り、「真正な自己」への遡源的回帰はあり得ない。それは無明樹の叢林を彷徨するだけに終止し、真実在への通路を自ら無意識のうちに隠蔽してしまう。それは意識されざる一つの囚であり、自縄自縛の陥穽に穴居している事態である。そして、ここからの脱出解放こそがまさに解脱宗教たる禅の一大眼目に外ならない。禅で云われる「己事究明」の成就を哲学的に捉えれば、まさに「主観的自己」・「意識的自我」からの「真正な自己」・「真の自己」への超越に外ならない。「真正な自己」を解放救出すること、それは自己が「真の自己」になることであり、同時に物が物となり、実在が真実在になることである。自覚の深化において、乾坤新たなる世界が生起することである。自己本来の面目への遡源的回帰は、これを介して真実存在への到彼岸であり、真理の殿堂の開扉である。かくてこそ、「己事究明」は禅の要諦のみならず、哲学一般にも相通ずる広さと深さを持つのである。「己事究明」による覚醒は単に宗教上の事柄に専属するだけでなく、学問としての「哲学」や「宗教学」一般に直結するとの謂である。「西田哲学」の本質こそはまさにこの宗教的覚醒の哲学的論理化に外ならない。

〔三〕

禅の要諦は「己事究明」にある。その根本は、「自己の本性を見究める術であって、とらわれの身を解放して自由への道を指し示す」⑩ことにある。それは、凡夫が自らの鍛練修業によって仏陀になること、正覚者になることを旨とする。浄土門がもっぱら仏の慈悲・仏の願によってしか救済され得ないとするのに対し、禅宗門では凡夫が仏陀になりうる可能性を認め、自己自身の修練・悟得による成仏を期待する。すなわち、禅は分別計較心に束縛されている自己意識・自我を無明と業との密雲に包まれていると洞見し、参禅修業による磐若の智の体得によって真の自己を救出済度せんことを目的とする。「正覚」・「開悟」とは磐若の智の領得の謂であるが、それは分別的意識の場、知的抽象の世界に捕囚されている真の自己・自己本来の面目を救済することである。「真正な自己」を求めて自執的自我から解脱することである。なぜなら、意識の場・表象的知解の場は、自我意識に執着している次元であり、これに執着していることによって、真の自己も、また真理をも掴まえられないからである。意識の場はすべて物を自我の意識に映して見る⑪がゆえに、物事をそれ自体からではなく、物事を自意識の側に歪めて捉えてしまう。物の実相を、それを成り立たせしめている当のそのものとから洞察するのではなく、物自体のあるがままのあり方において捉えるのではなく、自己意識に執した観方・主観的自己の枠内からの偏見になってしまう。「自己」自身の把得の仕方もこれとなんら異なるものではない。意識的自我のあり方は自己に執われており、それ自体一つの執着なのである。好むと好まざるとにかかわらず、通常の我々の自己はこのようなあり方になっている。それは欲してそうなったものではないから、一種の宿命と云ってよい。大悟徹底とはまさにこの捕囚・自己執着からの解脱に外ならない。しかし、解脱といっても、意識の場は外ならぬ自己の意識・意識的自己に執われているのであるから、ここからの脱却の道は、ひっきょう、自我からの解放であり、自覚の深化徹底をはかる以外にない。意識的自己のあり方を徹見してこれを突破し、自己の深層にわけ入って業識の根を断ち切ることである。古人の云う、「八識田中に一刀を下す」ことである。それは自己本来の面目を意識的自我の真っ只中に識取することであり、意識的自己以上の我・自己をして自己たらしめている当のそのものを意識の場・知的分別の場を粉砕・超出して体得・把握し、これになり切ることである。「真正な自己」を求めて意識的自己の奥底に掘り下げ、これを開鑿してその根底を突き破り、脱底して彼岸に立つことである。その時、自己は自己でなく非我の現成となり、彼岸ではなく絶対の此岸に転ずる。「大死一番乾坤新たなる世界」が生起する。如上の到彼岸への道が求められ、「己事究明」の法が開かれたのが、古来、禅林においてであった。西田が「余が心の為め、生命の為になすべし」とした臨済禅もその一例であった。

『臨済録』は臨済禅または臨済宗の祖である臨済義玄禅師の語録である。それは臨済系禅で云われる〝七部の書〟の筆頭第一の書とされ、この宗派の根本聖典であるという。従来、師家と学人との間で商量せられ、専門道場や諸所の禅筵で提唱されてきたこの書の思想を、今日の宗教界のあり方から解明したのが大拙・鈴木貞太郎であった。

大拙居士によれば、『臨済録』こそは、臨済その人によって自省・自覚されて捉えられた「人」（〝ニン〟と発音）の働きを記録した書物である、という。すなわち、「戒律的生活にも満足できず、経論の研究にも飽きたらぬもの」があった臨済は、「教外別伝の宗旨」を求めて回光返照し、仏法の大意を自分の生活、自分の霊性において自覚体得し、これを示衆・教説したのだとされる。それゆえ、『臨済録』の根本思想は、「個一者としての彼の存在の基体をなして居るところの人であった」と指摘されるのである（⑫）。

実際、臨済は「赤肉団人に一無位の真人あり、常に汝等諸人の面門より出入す。未だ証據せざるものは看よ看よ」（⑬）と説法し、「大徳什麼物《なにもの》をか覓《もと》めん。現今日前聴法無依の道人歴歴地に分明《ふんみやう》にして、未だ曽て欠少《かんせう》せず」（P・七五）と示衆したのであった。そして、この「人」とは自己の脚下に働いて自己をして自己たらしめているその当のもの・「自己本来の面目」に外ならない。正覚ないし悟得とは自覚の徹底であり、己事究明の究極点に到来するものであるが、臨済はこれによって自己本来の面目・「真正な自己」をば「一無位の真人」と見解・体得したのであった。意識的自我の奥底に潜み、自己をして自己たらしめているもの・「個一者の存在の基体」こそが「真人」「道人」

として活捉されたのである。

銘記されるべきは、この「人」がいわゆる表象―対象認識の場で知解された自己・「意識的自己」とは異なる、と云うことである。それは表象を介して把得されたものではない。分別智の上に領得されたものではなく、直覚的に把握されたものである。すなわち、人は一つの「考えから動いて居るのではない、自覚がそのままに動いて出て居るのである」⑭。

臨済の見地に立てば、真の自己は「意識的自己」以上のものであり、この枠内に決して包摂しうる底のものではない。それはいつでも脱自的存在である。常識上の「主観的自己」は自我意識の鑑に映された自己であり、真の自己の影にしかすぎない。それは映すという働きをなす真の自己から見られ・捉えられた自己に外ならない。自己意識を中心とする対象認識一般はつねに何かについての認識であり、何者かに関しての認識である。それはいつでも認識作用以外の外なる対象に向う。必ず外に向うということが対象認識成立の要件なのである。それは視線を翻えして自己自身を対象とし、自己を省察する事態においても根本的には同様である。それゆえ、対象認識は認識する働きそのものの原点＝自己に向うことはできない。認識作用の原点＝自己に向うそのたびごとに、原点は認識の根源・その手前に回ってこれと一つになってしまう。されば、臨済が「覓著《みやくちやく》すれば即ち転《うた》た遠く、之を求めれば転た乖《そむ》く」と説破し、一方で、悟得せんと欲して外に仏法を求むるの愚を口を極めて警告したのであった。曰く――「学人信不及にして、便《すなわ》ち外に向つて馳求す。設い求め得る者も、皆な是文字の勝相あり。終に他の活祖意を得ず」（P・三九）。「你《なんじ》若し仏を求めば、即ち仏魔に摂せられん、你若し祖を求めば、即ち祖魔に縛せられん」（P・七七）。「若し人、仏を求めば是の人仏を失す。若し人、道を求めば是の人道を失す。若し人、祖を求めば是の人祖を失す」（P・一二一）。

結局、臨済は、外に向って表象を介在せしめる自我意識中心の対象認識や知的分別によっては、「自己本来の面目」・「真正な自己」も、また、これを通しての仏法の大意も領得できない。それは唯「人惑」を受けるだけである、と説示したのである。「文字の中に向つて求む莫れ」と云われ、「仏を持つて究境と為す莫れ、我見るに猶厠孔《しく》の如し、菩薩羅漢は尽く是れ枷鎖、人を縛する底の物なり」（P・一二〇）と説かれる所以である。かくて臨済は「自己返照して看よ」と勧め、真の自己を「いま、この席で、わしの目前で仏法を聴いている己れの脚下に識取せよ」と説法したのであった。

しかしながら、もし回光返照が外の対象物に向う場合と同じ自我意識中心の、意識的自己の次元においての自省すなわち反省知にとまるならば、それは外に向っての「己事究明」となんら異なるものではない。それは対象認識作用の「外」なる客観的事物の位置に、「内」なる自己をそのまま平行移動したものに過ぎない。したがって自己もそこでは一種の外なるものであり、見られた・表象された自己でしかない。対象―表象を介した、真の自己の外に立てられた「自己というもの」でしかない。それは実体的有である。それゆえ、臨済も「外に向つて法無く、内も亦不可得なり」（P・九〇）とし、「山僧外に向つて法無しと説けば、学人会せずして便ち裏に向つて解を作し、便即ち壁に倚つて坐し、舌、上の齶を拄えて湛然として動ぜず。此れを取つて祖門の仏法と為す、大いに錯れり」（P・九八）と警鍾するのである。そして、「向わんと擬すれば即ち乖《そむ》く」底の真の自己は、「你若し動処に向つて他を捉うれば、他は不動処に向つて立せん。你若し不動処に向つて他を捉うれば、他は動処に向つて立せん」と云った具合であるから、「動と不動と是れ二種の境なり。還つて是無依の道人、動を用い不動を用う」（P・九八）と述べて、「動」と「不動」と別物でありながらしかもこれを超越し、かえってこの根底をなしている「無依の道人」・真の自己を把握せよ、と説教するのである。

要するに、臨済は「己事究明」の法灯の下、意識的自我・知的分別の場を脱底した立場に立ち、「真正な自己」・「自己本来の面目」を「無位の真人」「無依の道人」と掴まえたのであった。しかも、この「人」はまた「祖仏」と別物ではないとするのである。曰く――「你若し能く念念馳求の心を歇得せば、便ち祖仏と別ならず。你祖仏を識ることを得んと欲するや、祇《ただ》你が面前聴法底是なり」（P・三九）。「你言下に便ち自ら回光返照して、更に別に求めず。身心と祖仏と別ならざるを知つて、当下に無事なることを方に得法と名づく」（P・一一一）。

臨済が「体究練磨して一朝に自ら省」して体得したもの、それこそは知的分別の手前・表象――対象認識の此方に露堂々と働いている「人」であった。それは彼岸に立てられたのではなく、日常の生活のうちに求められた。「平常心是道」とされ、「仏常に世間に在して、而も世間の法に染まず」とされる。自我意識に執われている者にはこれが見えない――「相逢うて相識らず、共に語つて名を知らず」。しかるに臨済その人は、自我の脚下に、自我以上の「祖仏」と別ならざる「人」に相逢したのであった。その開悟は「真正の見解《けんげ》」と云われ、大拙居士の言では「霊性的自覚」と称されるものである。「真正の見解」といい、「霊性的自覚」といい、いずれも「己事究明」の究極点における事態であり、大悟徹底の謂に外ならない。いわゆる「見性」に外ならない。「見性成仏」といわれる事態である。

〔四〕

明治三十六年の夏も西田は京都大徳寺孤蓬庵に寄寓して参禅修業に打ち込んだ。その結果は、八月三日の日記に、「午前七時講座をきく。晩独参。無字を許さる。されど余甚悦ばず」と記された事態を迎えたのであった（Ⅻ・一一九）。この文面から推せば、公案が透関したのは事実のようであるが、しかし豁然大悟というものではなかった様子である。

とは云え、この禅の開悟が『善の研究』をはじめとして、後の「西田哲学」の形成に転生活用されていることは云うまでもない。「西田哲学」の哲学以前、それは「己事究明」の法灯を掲げる禅であった。禅的覚醒・禅的直観が換骨奪胎的に「哲学」の分野で論理化され、活用・転用されたのである。禅の悟得、これを介しての思惟法が、西洋哲学の摂取・援用ないしこれとの対峙によって、新しい哲学の地平を開拓し、いわゆる「西田哲学」と称される論理的体系の結晶を得たのである。その典型的一例が、我々が課題となしてきた「自己」の捉え方に外ならない。自己は観念化・抽象化された「主観」ではない。そうではなく「主観」という枠組を超出離脱して「真実在」に直達し、翻って「真実在」「純粋経験」の根源から逆に自己を透視、自己をもって「実在の統一者」ないし「統一的或るもの」と洞察したのである。自己を抽象態にではなく、純粋経験ないし実在の統一作用として掴まえて、経験の根底に働く主体こそ自己なのである、と見た。この自己の領得こそ臨済の「人」

に相当するものであること、云うまでもないであろう。臨済によって「人」として活捉された「真正な自己」は、西田によって「実在における統一的或るもの」ないし「純粋経験における統一作用」として把得された、との意味である。いずれもが意識の次元を超越脱底して、「自己意識」・「意識的自己」以上の「真正な自己」を掴まえたのであった。「己事究明」の極点に外ならない。

ところで、西田の云う「自己」と「統一的或るもの」ないし「潜在的統一作用」との関係で留意されるべきことは、無限に発展し、無窮に統一をなす「統一的或るもの」ないし「統一作用」は、これが我々の自己の一属性・一作用として自己に内在するのではない、ということである。我々の自己が先ず存在し、而してこの一作用・一属性として「統一作用」・「統一的或るもの」がいわゆる「もの」として・実体として内在するということではない。なぜなら、「実在の真景」に徹すれば、自己は単なる「自己」ではなく、まして「自己というもの」ではなく、また、「統一的或るもの」は「統一的或るもの」ではないからである。自己を単に「自己」となし、「自己というもの」、あるいは、「統一的或るもの」と見る立場は、その見方・その理解の仕方のうちにすでにして働きそのものとしての「純粋経験」の事態を反省抽象化し、知的表象の場から観想し、対象認識の場にあることを自ら証明している。が、「無字」の公案を透過して還相面に立つ西田にあっては、意識の場、したがって対象論理の場が突き破られ、自我意識中心の見方から解放されているがゆえに、自己は単なる「自己」ではなく、まして表象された「自己というもの」ですらなかった。それはまた、「自己というもの」が「統一的或るもの」を属性として所有する、と解するものでもなかった。そうではなく、逆に、普通「自己」と解されているものの背後ないし根底において捉えられた「統一的或るもの」・「潜在的統一作用」こそが、まさに「真の自己」に外ならないのである。曰く――「我とはいつでも実在の統一者であつて、物とは統一せられる者である」……「自己はかくの如く無限の統一者である」（Ｉ・七八）……「精神の統一者である我々の自己なるものは元来実在の統一作用である」（Ｉ・九二）……「我々の真正な自己とはこの統一作用そのものである」・「自己とは意識の統一作用のほかにない。……このほかに自己の本位というようなものは空名にすぎぬのである」（Ｉ・一八三）。

結局、「真正な自己」とは、日常の意識的自己の根底ないし背後に働く「実在の統一者」・「統一的或るもの」の謂であり、あるいは、経験を構成・発展せしめる「潜在的統一作用」そのものなのである。「自己」が「統一作用」こそが実に自己の本位なのである。そこには立場の翻りがなければならない。「主観的自己」からの突破・飛躍がなければならない。かくてこそ、「凡て我々の精神活動の根底には、一つの統一が働いている。これを我々の自己ともいい、又人格ともいふのである」とされる。それはいわば往相面ではなく、還相面でとらえられた自己に外ならない。

上述の観点よりすれば、一般に「自己」とはなんら絶対的固定的なものではなく、逆に、この「統一的或るもの」が経験を通して造形涵養したものに過ぎない。否、もっと積極的に云えば、「統一的或るもの」の統一のあり方、統一の仕方こそがそれぞれの「自己」を形成・涵養するのであって、決してその逆ではないのである。

通常の対象認識の場に停まる「意識的自己」すなわち「自我」のあり方すらも、この「統一的或るもの」がそのようなあり方をしている例に外ならない。「統一的或るもの」が無意識のうちに自我意識に執われ、表象的知解・意識的分別の場に閉じ込められ、拘束束縛されているのである。本文を引用すれば、真正な自己が「小なる自己に妨げられて」いる事態である。そして、ここからの解脱こそ禅の「見性」であり、「彗眼を開く」ことである。大拙居士の「霊性的自覚」であり、西田の云う「見神の事実」、または、「自己の変換」・「生命の革新」である。この事態は、「真の自己」の領得を、自我意識によって自我意識の次元で知解分別するのではなく、自我意識の奥底を徹見してこれを粉砕超出し、その根底に露堂々と働く「統一的或るもの」を掴み、体得し、翻ってこの次元より「自己」を「統一的或るもの」の現前・現成と洞見し、自覚的にこれになり切ることである。それは、西田の云う「小さき我々の胸の中にも無限の力が潜んでいる」ことを感得することであり、無限なる統一が「自己の意識を破りて堂々と」働きおることを体得し、これに即して働くことである。それは自己を単に「主観的自己」と見るのではなく、かえって「統一的或るもの」すなわち無我・非我の現前・現成こそが「自己」なのだと翻転・把得することである。

繰り返すように、「統一的或るもの」は意識的自己を中心とする思考の延張上に求められたものではない。それは自己の外に立てられ、表象されたものではない。また、自己の内に見られ、内省されたものでもない。自己の内ないし外に立てられれば、「自己」と「統一的或るもの」とは二つのものになってしまう。「二つで不二、不二で二にあらず」がまさに自己のあり方なのである。それゆえ、真の自己すなわち「統一的或るもの」は自己の内外にではなく、内外の手前、その絶対の此岸に求められねばならない。『善の研究』で「背後」ないし「根底」、あるいは「潜在的」の語が頻繁に使用されたのは、実に上述の意味においてなのである。曰く――「……知覚活動の背後にも、やはり或無意識的統一力が働いていなければならぬ」（Ⅰ・一三）……「感覚或いは連想のような者に於てすら、その背後に潜在的統一作用が働いている。」（Ⅰ・二六）……「この直覚の根底に潜める理想的要素はどこまでも豊富深遠になることができる。」（Ⅰ・四一）……「思想の根底には神秘的或物が潜んで居るのである。」（Ⅰ・四四）……「実在の成立には…其根柢において統一というものが必要であると共に…（Ⅰ・六八）「意識の根底には時間の外に超越する不変的或物があるといわねばならぬことになる。」（Ⅰ・七四）……「…精神の根底には常に不変的或る者がある。」（同上）。

以上の事例は常識的見方の逆を行くであろう。そこには明らかに立場の翻りがある。往相面からではなく、還相面からの洞察がある。そこに東洋的冥想、とりわけ、禅の「己事究明」の転生活用が看取できるであろう。端的に云って、それは禅における「己事究明」の哲学的省察に外ならない。「自己本来の面目」を求めての往相から還相へ、還相から往相への遡源的回帰の論理化に外ならない。『善の研究』における各篇の主軸が、「主観的自我を突破して真の自己へという道」に沿って論究されている、と指摘される所以である⑮。それは近代主観性哲学の立場の突破をも意味するであろう。

西谷啓治によれば、普通一般に「経験」というものが考えられるとき、㈠意識に関して知・情・意を初めから別々なものとして分けて考えること㈡主観と客観との差別に拘着していること㈢「個人」という枠が絶対視されていること、の三つの先入見がみられるという⑯。通常の意識的自我のあり方が上記三つの先入見を産み出し、これに束縛されているとの謂である。いわゆる西欧の「形而上学」もこの常識的な観方を超克していないと指摘されているが、それはさて措き、『善の研究』ではこれらの先入見とはいずれも逆の方向からの見方がなされたのであった。この逆の方角から観察すると、これらの先入見は意識的「主観的自己」の枠内から管見された一種の知的分別に外ならない。そして、これら三つの先入見が一つに収斂するところ・帰一するところが実は「自己」なのである。「己事究明」が要請される所以である。

「己事究明」の究極点に立つ本書の立場は、主観的自己を中心とする常識的見方、捉え方をなすものではない。それは、これの背後ないし根底に廻り、そこから物事の実相を洞察したのであった。還相の下における透見である。上記㈡については既に略述した通りであるが、今また、「還相」としての西田哲学を検証すべく㈢に関して敷衍すれば――意識は必ず「誰かの意識」であり、経験は必ず「誰かの経験」であると見るのが我々の一般常識である。しかしながら、西田は必ずしもこれに拘束されず、「個人」の枠を絶対的・究極的なものとはしない。曰く――連想なり記憶なりは個人意識であり、「思惟だけは超個人的で一般的である」とする「区別も、我々の経験の範囲を強いて個人的と限るより起こるので、純粋経験の前には反つて個人なるもののないことに考へ到らぬのである」（Ⅰ・二四）。「……意識は必ず誰かの意識でなければならぬというのは、常に意識には必ず統一がなければならぬという意にすぎない」（Ⅰ・五五）。

たしかに現実の世界では個人がそれぞれの経験をなし、それぞれの生活圏の基盤を形成しているに相違ない。しかしながら、これら個人的生の一方で、同時に他方では個人を超えた人類共通の生活体系が構築されているのもまた事実である。このように、個々人の生を織りなしながら、しかも同時に人類一般に共通する普遍的生活圏を構成しているものこそは、個々人の根本に働いている「統一的或るもの」の超個人性・普遍性なのである。自己と他人との間に意志の連結が成立し、相互が「相理会し相交通することができ」るのみならず、昨日の自己と今日の自己とが直ちに結合されて同一の体系をなし、個人の一生というものが成り立ち得るのも、また、時代を超えた古人との相逢が成立して歴史が形成されるのも、すべて「統一的或るもの」の「超個人的要素」に由るのである。

さらに云えば、あやめも分たぬ幼児にも、高尚なる芸術活動をなす画家にも、等しくその経験を内側から形成・発展せしめてそれぞれの生のあり方を展開せしめるものこそは実に「統一的或るもの」の働きに外ならない。もちろん、「経験はおのずから差別相を具えたものでなければならぬ」から、両者の間には厳然たる質的差異のあることは云うまでもない。しかしながら、あやめも分たぬ幼児と円熟した画家との間に見られる質的相異の出所は、結局は両者の根底に存在して等しく働く「統一的或るもの」のあり方、すなわち、その自発自展の相異によるのであって、ひっきょう、等しきものの「程度の差」にすぎない。それゆえ、「そこで実在の根本方式は一なると共に多、多なると共に一、平等の中に差別を具し、差別の中に平等を具するのである」とされる（Ｉ・六九）。普遍的・超個人的な「統一的或るもの」としての「一」が、そのままで個々人のその統一の仕方、発現の仕方において「多」に具体化されるのである。個人個人の間に「多」として具体化され、表現された質的差相はそのまま超個人的な「統一的或るもの」の統一のあり方の差異に帰一するのである。超個人的「統一的或るもの」が「一」としてどこかに客観的に存在するのではない。それは個々人の生のそのつどそのつどの経験のうちに「多」として具体化・顕現しているのである。それ以外のあり様はない。

ところで、この立場よりすれば、「個人」という人格も「統一的或るもの」のなせる業であり、その顕現・体現、と云うことができる。個人は抽象的存在ではない。それは生けるものであるがゆえに「人格」のない個人はあり得ず、個人は必ず人格を有す。そして、個人をして「人格」にまで涵養生育せるものこそは外ならぬ「統一的或るもの」なのである。確かに、日常生活においては「個人」がその単位をなし、これに応じて常識も「個人」の枠組を絶対視し、この枠組の中から世界に対処している。しかしながら、西田は先に「主観的自己」という桎梏から脱却したように、これに即応して、「個人」の枠をも離脱超越して、必ずしもこれに拘束されなかった。個人は確かに存在する。しかし、個人をして「個人」たらしめ、個人をして「人格」にまで高めている当のものこそは、個人の根本に働く超個人的「統一的或るもの」なのであって、逆に、個人なるものはこの「統一的或るもの」の一限定・その一顕現態に外ならない。云わば、個人は「統一的或るもの」が経験を通し、自発自展を介して内側から造り上げたものであり、その彫像なのである。

結局、西田が「純粋経験は個人の上に超越することができる」と述べて「個人」の枠を離脱できたのは、各人の根底に常に超個人的な「統一的或るもの」が働き、これが逆に各人の「純粋経験」を構成し、もって「人格」を涵養形成しているのだ、と見たからに外ならない。これはまさに還相面における「個人」の洞察に外ならない。曰く――「我々の情意は……超個人的要素を含んで居るのである。……併し人が情意を有するのではなく、情意が個人を作るのである。情意は直接経験の事実である」（I・六二）。

かくて、有名な「個人あつて経験あるのではなく、経験あつて個人あるのである」の言葉も、上述の意味において理解されねばならない。それは「己事究明」の極点において、西田が「個人を絶対視」する往相的な立場から解放されていることを左証するものに外ならない。それはまた、後年、「個人的区別より経験が根本であるという考えから独我論を脱すること」ができた、と述懐される事態でもあった。

〔五〕

今まで述べてきた「己事究明」は本書の第四篇に到ってさらに徹底深化された。すなわち、「独り宗教は自己そのものの解決」する道とされ、宗教において初めて「真の自己」が見出しうると説かれたのである。そして、ここでは自己は神や宇宙などの一層大なる地平から見られ、新たな位置づけを与えられたのであった。すなわち「実在の統一者」としての自己は「実在の根柢」としての神に結合され、一面で神と同じ根底に立ち、神と「同性」であるといわれたのであった。

西田によれば、「宗教的要求」は「我々の自己がその相対的にして有限なることを覚知すると共に、絶対無限の力に合一してこれに由りて永遠の真生命を得んと欲する」ことから生まれるという。すなわち「我々は知識においてまた意識において意識の統一を求め、主客合一を求める」（Ⅰ・一七二）が、しかしこれは相対的統一でしかなく、「半面の統一にすぎない」。その結果、「主客相対し、物我相背き、……人は神より離れ、楽園は長《とこしな》えにアダムの子孫より鎖される」。そこで分裂した人間は、

「やまんと欲してやむ能わざる大なる生命の要求」(Ⅰ・一七〇)から、「最深の統一」を求め、「主客合一」「絶対的統一」を求めるに至る。個人的要求を中心とした矛盾衝突を超克すべく、より大なる要求、より大なる生命を求め、客観的真理と合一して真の自己実現を図ろうとする。かくて宗教の目指すところは主観的要求を放擲して宇宙との合一、神との冥合の内に「自己の真生命を見出す」ことであり、相対的で有限な人間が「神人同性」「神人合一」の関係に立つことである。曰く——「かく最深の宗教は神人同体の上に成立することができ、宗教の真意はこの神人合一を獲得するにあるのである」(Ⅰ・一七七)。

問題とすべきは、いったい如何なる論拠によってこのような関係が成立しうるのか、である。卒直に云って、神秘主義の立場を例外とすれば、一般にキリスト教では神と人間との関係をもって「神人同体」「神人同根」、あるいは「神人同性」とは教説しないであろう。しかるに『善の研究』では神人同性・同根が積極的に提示されるのである。曰く——「神は宇宙の根本であつて兼ねて我等の根本でなければならぬ」(Ⅰ・一七四)。「我々が神を敬し、神を愛するのは神と同一の根底を有するが故でなければならぬ」(Ⅰ・一七六)。

端的に云って、これはまさに仏教の教理・禅の立場の哲学的表現、哲学的論理化と云ってよいであろう。けだし、仏教は自己の修業・鍛練によって凡夫が凡夫の姿のままで正覚者になり得るとし、悟得に至れば凡夫も仏陀・釈迦と別者ではない、と説くからである。もとより、『臨済録』の説教も例外ではない。それゆえ、我々は先ず『臨済録』のなかに、次に『善の研究』のなかに、この「神人同性」「神人同根」の論拠を捜してみよう。

『臨済録』で、云わば西田の云う「神」に相当する言葉は「仏」、「仏法」、「釈迦」などであろう。ここでは直截明快に、仏法を求めるのに回光返照して自己の脚下を照顧せば「你祖仏と別ならず」とか、「釈迦」と別ならずとか、さらには你「諸仏の本源なり」と説かれているのである。曰く——「仏今何《いず》こかに在る。明らかに知んぬ、我生死と別ならざることを」（P・七九）。「是れ儞什麼をか欠少する、道流、是れ儞が目前に用ふる底祖仏と別ならず」（P・八九）。

ところで、前述の如く、『臨済録』は「真正な自己」をもって「真人」「道人」としたのであるから、「真人」「道人」が「祖仏」「釈迦」と同根であり、同位・同性であるということになる。果してこれは如何にしてか。

「真正な自己」はいつでも意識し、認識する能動的働きであるから、対象認識・対象論理の対境になるものではない。それは表象され、客観化された自己ではなく、その手前に超越してつねに認識し、表象する働きそのものである。意識するものと意識されるものとは同じ範疇に属するものではない。そこには一種の超越した次元が横たわっている。したがって、たとえ臨済のように「真正な自己」を「真人」「道人」と把握しても、この「真人」「道人」自体がすでに意識的な一つの言葉であって、意識され、表象されたものであるから、その限りで「真正な自己」が云いあてられた訳では断じてない。されば臨済自身も「真人」「道人」以外に「面前聴法底」、「目前歴々底」と別称し、また、「光影を弄する底」、「目前昭昭霊々として鑑覚聞知、昭燭する底の人」と換言するのである。それは別しては「一箇の父母」とも呼ばれ、さらには「諸仏の母」とも呼称されたのである。

しかしながら、強調されるべきは、如何に表現され、如何に換言されようとも、それらはすべて言葉を介在せしめ、その限りで意識され、表象されたものであるから、「真正な自己」は決して云いあてられたことにはならない、という事態である。つねにすでに表象する働きそのものとしての「真正な自己」は、いわば水源そのものであって、これを指示する諸々の言葉はいずれもその水源から派生した流水にすぎない。云いあてようとする瞬間、水源は底を潜ってその流水の淵源・その根底の水源となってしまう。「真正な自己」は働き自体であり、意識し表象する働きそのものであるから、自己表象の対象となるものではなく、意識されるものではない。それは、自己自身を云いあてずしてつねに他を云いあてるという能動的な働きであり、自己自身を意識せずしてつねに他を意識するという働きそのものなのである。それゆえ、「真正な自己」と云ったところで言葉を通しての理解であるから、その限りで意識されたものであり、表象されたものであって、結局、「真正な自己」という事態はこの言葉をもってしても云いあてられてはいない。それは水源の蹤跡以外の何物でもない。末流から水源への遡行はあり得ない。かくて、「真正な自己」という事態への躍入は、単なる言葉を通路とした対象―表象の認識法によっては達成され得ないことになる。それは知的表象作用の結果たる単なる言葉の仲介によっては決して体得しうるものではない。さればこそ、禅は「説似一物即不中」とし、臨済も「口を開けば早くも勿交渉」と説くのである。このことは、結局、往相からの言葉を介しての知解分別はやはり意識的自我の場からの理解であって、この立場、この方法にのみ依拠していては「真正な自己」、ひいては仏法の体得に到達し得ないことを示唆している。すなわち、「真正な自己」ないし仏法の大意は、意識的表象的な言葉の射程外にあり、本来、言葉なきところに現成しているのである。まさにここに、禅が仏法を示すのに独自の「即して働き」、「なりきる」

ことをもって示す禅問答を開発した理由があり、また、言葉をもって「月を指す指」、「魚をとる網」となす所以が存する。「不立文字」とする論拠がある。結局、「真正な自己」は知的対象や言葉の淵源そのものなのであるから、これらを超絶しており、言葉なき所に歴々と現成している。そして、この立場、この次元こそいわゆる西田哲学に云う「絶対無」の場に外ならない。先取りすれば、この「絶対無」の場においてこそ、我々の「自己」と「祖仏」とが同性同根であり、我々の「自己」と「祖仏」あるいは「釈迦」とが別ならずとされる事態が成立するのである。そして、この「絶対無」の立場は『善の研究』においても立派に生かされ、西欧思想にも相通ずる新しい哲学的論理づけをなされたのであった。「絶対無」の哲学の分野への転生である。

『善の研究』では、我々の「真正な自己」は「統一的或るもの」であり、「意識の統一作用」であった。それはつねに一方的能動的に他を統一するのであるから、これを知的対象論理では捉えることができない。曰く――「この統一そのものは知的対象となることはできぬ、我々はこのものとなつて働くことはできるが、これを知ることはできぬ、真の自覚はむしろ意志活動の上にあつて知的な反省の上にないのである」（Ｉ・一八三）。「我々の意識統一は見ることもできず、聞くこともできぬ、全く知識の対象となることはできぬ。一切はこれによりて成立するが故に一切を超絶している」（Ｉ・一八九）。

我々の自己の根底に働く如上の「統一的或るもの」は、すべてを対象とし、一切を統一することを可能にする根源であるから、それ自身対象化されることもなく、統一されることもない。対象化されずして一切を対象とする、統一されずして全てを統一する我々の統一作用それ自体は、これすなわち「動いて動かざる」神の統一作用の一種に外ならない。なぜなら、西田にあっての神は正統キリスト教のような具体的実在を超越した存在ではなく、「神は万物の根本であって、神の外に物あることなく、万物ことごとく神の内面的性質から生ずる」（I・一八四）がゆえに、我々の自己の奥底にも神の御業が貫徹作用し、「その（我々の意識）統一は神の統一より来る」（I・一八二）からである。「神は一切であり、すべてのものが神の内より出てくる」。それゆえ、神においては「すべてが自己であって自己の外に物なき」（I・一八四）がゆえに、我々人間も神の内に位することになる。「我々の神とは天地これによりて位し、万物これによりて育する宇宙の内面的統一」（I・一七六）であるから、「内は人心の根底」において働く「統一力」も、「統一作用」も、結局、神の働きの一つ・一作用といわざるを得ない。これ実に「神人同位」「神人同根」の関係が成立する所以である。

　これを「実在」の観点よりみれば、神は「実在の統一者」であり、「実在の根柢」である。しかるに、「実在」は我々の自己が臨現する「純粋経験」において成り立ち、自己は「実在」を成立構成せしめ、展開発展せしめる働きなのであるから、結局、「実在」の面を通して我々の根底にも神は働きおることになる。主客合一の純粋経験、絶対的合一の真実在において我々の根底は神に繋がり、神の根底は我々の根底に接続・接触しているのである。曰く――「……実在の根柢たる神とは、この直接経験の事実すなわち我々の意識現象の根柢でなければならぬ」（I・一八一）。ここに神人同根の論拠が求められるであろう。

ところで、自己をもって「実在」における「統一的或るもの」となし、神をもって「宇宙の統一者」となすも、これらの言葉すら「統一作用」それ自身によって「統一」されてこのような表現になったのであるから、この「統一者」なる言葉をもってしても「自己」ないし「神」の真の当体を云いあてたことにはならない。上記の「統一者」とする理解の仕方は、「自己」および「神」が我々の意識・自我に向った限りで顕現したものに外なく、まだ、対象―表象の場を残している。そこでは「自己」も「神」も自我意識から対象視され、自我の外に観られている。「自己」も「神」もそれ自身決して対象化されえずして逆に他の一切を対象化し、それ自身統一されずしてかえって他の全てを統一する一方的根源的働きそのものであるから、周辺からの言葉を介在せしめて「統一者」と対象論理化し、表象知解してもこれを完全に云いあてたことにはならない。それは知的対象論理を超絶した絶対の主体であって、決して客体になりうるものではない。それゆえ、自我の枠内からではなく、真の自己自体の、神自体の中心に立脚すれば、「自己」も「神」も「統一するもの」ではなく、むしろ「統一しないもの」であり、「対象化するもの」ではなく、かえって「対象化しないもの」である。すなわち、還相面では自己も神も、自己自身を統一せず、自己自身を対象化しない。しかし、現実は自己自身を統一せず、対象化しないがゆえにこそかえって他をよく統一し、対象化しうるのである。「統一的或るもの」としての「自己」および「神」が他の一切を能く統一し、これを対象化しうることは、そのままで、かえって自己自身を統一せず、自己自身を対象化しないからに外ならない。西田がベーメの言葉、神は「物なき静けさ」であるとか、「無底」あるいは「対象なき意志」などを引用する事由がまさにここに存する。

結局、「自己」および「神」の真の実態ないし真の実相は「対象化され得ない実在の、対象化され得ない根柢に外ならない」。しかし、「自己」も「神」も対象化されたからこそ「神」、「自己」等の言葉が発生してこのように表現されたのであるから、上記の「対象化され得ない」という事態をさらに徹底すれば、端的に、自己は「自己」ですらなく、神は「神」ですらない。むしろ、自己は「自己」でないからこそかえって「自己」なのであり、神は「神」でないからこそかえって「神」なのである。西田が「神すらも失つたところに真の神を見る」というエックハルトの言葉を引用する所以である。

上記の事態は、ただ「自己」や「神」のみにあてはまるだけではない。それはすべての物事、すべての現象に妥当する。すなわち、総じてあらゆる「物」の自体性ないし属性は、意識的自己を中心とする対象―表象的認識を超えた次元で現成している。物そのもの、物の自体性は主観的自己の認識範疇の彼岸にある。なぜなら、主観的自己を中心とする対象―表象的認識の場は、物自体が我々に向った限りでしか捉えられないから、その限りで、それは物自体、物そのもののあり方とは異なるからである。それは、物自体を光源とすれば、周辺の我々に射影された物の相にすぎない。通常、我々は「『もの』の物自体をその周辺から、その外を繞りつつ、見てゐるのである」⑰。そこでは、物は物そのものの自体を開示していない。意識的自我のあり方が自己に執した一つの角度であって、この角度を通す限り、物自体は開示されないのである。しかし、意識的自己の角度すなわち通常の対象―表象的認識が「火は焼くもの」とするのに対し、禅の立場が「火は火を焼かず」とか、「水は水を洗わず」とか説示するのは、それが意識の場を離脱し、還相に立ち、物自体に即しているからに外ならない。意識的自我の桎梏を突き崩し、無の場に立脚しているからに外ならない。しかし、無は何か客観的な「もの」として・「有」として存在するわけではないから、これはさらに無化されねばならない。無をも無化した「絶対無」に立って大観すれば、自己は自己ではなく、非我・無我の現成に外ならない。これを表現しようとすれば、「自己は自己にあらず。故に自己なり」といういわば「即非の論理」にならざるを得ない。自己が自己であるそのもとのところ、自己が自己自身として成立現成するそのもとのところは自己ではない。自己は単に意識化された自己ではない。自己ではないところにおいてのみ、自己は真に自己として現成する。『自我』として性起している本性は非自我であり、『無我』としての自己である」。二つであって不二である。

このような「真の自己」の領得は、同時に物事をその物事自体からの把得する道をも拓く。物を物として成り立たせているあり方・物自体を物自体のあり方から受けとめること、これこそまさに「絶対無」の場に躍入することに外ならない。躍入とは我々自身に「絶対無」の場が開かれることである。それは、「己事究明」を通しての「真の自己」自身の開示であり、兼ねて物自体の開示である。見性を機縁としての往相から還相への飛躍転換である。そこでは自己が「絶対無」なのではない。かえって、「絶対無」が自己なのである。物が「絶対無」なのではなく、逆に「絶対無」が物なのである。

いわゆる「絶対無」の立場は、『善の研究』の段階ではまだ徹底されず、明確な概念となってはいない。「純粋経験」のもと・「実在」のもとは純粋経験でなく、実在でもない。また、真の自己たる「統一的或るもの」は統一的或るものですらない。にもかかわらず、この段階のこれら諸概念は本書の思惟の前提ないし根底となっており、その限りで「無底」でなく、「絶対無」でもなく、ある種の「有」のような概念となっている。後年の「西田哲学」にあらわれる「絶対無」の概念はまだ確固とした形成になっていない。

しかし、これをもって西田が単純な「無」の境涯にとどまっていたと判ずることはできない。なぜなら、「実在の根柢」ないし「神」の概念は「絶対無」を示唆するものとみられるからである。先に触れたように、神は「実在の根柢」であり、「宇宙の根柢」であった。それは「万物の根本」とされ、「天地これによりて位し、万物これによりて育する宇宙の内面的統一力」とされたのであるから、この神の概念こそが外ならぬ「絶対無」の象徴と思量せられるのである。けだし、「絶対無」は大なる肯定の場、絶対肯定の場であって、森羅万象ことごとくここに淵源し、すべての存在がここに根拠しているのであるから、これまさに神に比されるべきものなのである。すなわち、「絶対無」は「世界の可能根拠、ものの存在の可能根拠」なのであるから、結局、それは「生命の源」たる神に外ならない。

本書が「宇宙の外に超越せる造物者」としてのキリスト教的な神ではなく、「実在の根柢」ないし「実在の統一者」としての神を思惟したこと、また、キリスト者のうちでも神秘主義者のベーメやエックハルトが援用されたこと、この所以は実は「絶対無」が「神」として哲学的に省察・論理化されたことに外ならない。そして、先に見た「神人同性」「神人同根」の論拠もこの「絶対無」の場を介し、この場のうちに求められたのである。つまり、「絶対無」は我々の自己の根底でもあるから、これに相応じて『善の研究』でも、我々の自己は「実在の根柢」ないし「実在の統一者」としての神から根拠づけられたのである。すなわち統一されずして実在を統一する我々の意識統一は「総べての範疇を超越」しており、「万物はこれによりて成立するのである」から、これすなわち「動いて動かざる」神の意識作用に外ならない。それゆえ、「我々の意識は神の意識の一部であつて」、「人間は一方より見れば直ちに神の自覚」なのである。したがって「我々の個人性」は「神の発展の一部」「神の分化作用」と云ってよく、「各自の発展は即ち神の発展を完成する」ものと大観できるのである。

結局、西田が神人同性・同根を立論しえたことは、還相面においてであって、「絶対無」を「実在の根柢」ないし「神」として哲学的に省察論理化に成功したことを意味する。禅が禅ではなく、哲学として脱化して転生している一例である。

〔六〕

「西田哲学」は日本が明治以降西欧の哲学を受容摂取してから後、日本人の手で初めて建立されたきわめて独創的な哲学体系である。その独創性・その独自性の一因が東洋人の思惟や体験、とりわけ、禅的直観を基盤としていることに由来すること、既述の通りである。

肝要なことは、「西田哲学」をもって禅的思惟の哲学的表現と理解する場合、禅の如何なる教説・如何なる思惟が哲学的に省察論理化され、これに転生されたかである。我々はこれを禅の本旨とな す「己事究明」の観点から『善の研究』の中に模索したのであった。

禅は仏陀・覚者になるための教えである。キリスト教は神を信じることを本領とするが、仏教は悟ること、解脱することを旨とする。覚悟・見性こそ仏陀になること、覚者になることに外ならない。それは各人が自己自身の奥底に、自己の何たるかを徹見・見得することであり、自己をして自己たらしめるものを究明・体得することである。臨済はこれを「無位の真人」「無依の道人」として把得したのであった。西田はこれを純粋経験における「統一的或るもの」・「意識の統一作用」と掴んだのであった。これは、臨済によって「人」として把捉された「真正な自己」が、西田によって「統一的或るもの」と省察・換言され、哲学的に論理化されたもの、と云ってよいであろう。歴代の禅林の中で受け継がれて来た「己事究明」の法燈が、西田に至って「哲学」の分野に摂取受容され、西欧哲学との対峙、また、その援用によって純粋経験における「統一的或るもの」と云う哲学的論理化を得た、との謂である。これは禅が禅の立場を離れて新しく生きることであり、その転生である。哲学にとっては新しい地平の開拓であり、人間の存在構造および認識や知識一般の成立根拠の開鑿である。両者にとっての「上求菩提、下化衆生」である。そして、これが可能となったのは、西田個人の宗教的覚醒に外ならない。それは己事究明の究極点において「絶対無」の場に参入し、そこから翻転して諸現象の場に超出することである。到彼岸を通してそのまま絶対の此岸に立脚することである。しかしそれは自己の内外に「絶対無」を立てることではなく、かえって自己の脚下に「絶対無」の場を開示することである。哲学的には「実在」ないし「存在」の解明である。

この立場からすると、西欧哲学一般の出発点をなす主客、あるいは物我の対立は対象―表象認識の場であり、対象論理の場に止まっている、と云うことができる。キリスト教的神すらも一般的にはなお有とみられ、表象の影をとどめている。晩年、西田は対象論理そのものは決して迷いではないとしつつも、ただ、「対象論理に限定されたもの、考えられたものを実在として之に執着する所に迷いがある」（XI・四二一）と道破しているが、すでに「若かかりし日」の著書『善の研究』において、対象論理の基盤をなす主客や物我の対立等の問題点を抉出、この問題を実在や純粋経験の立場から究明し論究したのであった。

この意味で、西田哲学は最初から宗教的性格の哲学なのである。『善の研究』の論述構成が主に意識的立場からなり、純粋経験が論理的に展開されて最後に宗教に辿りつく行程をとっていようとも、しかし、西田個人の体験から云えば、宗教は〝後なるもの〟ではなく、〝先なるもの〟であった。それゆえ、本書の論述の過程は弁証法的であるとするよりは、むしろ「己事究明」の過程の逆転したもの、と云うべきであろう。禅における「己事究明」が西田哲学の哲学以前にして哲学の根基をなしているのである。

そして、西田哲学のこの宗教的性格こそは一西田哲学をして「世界の哲学」、「世界的哲学」へ飛翔しうる跳躍台をなすものであろう。西田哲学は単に東洋的冥想を備えた哲学のみならず、西欧の哲学と伍し、これを包摂・超克しうる規模と深遠さとを有するであろう。それは単に東洋の一哲学という特殊にとどまらずに、「普通的哲学」「世界的哲学」となりうる可能性を秘めているが、この可能性を賦与する基盤こそ外ならぬ「絶対無」を自己とするような禅的思惟なのである。それは「有の哲学」ではなく、「絶対無の哲学」であるがゆえに有をもよく包摂し、これを直ちに生かしうる場を提示しうるのである。この可能性を与えるものこそは、「宇宙を説明する秘鑰《やく》はこの自己にある」

（I・一八〇）とされる「己事」の「究明」以外の何ものでもない。「己事究明」を抜きにした西田哲学の理解は外からの理解であって、「無底」の言葉を用いながらも、実はこの言葉によって逆に一つの「底」を設置してしまうような皮層的理解に止まるであろう。

（一九八二年）

〔註〕

① 下村寅太郎『西田幾多郎――人と思想』二一一頁。
②③ 下村寅太郎　同　前　九頁。
④ 上田久　『祖父　西田幾多郎』九頁。
⑤ 上田閑照〈現代思想大系22『西田幾太郎』〉八九―九七頁。
⑥ 竹田篤司　『西田幾多郎』　一九五頁以下。
⑦ 下村寅太郎　前掲書　一八六頁。一四九頁。
⑧ 西谷啓治　「禅の立場」（『講座』禅第一巻）　六―十一頁。
⑨ 下村寅太郎　前掲書　二一〇頁。
⑩ 鈴木大拙　「禅とは何か」〈現代思想大系8『鈴木大拙』〉　五五頁。

⑪　西谷啓治『宗教とは何か』　一二―一五頁を参照のこと。
⑫　鈴木大拙「臨済録の思想」（『哲学季刊第五号』）　五―八頁。
⑬　『臨済録』（朝比奈宗源訳注、岩波文庫）　二八頁。以下、『臨済録』からの引用を（P・五）のように示す。
⑭　鈴木大拙（前掲書）　七頁。
⑮⑯　西谷啓治「善の研究について」〈現代日本思想大系22『西田幾多郎』〉五三頁および二一頁。
⑰　西谷啓治『宗教とは何か』　第三、第四篇参照。本章の考え方はこの書に負うこと甚大である。西谷の「空」の立場は西田の「絶対無」の立場と殆ど同じと愚考するからである。

第二章　「見神の事実」……「神人同体」としての神

〔一〕

偉大なる文物はどんなものであれ個性的なるものである。凡庸通俗の水準から飛翔・傑出せしめるものは創造性に富む個性的なるものに外ならない。

いわゆる西田哲学は世界的普遍性を持ち西欧の哲学に十分比肩しうる高さと深さを有するが、この哲学の偉大さも個性的な独創性に負うていること、云うまでもない。そしてその個性的なるものの淵源が東洋の宗教的伝統に根差したものであること、とりわけ、大乗仏教の禅を基底としたものであること、一般に解されている通りである。すなわち西田哲学の独自性は何よりも東洋の宗教的伝統を系譜とし、大乗仏教の宗教性を根底とするものなのである。

このことは西田哲学がただ東洋の世界だけにしか通用しない哲学であること、世界の哲学たる資格を欠くことを意味するものではない。西田哲学の個性的なるものが普遍的哲学たらんとすることの妨げとなることを意味するものではない。かえって東洋的なるものに徹底し沈潜することによって、逆に世界の哲学の地歩を獲得し、普遍的世界性を孕めるに至ったと云ってよいであろう。

ところで西田哲学の独自性・独創性が大乗仏教、特に禅に由来するとするならば、当然そこには西洋のキリスト教神学、あるいはもっぱら理性の場に立つ哲学と異なる宗教的心情・宗教性がみられるであろう。西田哲学の独特な宗教理解が看取されるであろう。

小論の意図するところは、如上の観点に立って西田哲学では神が如何に把握され、神が如何に思量されているか、を探索することにある。そしてここでは主に『善の研究』を取り上げ、この立場からの粗述を試みることとする。なぜなら『善の研究』は西田哲学の独自性を極めて要領よく打出しているからであり、また、統一的整合性を持って簡潔ながらも深い宗教論を展開し、神を論究しているからである。もとより『善の研究』は西田哲学の全体を代表するものではない。たしかにこの書には当時の学界の制約としてまだ素朴なるものが認められ、また、論理の形成の観点から見てもいわゆる「西田哲学」の呼称にふさわしい著作であるとは云えない。しかし後年の哲学の「根本思想と特色は既にここに把握され形成されてゐる」(①)のであって、「それ自身ですでに成熟完結した作品であり、一人の思想家の一つの生涯に値ひする労作」(②)なのであるから、これの十全な咀嚼なくしては西田哲学の真の理解は不可能なのである。それゆえ、我々の企図すなわち西田哲学において神は如何に構想されたか、の追求もあながち羊頭狗肉ではないであろう。

〔二〕

あらゆる宗教現象においてその中枢的地位を占めるものが神であることはあらためて説明を要しないであろう。いかなる宗教においても神は一大中心事であって、神をめぐり、神を中心として宗教が成立している。神なくして宗教はあり得ない。それゆえ神の観念の考察は宗教理解の最大のテーマと云ってよいであろう。

さて、西田哲学は宗教をもって神と人間との関係であるとする。絶対的な神と相対的な人間との関係こそが宗教を形成し、「此両者の関係の考へ方に由つて　種々の宗教が定まってくる」と見るのである。しかもこの関係は、神と人間とが本質を異にするようなものではなく、神と人間とがその根底において本質を同じくするような関係なのである。すなわち、「凡ての宗教の本には神人同性の関係がなければならぬ。即ち父子の関係がなければならぬ」（Ｉ・一七四）と解し、すべての宗教のあるべき根本的立場を「神人その性を同じうし、人は神に於て基本に帰す」（Ｉ・一七四）ことにあるとする。西田哲学の宗教性の最大特色は、まさにこの「神人同性」・「神人同位」にあるであろう。

ところで、宗教の本質をなす神と人間との関係はどのようにして生じて来るのであろうか。一般的に云って、実在の神は云わば人間の呼びかけに応じて現われるものとすれば、両者の真の関係の成立には神を求める人間自身の存在が先立つであろう。すなわち、己自身の存在に疑義を抱いた実存的人間の生き方が先行するであろう。外ならぬ自己の生に対する疑念こそが神を切に希求する。矛盾に満ちた個人の生存そのものから神への崇拝・憧景が生じてくる。すなわち――「我々の精神は欲求の體系であつて」、この体系の中心をなす「自己を維持発展することが我々の精神的生命である」。それゆえ、この統一が進行している間は生きているが、一旦緩急あってこの統一が破れた時は「肉體において生きて居るにもせよ、精神に於ては死せるも同然となる」。宗教的要求が生じるのはまさにここにおいてである。実際、我々の個人的生命は相対的なものであり、決して世界は個人のために造られたものではない。したがって「必ず外は世界と衝突し内は自ら矛盾に陥らねばならぬ」。例えば、我々の意識現象をとってみても、「…意識の分化発展するに従ひ主客相対立し、物我相背き、人生是に於て要求あり、苦悩あり、人は神より離れ、楽園は長へにアダムの子孫より鎖されるやうになるのである」（I・一七二）。かくして分裂し、錯綜し、苦渋する人間は大なる生の統一を求め、自己の真生命のあり方を要求する。神を希求し、宗教を求めるに至る。そしてその目的とするところは、相対的な我が神と合一して絶対的統一を求めること、「神に於て己が真の目的を見出す」（I・一七四）ことである。恣意的欲求を放擲して客観的真理に合致し、神との合一を通して絶対的統一を実現することである。結局、宗教の核心は「我々の自己がその相対的にして有限なることを覚知すると共に、絶対無限の力に合一して之によりて永遠の真生命を得んとする」こと（I・一六九）にある。真の宗教は個人の現世利益のためでもない。安心立命のためでもない。真正な自己の獲得であり、その体現なのである。

「神に於て真の自己を見い出す」こと、それは神を崇高な理想地に安置してこれを対象的に捉え、崇拝することではない。神と合一し、これを介して真の自己の生命を見い出すことである。それは自我の否定であろうとも、自己そのものの拒否ではない。むしろ真の自己の覚醒であり、自己の真生命の実現である。「人は神に於て基本に帰す」というのが西田の宗教理解の根本であるから、神を抜きにした真の自己は存在し得ず、真の自己は神においてのみ存立しうる。真の自己の根源は神に外ならない。それゆえ、神と云ってもそれは決して我々の存在を超絶した神ではない。我々人間存在と全く隔絶し、これを捨象してなおかつそれ自体で存在するような超越的有としての神ではない。

それはあくまでも「神人同性」「神人同位」を本質とするような神なのである。真の神と人間とは云わば相関関係にある、と云ってよい。問題は、このような神を如何にして自己の生において体認しうるか、である。神は決して机上の論の対象ではない。それは我々の生の源泉であり、生命の根源であるから、神についての単なる論究ではなく、神そのものの日常生活の次元における体得・体現こそが要求されるのである。「神人同性」の実存的な検証確認こそが要請される。そこで、我々はこれを究明すべくいわゆる意識をとり上げ、意識を通路とし、これを媒介として両者の関係を見てみよう。「神人同性・神人同體」を意識の側面から関連づけてみよう。なぜなら『善の研究』ではこの関係が意識現象として、あるいは意識活動として捉えられ、この立場から宗教の真義も捉えられているからである。

『善の研究』では、神はしばしば我々人間の意識と重ね合わせて説明されている。それは類比や対比と云った程度のものではなく、それ以上に神と意識との結びつきが強調されているのである。曰く――「我々が神を敬し神を愛するのは神と同一の根柢を有するが故でなければならぬ、我々の精神が神の部分的意識なるが故でなければならぬ」（I・一七六）。……「宇宙と神との関係は我々の意識現象とその統一との関係である」（I・一八一）。……「神は我々の意識の最大最終の統一者である、否、我々の意識は神の意識の一部であつて、その統一は神の統一より来るのである」（I・一八二）。

このように意識と重ね合わせて説明されるような神とは一体どのような性格の神なのであろうか。神はいかに把握されているのであろうか。

端的に云って、神とは「宇宙の根本」のことであり、「実在の根抵」の謂である。すなわち、「宗教とは神と人間との関係である。神とは種々の考へもあるであろうが、之を宇宙の根本と見ておくのが適當であろう」（I・一七三）とし、「余は神を宇宙の外に超越せる造物者とは見ずして、直ちにこの実在の根底と考へるのである」（I・一七八）とする。つまり神とは宇宙という実在全体の根底を指称するものであって、宇宙をして宇宙たらしめているその当のもの、宇宙に生命を賦与しているその当のもの、ということである。

問題は、このような宇宙の根本である神と我々人間の意識とがどのような思惟に基づいて結びつけられるのかである。「神人同性」あるいは「神人同體」とされる場合の「同位」「同體」とは、「意識」の側面から見てどのような事態を云うのであろうか。結論的に云って、この両者が結びつけられるのは西田の云う「実在」の次元においてである。「実在」という事態を通して神と意識とが重ね合わされ、両者の接合が図られるのである。

言うまでもなく、西田哲学の究極的な課題は「実在」の追求にあった。その哲学体系において、「純粋経験」や「働くもの」、「弁証法的一般者」、「行為的直観」、あるいは「場所」、「絶対無」など、種々の概念が構想され駆使されたが、卒直に云って、これらは「実在」を説明するためにそのつど内容を深めた形で表現したもの、と見ることができるのである。

実際、『善の研究』第二篇は「実在」という表題であるが、これは著者自身の序言によれば、「初は此書の中、特に実在に関する部分を精細に論述して、すぐにも世に出さうという考であつたが、病と種々の事情とに妨げられて其志を果すことができなかつた」ものであった。しかも「第二編は余の哲学的思想を述べたもので此書の骨子といふべきものである」とされ、「実在」についての独自の考え方が強調されている。これから推せば、西田哲学とは論理化・抽象化される以前の「実在」、したがって哲学以前の「実在（主客合一の純粋経験）」を取り上げ、そこからすべてを見て行こうとして構築され体系づけられたもの、と見做すことができるのである。実際、「純粋経験を唯一の実在としてすべてを説明して見たいといふのは、余が大分前から有つて居た考であつた」とされ、西田哲学の出発点はまさにここにある。「愛知としての哲学」が究極的な問題であったのではなく、「事実的生における実在」の解明こそが課題であった。

したがって、「神」も「実在」との関連から論究されるに至った。すなわち「初めに神ありき」というような神の存在が大前提なのではなく、人間自身の存在・そのあり方を含む「実在」の立場が前提であって、この立場から神も考察されたのである。『善の研究』第二篇・第十章が「実在としての神」と題されたのは上述の理由からであろう。また、西田哲学が「超越的神があつて外から世界を支配するといふような考は啻に我々の理性と衝突するばかりでなく、かかる宗教は宗教の最深なる者とはいはれない様に思ふ」（I・一七五）として、必ずしもキリスト教的な神を無批判に全面的には容認しないのは、その神が「実在」と相容れない一側面があるからであろう。それはさて措いて、問題は「神」と「意識」とを結びつける「実在」とは本来どのような事態を云うのか、である。何をもって「実在」となすのであろうか。

単純に云って、実在とは「純粋経験の事実」の謂である。すなわち「未だ知情意の分離なく」「未だ主観・客観の対立もない」、「毫も思慮分別を加へない、真に経験其儘の状態」のことである。喩を引用すれば、「恰も我々が美妙なる音楽に心を奪はれ、物我相忘れ、天地唯嚠喨たる一楽声のみなるが如く、此刹那所謂真実在が現前して居る」（Ⅰ・五九）といわれるような事態である。通常、我々は「意識の外に或定まつた性質を具へた物の本體が独立に存在し、意識現象は之に基づいて起る現象にすぎないと考へられて居る」（Ⅰ・五三）。「主観客観を別々に独立しうる実在であるかの様に思ひ……精神と物體との両実在があると考へて居る」（Ⅰ・六〇）。しかし西田によれば「これは凡て誤」りであり、「主観客観の対立は我々の思惟の要求より出でくる」（Ⅰ・五九）ものであって、かえって真の実在は「主客を没したる知情意合一の意識状態」・「主客の対立なく、知情意の分離なく、単に独立自全の純活動」（Ⅰ・五八）なのである。要するに、実在とは主観や客観、物心や自然・精神などの知解や分別以前の原経験を云うのである。

このような「実在」が「意識」と直結していることは云うまでもないであろう。すなわち、我々の意識が能産的に働いているからこそ、その直下に実在が現前するのである。「客観的実在といふも主観的意識を離れて別に存在するものではない」・「我々の意識を離れて物そのものを直覚することはとうてい不可能である」とするのが『善の研究』の根本的立場であるから、実在はこれすなわち意識現象に外ならない。曰く――「少しの仮定も置かない直接の知識に基づいて見れば、実在とは唯我々の意識現象即ち直接経験の事実あるのみである」（Ⅰ・五二）。「物体といふも我々の意識現象を離れて別に独立の実在を知り得るのではない、我々に與へられる直接経験の事実は唯この意識現象あるのみである」。「純粋経験の直接にして純粋なる所以は……具體的意識の厳密なる統一にあるのである」（Ⅰ・十二）。

ところで、実在を通して神に結びつくような意識、それは一体どのような意識なのであろうか。「神人同性」「神人同根」という立場が西田の宗教理解の根本であるから、神と結びつく意識と云っても、それはまさに人間の意識であって、これを離れた特別なものではあり得ない。それは我々の日常経験における意識となんら異なるものではない。しかし、問題はここにある。

西田哲学によって捉えられた意識、それはたとえ意識とされても「意識された意識ではない」のである。なによりもそれは能動的・能産的な「意識する意識」なのである。学問的に意識とは何かと対象論理化して追求して行って、その結果出て来るような「意識された意識」ではない。もとより、これと全く無関係ではないが、そのようにして〝考えられた意識〟ではなく、逆にその手前から意識如何を〝考える意識〟なのである。著書『續思索と體驗』の中の論文・「取り残された意識の問題」で西田は指摘する——「我々は普通に意識といふ場合、意識せられた意識を考へて居る、意識を荷ふ作用といふようなものを考へて居る。併し、かかる作用といふようなものは既に対象化せられたものであつて、意識する意識ではない、真の意識そのものではない」(Ⅻ・十二)。すなわち西田は「従来の哲学に於て意識について尚深い反省が欲けて居るではないか」とし、「意識する意識」とは「絶対無の場所」であると云うのである。そのことの詳細は他に譲るとして、学としての哲学の上で意識が「取り残された」ということは哲学そのものの本質に関わる問題と云ってよいであろう。

云うまでもなく、「哲学は原理の学であり、根源の探究であった」(③)。しかも「ギリシャにおいて初めて哲学が成立したといわれる場合の哲学は——今日〝Philosophy〟なる言葉で呼ばれるものの源泉は――単なる根源の探究ではなく、根源の学的探究であった」。「哲学をしてそれの独自の問題を形成せしめ、哲学の独自な性格を規定せしめ」、哲学をして宗教や道徳や芸術と区別せしめるものこそは学的性格に外ならない。そして哲学をして「学」にまで高めるものこそまさに根源の探究を「言語によって精密に表現し、言説によって論証すること」であった。単なる根源の探究ではなく、これをいかに明晰に言表するか、いかにロゴス化するかが哲学の重要な性格になった。

かくして、哲学は高度な反省的論理化の立場と云ってよい。自然や世界、あるいは我々の体験や行動の論理的省察・そしてその言説による一般化こそ哲学の本質である。かくて、反省され考察されたものはすでに対象化されたものであり、一種の抽象化・表象化を受けたものに外ならない。したがって「意識」と云っても、云わば哲学の土俵に登った意識はすでに表象されたものであり、「意識された意識」・「考えられた意識」なのである。それは生ける意識そのものではなく、死せる意識に外ならない。哲学のみならず、学一般が取り扱う意識はまさにこのような対象化された意識・「意識された意識」なのである。もとより対象論理化され、反省的省察のメスを加えられた意識は、西田の云う「意識の射影」でこそあれ、働きそのものとしての生ける意識・活動そのものとしての意識ではあり得ない。反省的思惟を加える以前の意識・したがって「純粋経験」における意識現象ではない。それゆえ、『善の研究』は「意識する意識」・活動そのものとしての意識を云うために「意識の統一作用」ということを強調するのである。すなわち「意識の本来は體系的発展」にあるが、そのゆえは体系的発展が「すべて統一によりて成立する」からである。意識が意識であるのはその統一性によるのである。意識があって統一するのではなく、逆に統一することにおいて意識が働くのである。統一即意識である。

とうぜん、「実在」もこのような立場から見られるに至った。その結果、実在は単なる意識現象ではなく、意識的活動そのものと換言されたのである――「余が此處に意識現象といふのは或は誤解を生ずる恐れがある。余の真意では真実在とは意識現象とも物体現象とも名づけられない者である。又バークレーの有即知といふも余の真意に適しない。直接の実在は受働的の者ではない、独立自全の活動である。有即活動とでも云つた方がよい」（I・五四）。

以上、これを要せば――実在は我々の能動的意識を離れて別個に存在するものではない。それは我々の意識の働きによって形成され、創出される。そして、そこに働く意識は所知的「意識された意識」「考えられた意識」ではなく、能知的「意識する意識」「考える意識」であるから、実在もさらに鋭意主体化されて「独立自全の活動」と云われたのであった。実在は単なる意識現象なのではない。意識がそこに働き、統一することによって創成される活動そのものなのである。つまり、このように実在において働き・働くことによってこれを内側から創出せしめるような意識、このような意識こそ神と重ね合わされて説明をされた意識なのである。否、神そのものの働きとされるのである。

ところで、我々の意識が働くことによってその存在性を賦与せられる真実在と神とは如何なる関係に立つのであろうか。実在と神とはどのような関連を有するのであろうか。

前述したように、神とは「宇宙の根本」の謂である。しかし宇宙と云っても、「純粋経験」の立場からすれば、それは我々の人間存在を捨象して独立にそれ自体で存在するような宇宙ではない。それは我々の意識との対応関係によって初めて存在性を与えられるような宇宙なのである。すなわち、宇宙も実在の真景から見れば、我々にとっての宇宙である。宇宙をして宇宙たらしめているのはこの我々の意識の働きかけを措いて外にない。換言すれば、宇宙は一つの客観的存在であるが、この客観的存在をして客観的存在たらしめているその当のものは我々の生ける意識・生命ある主観的存在なのである。意識あっての物体、物体あっての意識であり、主観あっての客観・客観あっての主観である。かくして、意識と物体・主観と客観・精神と自然の合一態こそ真実の存在に外ならないから、宇宙とは主客の合一した真実在の全体の謂に外ならない。実在の総体、実在の全体こそが宇宙でなくてはならぬ。それゆえ「宇宙の根本」が神であるということは全実在の根本が神ということであり、「実在の根抵」が神ということである。かくして神は決してそれ自体で存在する実体的存在ではなく、主観と客観、物と我、精神と自然との合一・合体せる全実在の根底の意に外ならない。それは主客をして主客たらしめ、物我をして物我たらしめる存在である。実在の根底にあって実在をして実在へと創出せしめる。曰く――「神とは決してこの実在の外に超越せるものではない、実在の根抵が直に神である、主観客観の区別を没し、精神と自然とを合一した者が神である」(Ⅰ・九六)。

上述した「神」と「実在」との関係から「神」と「意識」との関連もほぼ推察できるであろう。しかしこれをより積極的に説明するならば、次のようになるであろう。

すでに述べたように、実在は生ける意識現象であり、意識活動である。それゆえ「実在の根抵」と云われた場合でも、そこには外ならぬ意識が歴然と働いていることは明白である。したがって「実在の根抵」が神であるということは、「意識の根底」が神であるということに外ならない。すなわち実在は意識活動であって意識が働くことによって創成されるのであるから、実在の根底が神であるということは直ちに意識の根底が神である、ということに外ならない。卒直に云って「真実在は意識現象の外にない」のであるから、真実在すなわち意識の根底はそのままですでに神の働きに相違ないのである。かくして、「意識」の根底は現に働きつつある実在を介して、あるいは、実在を通して「神」と結びつけられるのである。

ところで、神をもって「実在の根抵」あるいは「意識の根抵」とする場合、その「根抵」とはいったい何を意味するのであろうか。そこに含意されているものは如何なる事態なのであろうか。もしこれが正確に理解されなければ神は意識と全く同一視されてしまい、神はすべて意識的存在の人間に還元されてしまうであろうから、これの理解は重要きわまりない。そこで以下、やはり「意識」に焦点を合わせてこのことを概言してみよう。

繰り返して云うように、神とは「実在の根抵」の謂である。それはあくまでも実在の「根底」であるから実在即神、実在＝《イコール》神ということにはならない。同様に意識即神、意識＝《イコール》神ということではない。それは実在の根底を指すのであるから、意識の「根底」をいうのでなければならない。

さて、前に我々は西田哲学の意識は「意識された意識」ではなく「意識する意識」、「考えられた意識」ではなく「考える意識」であると指摘した。惟うに、この「意識する意識」・「考える意識」こそはまさに「意識の根抵」を指称したものであろう。なぜなら、自らは意識せずしてつねに他を「意識する意識」こそ「意識の根抵」に外ならないからである。そして神とはこの働きそのものとしての「意識する意識」を示唆したものに相違ないのである。それゆえ、神は何等意識の彼方、意識の彼岸に求められるべきものではなく、かえって意識の手前、意識の此岸にこそ求められねばならない。実在の彼岸にではなく、実在の此岸・実在の根底に、である。しかし根底それ自体がどこかにある訳ではない。

根底ということは何物かの根底ということであって、これを出離し超越したものではない。それゆえ根底それ自体が何物かを離れて存在することは許されない。根底が何物かを超出して一箇の独立した存在ならば、もはや根底ではあり得ず、別の何物かである。つまり根底は何物かの根底になって初めてそれ自身の生命を確保することができ、同時に、その何物かに生を賦与することができるのである。根底の生きる道は自らのうちにはなく、かえって他の何物かにある。何物かは根底を与えられて初めて何物かに生成する。このような根底こそは誠に神の働きに比されるべきものであって、我々はこの根底を神と呼んで差支えないであろう。そして、このような根底としての神は神自身単独で存在するものではないから実体的な神ではない。すなわち有としての神ではない。むしろ「絶対無」としての神であろう。それは有の根底にあって有を有たらしめる神であるから、「実在」すなわち「純粋経験」と直結する神なのである。曰く――「斯く実在に精神と自然との別はなく、……唯同一なる直接経験の事実其者が見方に由りて種々の差別を生ずるものとすれば、余が前に云つた実在の根抵たる神とは、この直接経験の事実即ち我々の意識現象の根抵でなければならぬ」（Ｉ・六一）。

ところで神をもって「実在の根抵」ないし「意識の根抵」となすことは神を場所的・空間的に把

握することである。これを機能・働きの面から捉えれば、神は「意識する意識」であり、「意識の統一作用」そのものである。けだし、実在すなわち純粋経験は意識が自ら発展し対象を統一することによって構成されるのであるから、実在が意識の統一作用から成り立っていることは明らかである。そしてこの意識の統一作用は「意識の根抵」であるから、意識があって統一作用をなすというのではなく、逆にその根底に働く統一作用があって意識が生ずるのである。その統一作用そのものはつねに意識の根底となって他を統一し、実在を創出せしめるのであるから、すなわち客観的には物体や自然を、主観的には我々の知情意を表出せしめるのであるから、我々の知識や論理的省察の対象となることはできない。それは全き自由で、かつ不可逆的一方的な働きそのものである。このような対象化され得ない意識の根底・絶対の主体としてつねに能産的に働き決して客体にはなり得ない意識の統一作用、これこそ西田の云う神なのである――「……又意識の統一は知識の対象となることはできぬ、總べての範疇を超越して居る、我々はこれに何等の定形を與ふることもできぬ、而も萬物は之に由りて成立するのである。それで神の精神といふようなことは……一方より見れば反って我々の精神と密接して居るのである。我々はこの意識統一の根抵に於て直に神の面影に接することができる」（Ｉ・一八六）。「神人同位」・「神人同性」の根拠は、まさにこのことに外ならない。

〔三〕

以上、我々は西田哲学の宗教的理解の根本命題ともいうべき「神人同性」・「神人同位」の関係を

「実在」すなわち真の「意識現象」の側面から論拠づけを試みた。

問題は、このような宗教理解が何を意味するかである。今日の我々日本人はキリスト教を規範とするような概念で宗教を理解している。しかし西田哲学の宗教理解には明らかにキリスト教的な意味とは異なる宗教理念が抱懐されている。これはいったい何を示唆するのであろうか、これが問題となる。

西田哲学は宗教の目的を以て「神人合一」にありとする。前述したように、それは「現世利益の為に神に祈る」ことでもなく、「往生を目的として念佛する」ことでもない。また「自己の安心の為」でもない。そうではなくもっぱら「宗教は自己其者の解決」のためなのである。つまり「自己其者の解決」が「神人合一」を要求するのである。裏から云えば、神との合一なくして自己其者は解決され得ない、ということである。「人は各神に於て己が真の目的を見出す」とされ、「我々が神に帰するのは一方より見れば己を失ふやうであるが、一方より見れば己を得る所以である」とされる（I・一七四）。つまり、「神人合一」の事態においてこそ初めて自己其者が解決されるのである。

問題は、このような西田哲学の宗教性が何を意味するのか、である。たしかにいかなる宗教であれ、その本質は神と人間との関係であろう。神なくして宗教の存立する根拠はなく、神を崇敬する人間なくして宗教の成立する余地はない。しかし、さればと云ってすべての宗教が「神人同性」「神人同体」を立言する訳ではない。むしろ通例は、神と人間とが同性の存在であるとするよりは異質の存在であることを強調し、両者の間には超え難き断絶があることを明言する。特にキリスト教では人間が神になるようなことは絶対に考えられない。神はあくまで人間を超越した存在である。

西洋の神秘主義も神と合一することは考えるけれども、しかしそれは人間が神になることではなく、単にあらかじめ存在する神に摂取受容するに止まるのである。神はあくまで、それ自身において超越的に存在するものである」④。

しかるに西田哲学は「神人同性」を主張し、神人の合一を強調する。これは果していかなる思想的背景を有するのであろうか。西田哲学の宗教性の背後にあるものはいったい何なのであろうか。

云うまでもなく、それは大乗仏教であろう。大乗仏教の伝統的地盤の上で宗教性が考えられ、「神人合一」が云われたものであろう。なぜなら、西田哲学における神人の関係は人間自身の変革すなわち人間自身の自覚の徹底によって体得されうるものであって、それは人間自らが覚者（仏）になることを目的とする仏教、殊に禅の「見性成仏」と云った事態ときわめて相似する、と考えられるからである。西田哲学における「神人合一」「神人同体」と云った事態は開悟・正覚と云った禅の境位と近似し、もっと積極的に云えば禅の大悟徹底が哲学的に論理化されたものではないか、と推察できるからである。そこで我々は以下、先ず禅の「見性成仏」と云った事柄を略述し、次いで「神人同性」の観点から禅の立場が哲学的に論理化され、表現されたものと推想しうる西田哲学の「神の存在證明」をとり上げ、もって両者の内的関連・その相似性を検証してみよう。

贅言するまでもなく、仏法の真諦は正覚者になること、悟りを開くことにある。一言で云えば臨済禅に云う「見性成仏」ということである。そして大悟を期し、覚者になるために禅が採った立場こそ「教外別伝、不立文字」の法燈の下、「己事究明」ということであった。それは仏法の真意・真相を自己本来の面目の徹見を通して了得することである。自己の真のあり方を究徹・覚知することによって仏法の大義を把捉することである。

問題は、なぜ自己本来の面目の徹見が仏法の体得になるのか、ということである。仏法の奥義を究めることがなぜに自己の究明を要求するのであろうか。

それは通常の我々のあり方が仏法の世界に雲翳を与えているような存在になっているからである。人間という意識的存在がそのままで根源において自己意識に執われ、そのことが一切の存在の如実性を隠蔽しているからである。すなわち、ふだんの我々のあり方は自我ないし自己意識を中心として成り立っている。自我というものがそれ自体であるかのように見られ、これが生全体の中心点をなしている。分別計較しては観念化し、理屈を設けては美化し理想化するのはすべて自我の働きである。しかしこの自我なるあり方は物を物とせず、如実の真法をその如実性において現前せしめるものではない。なぜなら、自我は自己意識の執われのうちにありながらそのことを覚知していないから、「内」なる自我から管見された限りでの「外」なる物がそのままで如法の世界であると思い込んでしまうのである。自我の枠内に捕えられた物がそのままで物の真実在であると錯覚してしまうのである。そこでは自己自身すら自己意識に捕えられて自我として表象され、これが「真の自己」であると思われている。意識によって対象化された自我が本来の自己と同一視されてしまっている。それは自我によって見られた真正な自己の一断面であろうとも、自己本来の面目ではない。「我思う故に我あり」と云われても、「我あり」の真実のあり方は「我思う」という自己意識の場では十全に現前するものではない。要するに、この境位においては世界も自然も、否、自己自身も云わば自己意識内存在であるにもかかわらず、自己意識とは無関係な独立した如実の世界であり、真実の現象であると錯誤しているのである。真法の世界に雲翳を与えているものは外ならぬこの意識的自己・自我というあり方なのである。よって、そこから偏見された世界は自己意識に閉じ込められ、これに繋縛された世界であろうとも、天空開闊なる世界ではない。「謡うも舞うも法の声」とされるようなような世界ではない。かくて自我からの真の自己の解放救済こそ仏法の求道者に課せられた責務なのである。仏教が解脱の宗教である所以はまさにここにある。人間が意識的な存在であるという唯そのことによって一つの世界が開かれるのではあるが、同時にそのことによって如実の世界が封印され閉鎖されてしまう。それゆえ乾坤の実相を真に生起せしめ、万物をして真の万物たらしめるためには、先ずもって隠蔽の元凶たる自我ないし自己意識を突破粉砕し、これからの離脱超出をはかる以外にない。自己意識からの脱底を企てる以外にない。これが禅の「己事究明」である。したがってそれは自己意識の真っ只中・自我の奥底に驀進し、業識の根を断ち切ることによって釈迦にも相通づる直止な自己を自得・覚証することである。これが開悟の意味であり、「見性成仏」の謂である。それは自我の徹見によって「般若の智」を体得し、彗眼を開いて大我に新生することである。宗教的回心である。

結局、禅で云われる「見性成仏」の事態は自覚の深化徹底に外ならない。自覚を透過して自己本来の面目へ解脱・飛翔することに外ならない。それは「己事究明」の究極において到来する。

さて次の課題は、このような「宗教」としての禅の「見性成仏」に相応ずるとみられる事態が「哲学」としての『善の研究』に認められるかどうか、である。禅で「開悟」といわれる事態は、西田哲学の上でどのような概念になっているのか、である。惟うに、それは直接経験における「神の存在證明」がこれに相当するであろう。そこでは外ならぬ自己の心底において「神の存在」が證明され、「神人同性」の事態が自己の純粋経験において覚知される、というのである。すなわち西田は『善の研究』の中で従来みられた西欧の神の存在證明を次のように三つに分類する（Ｉ・九七）。（イ）「此世界は無より始まることはできぬ」から「何者かが此世界を作った者がなければならぬ」とし、因果律に基づいてこの世界の原因を神であるとする説　（ロ）「此世界は偶然に存在する者ではなくして」「或一定の目的に向つて組織せられたものである」と解し、「斯のような組織を與へた者」が即ち神であるとする目的論的説　（ハ）「我々人間には道徳的要求なる者」があり、「道徳の維持者として是非神の存在を認めねばならぬ」とする説。そして因果律による推論であれ、目的論に基づく立論であれ、はたまたカントのような道徳律に基づく要請であれ、西田はこれらいずれもが「すべて神を外より間接に證明せんとするので、神其者を自己の直接経験に於て直に之を證明したのではない」として退ける。神の存在は外に求められるべきものではなく、内にこそ求められねばならぬ。しかも間接にではなく、直接に証明されねばならぬ――「然らば我々の直接経験の事実上に於て如何に神の存在を求むることができるか。時間、空間の間に束縛せられている我々の胸の中にも無限の力が潜んでいる。我々は此力を有するが故に学問に於て宇宙の真理を探ることができ、藝術に於ては実在の真意を現はすことができる、我々は自己の心底に於て宇宙を構成する実在の根本を知ることができる。即ち神の面目を捕捉することができる、人心の無限に自由なる活動は直に神其者を證明するのである」（Ｉ・九八以下）。

これこそは、西田哲学の「神の存在證明」と云ってよいであろう。それは決して外からの間接證明ではない。外ならぬ我々の胸中そのものにおいて「神の面目」たる無限の統一力を感得し、自己の根底に無限なる実在の統一力を覚知することであるから、これすなわち自覚の徹底による「神の存在證明」以外の何者でもない。これ以外に直接證明を求めることはできない。他によって証明を試みることはすべて間接証明に堕してしまう。結局、「神人同根」「神人同性」を本質とするような神の存在證明とは「自己の心底に於て宇宙を構成する実在の根本」を体得・体認すること、自己の奥底において「人心の無限なる活動」そのものを覚証することである。端的に云って、個々人の自覚を通して個々人の根底に神の面目を捕捉することである。真の自覚の徹底は必ずや神の存在を了得するに至る。否、神の自得に至らないものは真の自覚とは云えない。それゆえ、このような神は一般に理解されている大地創造の〝God〟ではあり得ない。『善の研究』が開示する神は「実在」すなわち「純粋経験」における神・人間と本性を同じくする神たらざるを得ない。なによりも自己の根底に働く神たらざるを得ない。すでに見た「意識する意識の根抵」たる神の謂である。生ける神である。

強調されるべきは、宗教としての禅の「見性成仏」も哲学としての『善の研究』における「神の存在證明」も、いずれも自己の徹見・自覚の徹底を通して成就される、ということである。否、自覚を透過しなければ成仏はあり得ないし、神の自証にも到り得ないという事実である。禅の眼目は「己事究明」にある。西田哲学も宗教をもって「自己其者の解決」のためとなす。「己事究明」は哲学的論理的には「自己其者の解決」の意となんら異なるものではないであろう。いずれも自己の本源、自己の真源を自覚を通して追求する。そしてその自覚の究徹は自己の絶対此岸に自己ならざる自己を現前せしめる。無我としての自己を生起せしめる。この事態を禅者の白隠は「……自ら回向して、直に自性を証すれば……此身即ち仏なり」と喝破し、哲学徒たる西田は「ヤコブ・ベーメのいった様に、我々は最深なる内生 die innerste Geburt に由りて神に到るのである。我々はこの内面的再生に於て直に神を見、之を信ずると共に、ここに自己の真生命を見出し、無限の力を感ずるのである」と説く（I・一七七）。両者の相似性が看取されるであろう。

もとより仏教はキリスト教のような超絶的「神」を立てない。これを果敢に拒否し続けて来た。それゆえ仏教それ自体は「神」を語らないから、西田哲学の「神」をもって仏教の釈迦や覚者・祖仏などにあてはめ、これを同じものと看做すことは軽率であり、短絡的であるかもしれない。しかし西田哲学の「神」はすでに見たように「神人同性」「神人同位」を本質とする神であって、決して人間的存在を超越せる神ではないのである。自然の根底のみならず、我々の根底にも働く神なのである。そこには明らかに凡夫が悟りによって覚者・仏陀になりうるとする禅仏教との類似性が認められる。

以上、我々は禅仏教の「己事究明」による成正覚および西田哲学における「自覚」の徹底による「神の存在証明」、この両者の近似性・相似性を確認した。

ところで、西田幾多郎その人は「神人同性」とするような神、あるいは「直接経験における神の存在證明」、総じて彼の宗教理念一般を禅の「己事究明」あるいは「見性成仏」といった境位から構想・考案したのであろうか。両者の相似性ある論究を意識的に企図したのであろうか。宗教理念一般を意識的・意図的に仏教の教義に即して創見・考案したのであろうか。

このことは少なくとも『善の研究』では全くと云ってよい程触れられてはいない。むしろ宗教に関しては仏教よりキリスト教の事例が多く挙げられ、説明されている。もちろんこのことは西田の宗教理解の真髄がキリスト教に負うものであることを証示するものではない。実際、キリスト教と云ってもしばしば引用されるのは正統派ではなく、エックハルトやベーメのようないわゆる神秘主義者なのである。しかしその詳細は他に譲るとしても、『善の研究』になんらの直接的手掛りを見い出せない以上、我々は後期の西田哲学の中に踏み込まざるを得ない。そして当然我々が目指すものは、西田本人が仏教および宗教的理念をどのようなものとして理解していたかであり、さらには彼の求めるべき宗教概念一般が仏教、特に禅を規範として構想されたものか、どうかである。もとより『善の研究』の段階と後期の哲学とでは用語の点でも、概念の点でも、思想の深さの点でも同一ではあり得ないから、我々がここで検証しようと試みるのはあくまでも仏教（特に禅）と『善の研究』に潜在する宗教理念とに共通せる考え方の相似性のみである。西田の仏教理解と宗教概念一般とに論理的類似性が看取されるや、否やである。

さて、西田は仏教に関し最晩年の論文・「場所的論理と宗教的世界観」の中で適確にこう述べている――「仏教に於てはすべての人間の根本は迷いにあると考えられて居ると思ふ。迷は罪悪の根源である。而して迷いといわれることは我々が対象化された自己を自己と考へるから起るのである。迷いの根源は自己の対象論理的見方に由るのである。故に大乗仏教に於ては悟によつて救はれると云ふ。私はこの悟という語が一般に誤解されて居ると思ふ。それは対象的に物を見るといふことではない。……それは自己自身の無の根抵を、罪悪の本源を徹見することである。……それは対象論理的見方とは、全然逆の見方でなければならない」（XI・四一一）。

以上の引用からすれば、西田は仏教の眼目が「悟り」にあること、「悟り」とは「自己自身の無の根底を徹見すること」、同時にそれは「対象論理的見方」とは逆の見方であること、と理解していたことが判明する。これは先に我々が述べた仏教理解となんら異なるものではない。しかしこれは彼個人の仏教理解ではあっても広く仏教以外にも共通する宗教一般の理解ではない。仏教はあくまでも一つの宗教に止まるから、仏教の教理を以て宗教一般の本質と看做すことはできない。それゆえ上記だけの引用を以てしては西田が宗教一般の理念を大乗仏教の地盤の上で構想していた、とする断定的な証拠は得られない。

しかし同じ論文の中で、「私は対象論理の立場においては宗教的事実を論ずることは出来ないのみならず、宗教的問題すら出て来ないと考へるのである」（XI・三七四）と述べ、また、「神と人間との関係についての種々なる誤解も、対象論理的見方から起るのである」（XI・四一六）としている。このことからすれば、晩年の西田は単に仏教のみならず広く宗教一般の理念をも対象論理ではない、これとは逆の論理から考察していたことが推察できるのである。つまり、宗教の一般的普遍的理念をば対象論理ではない逆の論理から構想していたであろうことが考えられるのである。なぜなら仏教の悟りは「対象的に物を見るといふことではない」のであるから、「対象論理の立場においては宗教的事実を論ずることは出来ない」と明言することは、裏から言えば、仏教の一大眼目であるこの悟りの論理において初めて広汎の宗教一般が解明されうる、ということである。宗教の事実を本当の宗教の事として捕捉しうるのは、学的認識の立場からではなく、また道徳的自律の精神からでもなく、さらにはカリスマ的呪術性からでもなく、対象論理ではない逆の論理においてである、との意味である。「対象論理」の逆の論理的立場においてのみ宗教はその本来性において開示されうる、との謂である。

それゆえ、後期の西田哲学は宗教一般の理念・宗教の一般的概念を「悟り」を透過した、対象論理ではないこれとは逆の論理的立場に立って考察していたと云うことができる。そしてこの開悟を踏まえた論理的立場こそ論文名にある「場所的論理」に外ならない。

後期の西田哲学が宗教一般を仏教的思惟すなわち対象論理ではない、これと逆の「場所的論理」から意欲的積極的に考究していたということは、そのまま単純に『善の研究』の段階でも同様であったとする論拠にはならないであろう。

しかしである。この論理の構造に配意し、かつまた『善の研究』の論理の骨子を考慮するならば、初期の西田哲学にあっても宗教理念の根本はやはり仏教の原理から論考されていた、と云いうるのである。西田が抱懐する宗教の一般的概念はやはり根本においては禅仏教の教理から構築されていたのである。そこには明らかに宗教に関しての論理的思惟の一貫性が識別される。なぜなら「対象論理」とは見る我を主観とし、見られる物を客観とする主客相対の場に立脚した論理なのであるから、これと異なる逆の論理とは主客相対の場を突破し、主客合一こそ真実在であるとする「純粋経験」の論理に外ならないからである。それは後に「場所的論理」に大成されようとも、若き『善の研究』の段階にあっては主客合一の、否、主もない客もない「一即多・多即一」の「純粋経験」の論理に外ならない。そして西田哲学の宗教理念は仏教、とりわけ、禅の立場を規範とするものではないかとする我々の主張の論拠は、この「純粋経験」の論理が外ならぬ禅の「悟り」を透過した境位において開拓された論理であると考えられるからである。すなわち「純粋経験」の場は大悟徹底・「見性成仏」と云った禅的境位を哲学的に表現し・論理化したものと思量されるからである。果してそれは如何にしてか。

すでに述べたように、西田その人は人間の迷いの根源は「我々が対象化された自己を自己と考へるから起るのである」と指摘する。そしてこのことは我々が以前に禅の「己事究明」の所で触れた事態と全く同じ事柄なのである。すなわち我々のあり方は無自覚のうちに自己意識に執われた「自我」の事態に陥っている。人間が意識を有しているという、ただそのことがまさにそのようなあり方を構成しているのである。仏教で云う「迷い」とはこのような「自我」としての人間のあり方そのものから由来するに外ならない。しかもその「迷い」は我々の責任において陥ったようなものではないから、業としての迷いとでも云うべきものなのである。「すべての人間の根本は迷いにある」とは、別言すれば人間は迷いのうちに迷うべく生まれついている存在と云うことであって、人間であるということがそのまま迷いのうちにあるということである。否、人間が迷うのではなく、業としての迷いが意識を持つ人間として現成しているということである。決してこの逆ではない。そしてこの迷いの原点は、自己意識によって捉えられた「自我」としての自己を本来の自己と思い込んでいる事態から生起するのであるから、西田はこれを「迷いといわれることは我々が対象化された自己を自己と考へるから起るのである。迷いの根源は自己の対象論理的見方に由るのである」と説破したのであった。したがって、「迷い」からの解脱・脱底こそ禅の云う「己事究明」を通しての「悟り」であり、「見性成仏」なのである。西田はこの「悟り」をもって「自己自身の無の根抵を、罪悪の本源を徹見すること」であると解したのであった（XI・四一一）。「自覚」の徹底の謂である。そしてこの事態を論理的側面から捉えれば、対象論理からの脱却であり、これの超克である。主客相対の対象論理から「純粋経験」の論理への翻転である。そして対象論理の止揚・超克によって開かれた地平こそがまさに純粋経験を基盤とする「場所的論理」の立場に外ならない。それゆえここでは「自己」も全き新しき容貌をもって提示された。それこそは神と逆対応につらなる真の自己なのである。

要するに意識を介した対象論理の場では、自我が非我に相対した時、自我の側が主観とされ、非我の側が客観とされる。そこでは「真正な自己」も意識を介して表象されるから「主観的自己」としてしか現前しない。しかし「純粋経験」の場では自我の徹見（自覚の徹底）によって自我の枠が突破されたから、「真正な自己」は単なる「主観的自己」なのではなく、「実在の統一者」「宇宙実在の統一力其者」なのである。つまり純粋経験の論理において捉えられた自己は意識によって「対象化された自己」ではない。それは意識の次元を脱底してその手前から逆に意識に映し出し、物事を対象化する働きそのものとしての自己である。意識によって捉えられた自己ではなく、逆に自己を捉えんとする能動的意識そのものである。「真の自己」そのものは意識の対象や客体には絶対なり得ない、つねに映し出し、つねに対象化に向う働きそのものとしての自己である。すなわち「真正な自己」は「意識された意識」ではなく、かえってよく能産的に「意識する意識」そのものである。これこそすでに述べた「意識の意識」に外ならない。場所的・空間的には「意識の根抵」であり、機能的には「意識の統一作用」そのものである。これが「真の自己」に外ならない。それゆえ、『善の研究』では、「自己とは意識の統一作用の外にない、この統一作用がかはれば自己もかはる。この外に自己の本體というやうな者は空名にすぎぬのである」（I・一八三）。……「この統一そのものは知識の対象となることはできぬ、我々は此者となつて働くことはできるが之を知ることは出来ぬ」（同上）とされたのであった。

自己が存在して統一作用をなすのではない。逆に統一作用そのものが自己をして「自己」となすのである。個々の自我もそこではその統一作用の仕方に応じて形成されたものに外ならない。決してこの逆ではない。そこには対象論理から脱却した「場所」的次元での自己把握がある。立場の翻りがある。そしてこの統一作用そのものが実在を統一し、宇宙を創出せしめるのであるから、これが神と云われたのであった。そこでは自己が神なのではない。逆に神が自己なのである。「人間は一方より見れば直に神の自覚である」（I・一九二）と云われる所以である。晩年には、「我々の自己は、神の絶対否定的自己媒介によって成立するのである」とされ、「我々の自己は、絶対的一者の自己射影点として神の肖姿」である、と云われた。なお付録（一）・四〇九頁以下を参照されたい。

ところで、今ここに改めて西田哲学における神を回顧するならば、ひっきょう、「実在としての神」とは対象論理とは異なる純粋経験の立場から大観された神に相違ないのである。「神人同性」を本質とするような「実在としての神」とは主客相対の場を止揚・超克した純粋経験の論理に立脚して構想された神である、との意味である。なぜなら、その神は物と我、自然と精神、主観と客観との合一せる実在の統一者であり、宇宙の根底に潜在する「大なる統一力」に外ならないからである。「神は萬有の根本であつて、神の外に物あることなく、萬物悉く神の内面的性質より出づる」（Ｉ・一八四）がゆえに、主観・客観もそれぞれ主であり客でありながら、同時に同じ神の働きとして成り立たしめられている。

これに対し、実在を超越した神・人間的存在を超絶した神とは、裏から云えば、対象論理的観方から求められた神である。客観的彼岸の方向に有として実体化された神である。すなわち「神の存在証明」が外からの間接証明でしかないということは、神の存在が我々にとって外なる存在であるということを証左する。神と人間との間には質を異にするような断絶・乖離があるということである。そして神が「外」なる存在であるということは、これと対応関係に立つ人間自身が「内」なる存在であるということであって、それがために内なる立場における外なる神の存在証明はすべて外からの間接証明に堕してしまうのである。要するに、このような事態に陥ってしまうのは宗教が主客相対の対象論理の場で考えられ、神もこの論理の延長上で捉えられているからである。神はそこでは主観的自己から表象を介在せしめて見られ、その限りで自己意識に捕囚された存在になっている。そこでは内なる人間が主観的自己・自我に停まっているから、神もこの立場から外に仰望される客観的存在たらざるを得ない。それゆえ神は人間的次元を彼岸に超越したそれ自身で存在する神であり、「有」として実体化された神なのである。人間の実存に先立って存在するような実体的神なのである。

しかし、西田哲学における神は「有」ではない。それは有無の手前・その此岸に超越し、超越することによってかえって有無の根底となる「絶対無」としての神である。したがって超越すると云っても有無を離れるのではない。しかし全く有無と同一ではない。有無でありながら有無でなく、有無でないことによってかえって有無をよく現前せしめるような神なのである。そのような「絶対無」としての神は主観客観を基軸とする対象論理の此岸に位していているから、つまり「純粋経験」の根底となっているから、その存在證明の対象となるようなものではない。なぜなら、證明することすら我々の意識作用すなわち純粋経験を通しての不可逆的な神の働きの一つであるから、證明しようとする瞬間に神は證明の対境をすり抜けてその背後に回ってしまうのである。それゆえ、神の存在證明は個人個人の自覚によるの外はない。各人の自得以外にない。かくて自覚は主客相対の場の内省ではなく、宗教的回心なのである。

これが『善の研究』で「見神の事実」といわれた事柄である――「平凡にして浅薄なる人間には神の存在は空想の如く思はれ、何等の意味もない様に感ぜられる。従つて宗教などを無用視している。真正の神を知らんと欲する者は是非自己をそれだけ修錬して、之を知り得るの眼を具へねばならぬ。かくのような人には宇宙全体の上に神の力なる者が……直接経験の事実として感ぜられるのである。之を見神の事実といふのである」(I・一〇〇)。

云うまでもなく、この「見神の事実」は云わば宗教的回心の所産であって、禅の「見性成仏」に相当する境位であろう。たしかに『善の研究』では、宗教的回心は「真の宗教的覚悟とは思惟に基づける抽象的知識でもない、又単に盲目的感情でもない、知識及意志の根抵に横はれる深遠なる統一を自得するのである、即ち一種の知的直観である、深き生命の捕捉である」(I・四五)と云われて、ここに禅の趣を看取することはむずかしいが、しかし西田は後に「見性」が宗教的転換であり、宗教的回心であることをこう明言している――「禅宗では見性成仏と云ふが、かかる語は誤解せられてはならない。見と云つても、外に対象的に何物かを見ると云ふのではない。又内に内省的に自己自身を見ると云ふのでもない。自己は自己自身を見ることはできない。眼は眼自身を見ることができないと一般である。然らばと云つて超越的に仏を見ると云ふのではない。そう云ふものが見られるならば、それは妖怪であろう。見と云ふのは自己の転換を云ふのである、入信と云ふと同一である」（XI・四二四以下）。

結局、禅の「己事究明・見性成仏」は『善の研究』の段階においてすでに「見神の事実」・「自己の転換」として論理化され、表現されていたと云ってよいであろう。それはまた「直接経験における神の存在證明」の事態でもあって、ベーメの言を借りて「内的再生」とも云われたのである。いずれも「自覚」の謂であって、そこに実在としての「主客合一」を実現すべく「自己の変換」「生命の革新」を伴うから必然的に実在の追求が宗教に結びつくのである。ここの境位において「神人同性」の神が云われ、「実在としての神」が論究されたのである。夢窓国師は「山川草木瓦石、皆是れ自己の本分なり」と喝破したと云うが、この境位は西田哲学の「実在としての神」と相通づるものがあるであろう。

〔四〕

西田哲学における宗教性は決して抽象的概念構成ではない。それは宗教の事実的存在を認めたものであって、思惟の上にのみ構成せられた理性的宗教ではない。宗教の歴史的社会的存在を容認しない仮想的な宗教理解ではなく、宗教の事実と価値とを承認した上で論究されたものである。それは同時に「神」が決して論理的概念構成物ではないということでもある。『善の研究』に云う――「神が宇宙の統一であるといふのは単に抽象的概念の統一ではない、神は我々の個人的自己のやうに具体的統一である、即ち一の生きた精神である……かくのような神性的精神の存在といふことは単に哲学上の論議ではなくして、実地における心霊的経験の事実」(I・一八八)である。

しかし神が心霊上の事実であるとしてその事実的存在を認めるということは、神および宗教のすべてが肯定に値するということを意味するものではない。たしかに哲学者は心霊上の事実を説明せねばならないが、そのことはそのままで直ちにすべての宗教の積極的肯定を意味するものではない。宗教を現実の宗教現象から離れて「哲学」の立場でとり上げるということは、そこにあるべき宗教の姿が求められているからである。学問の場が実践から距離をおいて理論的考察を本質とするのも、それが純粋で偏向のないあるべき立場を求めるからに外ならない。それゆえ宗教哲学に要請されることは、一方であらゆる宗教現象、あらゆる宗教形態を照射し、これにそれなりの存在理由を認めると共に、同時に他方であるべき宗教を提示することであろう。それは単に既存の宗教の解明だけに終始するのではなく、本来宗教は如何にあるべきかを問うことでもある。宗教理念を問うことである。

問題は如何にして哲学が「宗教哲学」の名の下にこの二重の課題に答えるかである。質朴な究明でこそあれ、『善の研究』は哲学以前の「純粋経験」の場に立脚することによってこの課題に応ぜんとしたものであろう。すなわち一方で宗教をもって神と人間との関係であるとして広く宗教一般の現象をこの命題に収斂・包摂し、同時に他方で宗教は「自己其者の解決」であるとして現世利益やカリスマ的崇拝、個人の単なる安心立命等を志向する宗教を排斥する。そしてあるべき神を「実在としての神」として提示したものと云えるであろう。人間存在が如何にあるべきかを掘り下げることによって必然的に「実在としての神」に到達したのであるから、これは決して既成の神の概念に停まるものではない。それは、真の神はかくあるべしという提言である。

問題は、かかる「実在としての神」を単に西田哲学の独自性としてのみ停めるか否か、である。東洋の大乗仏教的地盤の上にのみ信じられる神として停めるか否か、である。すでにみたように、西田哲学の神とキリスト教の〝God〟とはその概念が異なるのである。同時にそれは仏教とキリスト教との相違でもある。キリスト教が宗教であるということと仏教が宗教であるということとは、その宗教性を同じくするものではない。問題はその相違を相違としつつ、そこに停まるか否かである。それは今後の課題であろう。

（一九八七年）

［註］

①②　下村寅太郎　岩波文庫『善の研究』解題　二一八頁・二二〇頁

③　下村寅太郎　『レオナルド・ダ・ヴィンチ』　八―十頁

④　下村寅太郎　『西東心景』　一五〇頁

第三章　「体験」と「論理」の結合……「絶対自由の意志」

〔一〕

大正六年四月、西田幾多郎は東京帝国大学哲学会において「種々の世界」と題し、公開の講演を行った。その時の講演内容は『自覚に於ける直観と反省』の巻末に跋として収録されている。序文によれば、この跋は「此書の終りに於て達し得た考を簡単にまとめたもの」と云われている。「西田幾多郎全集」の第二巻をなす『自覚に於ける直観と反省』は「余の思索に於ける悪戦苦闘のドッキュメントである」と述懐されたものであるが、この言に卒直に従うならば、「悪戦苦闘」の末に到達した思想的立場こそはこの跋文に包蔵含意されている、ということになるであろう。

ところで、「此書の終りに於て達し得た考」とは言うまでもなく「絶対自由の意志」の立場に外ならない。すなわち「絶対自由の意志」の立場とは大正二年から六年にわたる思索追求の結果、その最後の方に至って到達した思想的境位の謂なのである。それはまた『善の研究』において体得した根本思想をもって「西欧哲学の先端に挑み、これを超克せん」として思索思弁し、その道程において獲得した成果に外ならない。

西田自身は、この著作は幾多の紆余曲折を経ながらも「遂に何等の新しい思想も解決し得なかつた」（Ⅱ・十一）と述べ、後年の「改版の序」でも「色々の方角から最後の立場が示唆せられては居るが、それが真に把握せられてそこから積極的に問題が解決されていない」（Ⅱ・十二）、「今日からは、私の思想発展の一段階として意義を有するものに過ぎないでもあろう」（Ⅱ・十三）と謙孫し、これに否定的な評価しか与えていない。絶対自由意志についても、「最後の立場として絶対意志の立場と言ふのは、今日の絶対矛盾的自己同一を思はしめるものでもあるが、尚それに至らざること遠いものである」（Ⅱ・十二）と評し、消極的価値しか認めていない。

しかしながら、この「絶対自由の意志」なる立場は決して彼の評言に尽きるようなものではなく、今日もなお哲学的考察の対象たりうるものであり、その考究に十分値する内実を含むものなのである。それは西田哲学の底流を貫く根本思想の一表現であって、単に認識論的概念に終止する類のものではない。すなわち、それはもっぱら自然科学的認識の成立根拠を提示するだけではなく、いわゆる文化科学一般の学的基礎づけをも、また、芸術や倫理、さらには宗教をも根拠づけうる立場なのである。単に諸学の成立可能を解明するだけではなく、これらの学の奥底には宗教的立場があるとし、この宗教的立場を表示する「絶対自由の意志」こそが逆にその根底から諸々の学の立場を各々その所を得て基礎づけうる、と主張するのである。

西田哲学における宗教的概念は、諸学と並んで、これと同次元に存在する類のものではない。そうではなく、諸学の根源に位するものであって、これら諸学は逆に宗教的立場から基礎づけられねばならぬ、と説くのである。そしてその宗教的立場に働くものこそが外ならぬ「絶対自由の意志」であるとするのであるから、その概念は広汎でかつ深遠豊富と云わざるを得ない。したがって、これについての論考は今日もなお学問的に十分価値あるものと思量されるのである。

小論の目的は、以上の観点に立って「絶対自由の意志」とはどのような立場を意味するのか、また、何故にこれが説かれるに及んだのか、その論理的推移を管見することにある。

〔二〕

「絶対自由の意志」の立場、それは巻頭から構想され、論究されたものではない。この立場が明確な形成を得るのは『自覚に於ける直観と反省』の最後の方すなわち第「三十九」章に至ってからである。西田がこの本において意図したことは、当時の哲学界の重要な課題とみられた「価値と存在」「意味と事実」との結合であり、その綜合統一であるが、その論考の過程、その究明の果に到達した立場が「絶対自由の意志」なのであった。

ところで、この絶対自由の意志とは何を意味するのであろうか。何をもって絶対自由の意志となすのであろうか。

端的に云って、絶対自由の意志とは認識の成立を可能ならしめる基底の謂であり、認識を成立せしめ、知識を構成せしめる根源的意志の作用の意味である。贅言するまでもなく、我々人間は意識的な存在である。そしてこの意識の働きの重要な一つが物を知るということであり、物を認識するということである。しかも人間が物を知るとは、外ならぬ我が我を知る自覚的存在の人間が物を知るということであって、これが普遍妥当的な知識を獲得するためには複雑な意識の働きが予想されるのである。

西田は意識的存在の人間が普遍的知識・客観的認識をどのようにして確保するに至るのかを彼独自の立場から探究、正しい認識が成立するためにはその根底に絶対自由の意志が認められねばならぬ、と主張するのである。つまり、一般に認識が成立するためには基礎となるものがなければならないが、この基礎となるものを西田は「絶対自由の意志」と名付けたのである。それは認識成立の根底となるものであるから、それ自身は認識されず、したがって知的対象以前・認識以前に位置するものと云ってよい。すなわち彼は、「現代の哲学に於て認識以前 das Vorbegriffliche の実在ともいふべきものは、或はベルグソンの純粋持続の如く不断の進行と考へられ、或は未だ形成せられない質料のようなものと考へられ、或はプラトンの理念の世界のようなものとも考へられて居る」（II・二七八）が、「併し此等の考は何れも相対の世界に堕して居る、真に直接なる知識以前の絶対とは言われない」（II・二七九）と批判し、この「知識以前の絶対」の世界こそ絶対自由の意志の立場に外ならない、と主調するのである。

認識は単なる想念や憶見とその本質を異にする。それは認識が単に主観的なものに停まらず、必ずや対象に向い、対象についての客観的内容を確保しているからに外ならない。それは何よりも対象についての認識であり、対象についての客観的洞察なのである。それゆえ、認識の成立には知覚の対象がなければならない。しかし、知覚の対象それ自体は認識主体の働きを措いて客観的に孤絶して存在している訳ではない。認識主体を抜きにした、これと無関係な事象それ自体はあり得ない。

「所謂客観的自然界も主観を離れて存在するのではない、自然界はカントの所謂純我の統一によつて成立するのである」（Ⅱ・一二七）とされるように、認識の対象はまさに認識せんとする主体の働きかけに呼応するような存在なのである。西田が云う絶対自由の意志とは、このような認識現象の根底にあって、これを成立構成せしめ、対象の統一を介して普遍妥当的な知識を創成せしめる根源的意志の働きそのもの、と云ってよい。

実際、事象の客観的な認識には、自らそれが真であるという要求が含まれていなければならない。この要求なくしては認識は成立し得ず、正しい知識は獲得され得ない。それゆえ、対象についての認識の形成というものは、言わば認識主体による意志的働きかけへの応答なのである。普遍化された一般化された抽象的知識も、もともとはその意志的主体の働きかけの結果・結実に外ならない。かくて、認識や知識の根底をなすものは、真理はかくあるべしとする意志と云ってよいであろう。当為が認識の基底をなす、という意味である。曰く――「多くの主知論者からは意志の自由といふことは単なる錯覚でもあるかの様に考へられて居るが、余は却つて知るといふことは意志の一部分であつて、今日の目的論的評論者の言ふ様に認識の根柢に意志があると思う。意志の世界は知識の世界に比して無限に広くして且つその根元となる、意志に依つて知識の世界、必然の世界が成立つのである」（Ⅱ・二八〇）。

〔三〕

先に述べたように、絶対自由の意志の立場は論文の冒頭から考案されて終始一貫論究されたものではない。それは思索の遍歴の後、「三十九」章に至って始めて構想されたものであった。周知のように、『自覚に於ける直観と反省』の思想的基調をなすものは「自覚」の立場であった。「自覚的体系の形式に依つてすべての実在を考へ」、「自覚」の発展分化によって実在の形成を捉えてみようとする立場であった。しかしながら、外ならぬこの立場が最後の方に至って「絶対自由の意志」の立場に移行深化し、変遷して行ったのである。それゆえ、重要な問題はなぜに自覚の立場の根底に絶対自由の意志の場が創案されるに及んだのか、である。自覚の立場のどのような制限・欠如が絶対自由の意志の立場を要請するに至ったのか、である。これに対する適確な答は、自覚とは如何なる概念であるのか、また、何故に自覚が問題視されたのかが徹底究明されてはじめて与えられるであろう。それゆえ我々は先ず自覚とは何かを一通り概観することにしよう。西田哲学にあっての自覚とはどのような事態であるのか。

自覚とは我が我を知ることであり、自己が自己を考えることである。しかし、それは我なるものが先ず存在し、しかる後にこの我が我を客観化して我を知るということではない。単なる存在としての我なるものが先にあって、これが後に自己を対象化し客観化して我を考え、我を知るということではない。そうではなく、我は初めから我を考える存在なのである。我を考えないような我は単なる存在としての我であって、実は我ではない。我は我を考えるようなあり方において初めて我として生存しうるからである。あるいは、我は我を考えるべく生存している、と云ってよい。そこでは「知る我と知られる我とが同一」なのである。そして、このように「考へられる自己が直に考へる自己其者に同一である」ことは我々人間に固有なあり方であろうから、自覚ということは、結局、我々人間存在の独自のあり方、独自な構造を指称する概念なのである。実際、「我が我を知る」ということは「我が我を維持する」ことであり、「我が存在する」ことである。なぜなら、「我が我を知らざる我は我といふことができないからである」。「自覚することが我の本質であり、我の存在理由」であるからである。要するに、人間としての我の存在理由は「我が我を知る」その自覚にこそある。人間たりうるということは直ちに我々が自覚的存在である、ということであって、人間としての存在性を賦与するものは外ならぬ自覚そのものなのである。

このような構造をもつ自覚は同時にまた作用し働くものとしての自覚でもある。すなわち「我が我を知る」ということは「自己が自己を写す」ということであり、「自己が自己を反省する」ということである。そして、「我々が我々の自己を反省するとか、之を知るとかいふことは之を思惟するということでなければならぬ、フィヒテも之を自己が自己に対して働くと言つている。而してまたフィヒテの云つた様に、我々の自己とはこの働きの外にないのである」（Ⅱ・十九）。

結局、自覚とは我が我を反省する働きであり、自省的作用そのものなのである。構造としての自覚が存在するそのあり方は、実は作用としての自覚を措いて外にない。我が我を考えるということ自体がすでに一つの働きなのである。もちろんそこでも単なる我が先行的に存在していて、その後に働きがあるということではない。そうではなく、働くことのないような我は我とは言えず、働きがあるからこそ「我あり」、なのである。働きこそが我を維持し発展せしめる。自覚においては存在と思惟とがこのように合一しているのである。自覚は人間の本質であり、人間を人間たらしめる源点である。人間は単に存在するのではなく、自覚によって人間が人間になるのである。あるのは存在としての人間ではない。自覚的な生成発展だけである。因が果となり、果が因となるようなあり方の自覚的体系だけである。そしてこの自覚の形成がまさに知識の源泉であり、認識の根源なのである。

ところで、このように自覚の立場が強調されるのは一体なぜなのであろうか。西田は如何なる考えに基づいて自覚の立場を力説宣揚するのであろうか。

序文によれば、『自覚に於ける直観と反省』が執筆された目的は——勿論、最初は論文であった——いわゆる「価値と存在」・「意味と事実」を論理的に結合統一することであった。すなわち、新カント学派・とりわけ、西南学派は認識・知識の成立をめぐって心理主義に反対し、「価値と存在」・「意味と事実」を区別し、これらを絶対的なものと峻別して立論したのであるが、西田はこれに抗して両者の区別を相対的なものとなし、これらの接合綜合を企図したのであった。そして、この綜合統一の道を外ならぬ彼の「自覚」の立場に求めたのである。曰く——「余が此論文の稿を起こした目的は余の所謂自覚的体系の形式によつてすべての実在を考へ、之に依つて現今哲学の重要なる問題と思はれる価値と存在、意味と事実との結合を説明して見ようといふのであつた。無論、余の自覚といふのは心理学者の所謂自覚といふようなものではない。フィヒテの所謂事行 Tathandlung のようなものである」（Ⅱ・一三）。

要するに自覚の立場とは、西田が当時の哲学界の課題と見た「価値と存在」・「意味と事実」との綜合統一を完遂すべく、彼自身が拠り所とした思想的立場なのである。それはまた、「学と生」・「論理と体験」の綜合を意図する立場でもあった。

さて、西田の企図を明確にすべく往時の思想界を垣間見れば、近代自然科学の飛躍的発展は旧来の伝統的学問体系を破壊してしまった。至る所で自然科学の手続・その学問的方法が圧倒的な勝利を収め、自然科学は恰も「万学の王」たるの地位を占めるに至った。この動向に反抗して立ち上ったのが、論理主義に立って「学」の基礎づけを遂行した新カント派であり、また、「生」の立場に立って直観主義を標傍したベルグソンであった。

すなわち、十九世紀末のドイツにあって「偉大なドイツ哲学の栄光の時期は去って、いまや自然科学者たちが、かつて哲学者の享受していた文化の象徴たる特権を獲得しつつあった」①。この趨勢は極端な科学主義的な態度をとる実証主義の隆盛を招来した。これによって、哲学はその性格、その学問的方法の変革を要求されるに至った。学問的に厳密確実なるものは、ただ、自然科学のみであるから、学問として哲学が成立し得るためには自然科学的に改変構成されねばならない、と強要するのである。そのため、哲学の形而上学的性格は実証主義の前にその影を潜めてしまった。

ここに新カント派が出現する動機があった②。彼等は実証主義に反旗を翻して哲学の立場を擁護すべく、カントその人に回帰し、彼を守りの砦となしたのである。なぜなら、カントは自然科学の権威を認めると同時にその制約・限界をも画定したからである。そして新カント派の当面の哲学的課題は、文化科学あるいは歴史科学の基礎づけであり（バーデン学派）、また、新たな精密科学の基礎づけであった（マールブルク学派）。哲学が著しく認識論的傾向を帯びていったのはまさにこの情況においてであった。この時代、「認識論の問題が哲学の中心問題を成し、屡〻人をして認識論即哲学なるかの感をさへ懐かしめた」のである（③）。なぜなら、学の基礎づけは認識能力の起源・本質・価値・確度・限界についての探究を要するからである。そして新カント派は「事実の問題」と「価値の問題」を峻別し、直観を拒否して認識論をどこまでも先験的方法の上に樹立しようとしたのであった。

一方、フランスにおいて反実証主義の旗印を高く掲げた代表者はアンリ・ベルグソンその人であった。「ベルグソンの攻撃的な反実証主義は――多くの論争的立場がそうであるように――かつてそれに献げた忠誠を拒否するところから生まれた」（④）。それは彼自身が二十歳台の後半に突然哲学的直観に撃たれて以来のことである。

ベルグソンによれば、現実は瞬時も止むことなき不断の流れであり、自然科学的方法をもってしては決して捉えられない「純粋持続」なのである。それは分析的方法や概念の組み立てによっては把握できないのであるから、哲学の方法は直観を根本とし、直観から分析への道を進まねばならない。自然科学が考察するものは決して運動そのものではない。その対象は漸次移動する物体の状態だけであり、その結果だけである。科学が見る時間は所謂空間でしかなく、躍動ではない。この現実は存在するのではなく、間断なく生成するのである。「ある」のではなく、「なる」のである。たしかに悟性は分析力も再構成する能力も有するが、しかしそれは生の流れを中断するだけであって非連続性、空間性、必然性を持ち込むだけに過ぎない。それゆえ、哲学は直観だけにしか依存できないのである。これがベルグソンの立場であった。

西田はこのような哲学の二大潮流に直面し、現今の哲学的課題を両者の綜合統一にあると洞見したのであった。これが『自覚に於ける直観と反省』起稿の動機となった。この本の表題がまさにこれを示すであろう。「生」の立場に立つベルグソンは直観主義の大立物であり、新カント派は反省の場に立つ論理主義の牙城であった。西田は云う——「京都に来たはじめ、余の思想を動かしたものはリッケルトなどの所謂純論理派の主張とベルグソンの純粋持続の説であつた。後者は之と同感することによつて、前者は之から反省を得ることによつて、共に多大の利益を得た。併し余はベルグソンをその儘に信ずるものでもなければ、またリッケルトの所論を犯し難しと考へるものでもない。現今哲学の要求は寧ろ此等の思想の綜合にあるのではないかと思ふ」（Ⅰ・二〇三）。

結局、西田が自覚の立場に立脚する所以は、まさにこの哲学的課題に答えるためであった。自覚の立場に拠って「直観主義」と「論理主義」の止揚綜合を図ろうとしたのであった。

〔四〕

問題は、自覚の立場に基づくその綜合の仕方であり、その統合の論理如何である。両者の結合統一はどのように立論されたのであろうか。

綜合は単なる接合・接続ではない。二つのものの独自な存在理由を是認し、その上での内面的連関を見出すことである。一部を無視して外から牽強附会することではなく、なによりも二つのものの全存在を認め、その意義を承認し、その上で両者の関係の論理的整合性を見究めることである。したがって、それは「価値と存在」・「意味と事実」とをそれぞれ互いに独立した全く別個な体系・別個な実在と見て、この中間に立って関係づけることではない。そうではなく、両者の内面に入って二つのものの具体的存在に共に貫徹・通底する共通性を見出すことである。両者に共通し、これを貫く論理構造を発見し、孤絶する絶対的存在を相対的存在たらしめることである。二つのもののいわば共通事項を探索し、これによって両者を相関関係にもたらすことである。

この観点に立って西田が採った思惟法はすべての実在を「自覚的体系」として捉えることであった。価値も存在も、意味も事実も、すべての実在を自覚の体系的所産として位置づけ、一一の実在はそれぞれの自覚のあり方の一様態・一顕現態に外ならぬ、と洞察することである。自覚をもって実在一切を成立せしめる共通項となし、体系化・相対化の原理となすことである。しかしこれは実在をその実在性において会得するのであるから、単に絶対的なるものが水平化・平板化されるということではない。単に二元的な立場に帰一せしめることではない。いわば実在を「一即多・多即一」と云った在り方において捕捉することなのである。

云うまでもなく、自覚とは自己が自己を知ることであり、己が己を顧みることである。そしてこの自己反省・自己反照が生起するのは外ならぬ自己自身の因によってであるが、しかし認識・知識を構成する時には他の実在との関連によってなのである。自覚は他の実在との関係によってのみ自覚となり、実在は自覚を透過することによって初めて現実存在となる。自覚も実在も決して単に孤立断絶してあるのではない。互いに他を介することによってのみ生成する。交互的生成において初めて両者は存在する。自覚および実在のあり方は相依的・相関的であり、生成的過程的である。実在の実在性とはまさにこの謂に外ならない。当然そこには、実在が認識論的立場から把握されていること、云うまでもない。

認識論的に言えば、知識の源泉たる自覚は実在を成立せしめ、これを構成せしめる働きそのものである。実在の根底をなし、これを成立構成せしめるものこそが自覚に外ならぬとの意味である。それゆえ、実在は我々の自覚において存立し、また、我々の自覚は実在を介して生起する。結局、自覚の生起とは我々の自覚的存在において外ならぬ実在自身が自己の内実を知識として自己の実現をはかるということである。自覚の生起は認識・知識に至るための実在の現成であり、実在自身が我々の認識・知識において自らの実現を企ることである。かくして、実在を自覚的体系として捉えることが可能であり、また、妥当なのである。「序」で云われている「余の所謂自覚的体系の形式に依つてすべての実在を考へ……」とはまさしくこの意味である。そして、実在を自覚の体系として把握することは、価値も存在も、意味も事実も、論理も体験も、学も生も、実在一切をそれぞれの位置における自覚の生成発展態と見ることであり、これらすべてを自覚の自己展開として捉えることである。それは結局、全実在を自覚の分化発展の体系として把得することに外ならない。価値や存在、意味や事実等を自立的自足的存在として峻別するのではなく、これらを自覚の分化発展せるもの・自覚のそのつどの自己実現態と見、価値や意味の体系は自覚が諸々の実在を統一することによって産出したもの、と解することである。この立場においては、諸々の実在は直ちに自覚の分化発展に相応じて知識として成れるものであり、自覚は諸々の実在の認識を介して知識として自己を顕現する。要するに、西田の採った統合法は実体的自立的存在を自覚の生成過程に還元し、その間の自覚の論理構造を見出すことである。すべての具体的実在を自覚の連続的発展体系として解することであり、あらゆる実在を自覚の創造的発展の所産として捉えることである。曰く――「具体的実在はそれ自身において連続的なる自覚体系である」(Ⅱ・六六)。「それ自身に於て独立な真実在は自覚的でなければならぬ、自覚的なものが真に具体的である」(同前)。

諸々の実在は我々の自覚において自己実現を図る。それゆえ実在の根拠は我々の自覚にこそあるのであって、自覚の相違はそのまま実在のそれぞれの在り方の相違を示すものに外ならない。そして、実在の自己実現は認識論的には物が知られ、知識が獲得され、論理が形成され、意味が見出され、価値が創造されることであって、これらすべてが自覚の統一作用の働きに依存している。自覚のこのような統一作用は、これを動的に捉えれば分化発展ということであり、自己の創造的発展の作用である。「自覚はそれ自身に依る無限の内面的発展である、真の創造的進化である」(Ⅱ・二一六)。我は反省・統一する働きにおいて初めて我たりうるが、その働きとはとりもなおさず自覚の創造的発展作用の謂に外ならない。「反省といふ働きは、自覚に於ては、一方に於て、自覚の上の事実であると共に、一方に於てその創造的発展の作用である。事実が発展を生み、発展が事実となる、在存が当為となり、当為が存在となる、自己は自己を反省し発展することによつて自己を維持するのである」(Ⅱ・二四二)。

結局、価値も存在も、意味も事実も、我々の自覚の創造的発展のそれぞれの所産・結果に外ならない。自覚的体系一つ一つの顕現態ということである。

〔五〕

自覚が無限に分化発展して認識・知識を構成するということ、それは究極的には自覚の進展が外ならぬ判断を形成するということである。判断こそが自覚の形成形式なのである。

自覚とは自己が自己を知る反省の謂であり、自己を写すことである。「自己が自己を反省する即ち之を写すといふのは……自己を離れて写すのではない、自己の中に自己を写すのである」（Ⅱ・六六）。そして、「反省するといふことは構成すること、即ち思惟すること」であり、「知るといふこと」なのである。換言すれば、反省とは「主客の未だ分れない」、「現実その儘な不断進行」の外に立って、「翻つて之を見た意識」（Ⅱ・一五）のことであるが、この自覚的反省によって事物や現実が客観化され、認識が構成され、知識が形成される。客観的認識や普遍的知識は自覚すなわち反省を介して、これを透過して初めて獲得される。

ところで、知識や認識の形成がもっぱら自覚的反省に基づくということは、実はそこに自覚の判断が働いているということである。自覚の判断作用に依拠してのみ知識・認識が成立するということである。判断の形成を通して、否、まさに判断の形成において知識が知識となり、真理が真理となる。自覚のあり方はなんら固定した静的存在ではなく、反省し思惟する働きそのものにこそある。つまり、認識論的には自覚は判断を形成する働きそのものなのである。反省作用たる自覚は判断の形成を得て初めて知識として自己を表現・表出する。裏からみると、判断の形式は自覚の反省の仕方、自己反照の型であり、知識は自覚の内容、判断内容の固定されたもの・抽象化されたものに外ならない。

自覚は無限に発展し、無限に分化する。その分化発展は知識の成立・認識の形成を要求する。それは結局判断の形式に則って初めて可能となる。それゆえ、判断は自覚の発展拡大のために必要な知識・認識獲得の形式なのである。知識となった判断や命題は抽象的で固定的なものであるが、しかしこれの形成は自覚の働きの結果であり、その産物なのである。いわば自覚の発展分化の足跡がそれぞれの判断・命題と成るのである。判断は「二つの表象の結合によって成立するのではない、判断の根柢にはいつでも綜合がある、判断はこの綜合を分析することによって生ずるのである」（Ⅱ・八五）から、結局、綜合を底流とする判断の形成とは「新たなる意識が創造せられる」ことなのである。

ところで、こう云った諸々の判断の基本・範型となるものこそが「自己同一律」であることは言を俟たないであろう。「自己同一律」こそが判断の根幹をなす、との意味である。そして自覚との関係で云えば、「自己同一律」は自覚の分化発展の最も単純な判断形式であり、自己反照の仕方の最も基本的な型なのである。

いわゆる「自己同一律」は「甲は甲である」との命題で示される。これ以上簡単な命題はないかのようである。しかし、この最も平易な命題すらもこれが一つの判断の形式をとるからには、そこに自覚の働きの痕跡が看取されるのである。すなわち、この命題は客観的には甲の自己同一性を述べたものに過ぎない。しかし、それは単なる同語反復ではあり得ない。「甲は甲である」と断言する背後には主語の甲、述語の甲、いずれもが外ならぬ「甲」であって、それは決して「非甲」でないことが識別されている。「甲は甲である」と断定する裏面には「甲」は「非甲」ではないとする区別が含意されている。そして「非甲」ではない、まさに「甲」なのだと甲の自己同一性を主張するそのことは、実は自覚が特殊者の性格を持った主語の甲と普遍者の性格を持った述語の甲とに自己を分裂せしめ、しかもその分裂にもかかわらず主語の甲、述語の甲いずれもがまさに同一なる甲なのだとして再び自己を結合しているのである。

結局、「甲は甲である」と断定するに至るには一つのプロセスがあるのであって、それこそが自覚の働きに外ならない。「唯一つの意識にては判断の意味を表わすことはできぬ、判断は二つの意識の関係の上に成立するのである」（Ⅱ・四七）から、判断を成立せしめ、これを構成せしめる自覚の働きそのものは主語の「甲」でもなければ、述語の「甲」でもない。それは「甲」を「非甲」より区別し、同時に特殊者の性格を持った甲を主語として立て、また、一般者の性格を持った甲を述語として表出し、前者を後者に包摂せしめ、もって「甲」の自己同一性を「甲は甲である」と断定する働きに外ならない。曰く――　「我々の判断作用とはヘーゲルの考へた様に、一般的或物が己自身を発展する作用である。〈甲は甲である〉といふようなことすらも、単なる同語反復ではなく、特殊なるものを一般的なるものの中に包摂すること、即ち一般的なるものが己自身を発展する内面的必然の作用を言ひ表したものである。甲を乙より区別するといふ裏面には乙を甲より区別するといふことが含まれて居る。斯く両者を区別することは此両者を統一する一般的或物がなければならぬ、我々はこの一般者によつて甲より乙を区別する如く乙より甲を区別するのである。思惟の根柢には統一的直観がなければならぬ」（Ⅱ・四一以下）。「統一的直観」が自覚の働きの一つであることは言うまでもないであろう。「一般的或物」とは自覚の意味である。「甲は甲である」との「自己同一律」の判断に表出されている自覚は、恣意に促されて任意の主語・述語を選択しているのではない。そうではなく、主語となるべき「甲」は述語の「甲」に包摂せられるべき「甲」であり、述語の「甲」は主語の「甲」を包摂すべき「甲」なのであって、そこには自覚の一つの限定作用が働いている。主語の「甲」は述語「甲」に必然的に伴うべき「甲」なのであって、決して「非甲」なのではない。同様に、述語の「甲」は主語「甲」に必然的に従うべき「甲」なのであって、他に随伴すべきものではない。それは分化発展する自覚の内面的当為の一限定であり、当為的自覚の一自己表出である。西田はこう述べている――「判断に表わされるべき同一者das Identishe は主語の甲でもなければ、客語の甲でもない、此等のものは同一者が自己を顕現する要素であるといわねばならぬ、判断とは一般者が己自身を分化発展することである」(Ⅱ・四八)。認識上の自覚は判断の形成面では「一般者」となるのである。

要するに、知識や論理の形成形式とでも云うべき判断は自覚の働きなのである。分化発展する統一的・連続的自覚が己自身を止めて見ることであり、己自身を判断形式に限定することである。これによって実在は知識として顕現し、知の形態において実在が自己表出する。

〔六〕

「意味即実在にして無限の発展を含む自覚的体系に依つて、価値と存在との根本的関係を説明」しようということは、単に価値と存在の間だけを関連づけるだけではなく、一つの価値体系自身の間にも連結を試みるということも意味する。一つの体系に見られる種々の論理相互の間にも内面的な連関があることを検証してみようという謂である。すなわち、例えば論理と数理との間、あるいは、数理と数理との間に自覚的体系の分化発展の軌跡が看取できないものか、ということである。

実際、西田は論理の体系と数理の体系、算術と解析、数の系列と幾何学等々の関連づけを「抽象から具体へ」という自覚の必然的な流れに沿って試みたのであった。すなわち、論理を形成する自覚的体系は同時に数理をも構成するものであり、算術を成立せしめる自覚的体系は同時にまた幾何学をも創成する自覚的体系ではないのかと思索したのである。したがって、これら相互の間にはどのような自覚的体系の分化発展が検証されるのかが問題となった。そしてその一連の究明過程で、リッケルトやコーヘンの考え方を受け容れて取り上げたのが「異質的媒介者」や「連続」の原理であり、「極限概念」であった。もとより西田はこれらの概念をもっぱら純粋数学の立場から取り上げたのではない。彼の自覚的体系との関連から問題にしたに過ぎない。それゆえ我々もこれと最も関係深い「極限概念」を中心に取り上げ、数理における自覚の体系的発展を概観してみよう。

「序」文によれば、この「極限概念は此書の重要なる思想の一つとなつた」ものと云われている。そのゆえは、極限概念が「一つの立場から一つの立場への移り行き、アプリオリとアプリオリとを結合する」働きをなし、これによって「思惟と直観、抽象と具体との連絡を考へることができる」からに外ならない。極限概念とは相異なるものの間に無限の連続を考えて、その連続の究極・極限において両者は接続結合する、と見る考えである。例えば、「円と多角形とは元来異つた概念」でこの間にはなんらの関連もない。「多角形の辺長を如何に小にしその辺数を如何に多くしても、多角形は依然として多角形たるを失はない」(Ⅱ・一六二)。しかし、「多角形は唯その極限 Grenze に於てのみ円と合することができるのである」(同上)。つまり極限概念を導入することによって「多角形」は「円」に移行し、「点」の集合は連続的「直線」に移り行く。「直線」の極限が「面」となり、「面」の極限が「立体」となる。「有理数」の極限が「無理数」となり、「時間」の極限が「空間」となる。そこに数理的自覚の連続的生成が垣間見られるのである。

再度云えば、数理上の極限概念とは相異なる二つのものの間に無限のプロセスを考え、その極限において両者は結合するという考え方を指す。それは無限の過程、無窮のプロセスを媒介として相対立するものを統一結合する思惟法であるから、連続の原理と不可分の関係にある。そしてその連続は無限・無窮の過程を意味するのであるから、極限概念はいわゆる「無限論」の基礎の上に構築されているのである。無限の存在を前提とした思惟法であるとの謂である。例えば、$1 = 1/2 + 1/4 + 1/8 \cdots\cdots$と云う具合に考えるのは 1/8 以下が無限に連続するとの前提に立ってのことである。無限の連続の究極において右辺は左辺に等しくなると思量するのである。無限の論理は、神を無限とするようなキリスト教の洗礼を受けた近代思想の所産の一つであって、古代には存在しなかった(⑤)。すなわち、ギリシャの論理は「一」は単に「一」である。しかし近代の論理は「一」$= 0.999 \cdots\cdots$とする。そこに極限概念が導入されていることは云うまでもない。

ところで、以上のことから連続の原理が極限極念と表裏の関係にあることは明らかであろう。相異なる二つのものがあって、これが極限において合致することは両者の間に連続があることを意味する。連続の極大ないし極小において相対峙するものが推移・一致すると見るのであるから、極限概念は連続の観念の先端と云ってよい。したがって、数理上連続の観念が意味するところは種々の概念を接続連結することにあるであろう。二つのものの間に連続があるということは両者が接続しているということであり、結合しているということである。それは同時により高次の立場から統一され、総括されうることをも意味するであろう。それゆえ「純論理的に連続といふのは種々なる概念を或一つの見地 Gesichtspunkt から統一することである」(II・一〇五)。すなわち相異なる諸種の概念を一つの原則の下に集合せしめ、その内面的連続性によって統一を企るのである。例えば、円、楕円、双曲線、抛物線はそれぞれ異なった別個の概念である。しかし、今、ここに連続の観念を導入して考察すれば、これらすべては円錐曲線に統一することができるのである。独自の存在たる円、楕円、双曲線、抛物線はその相違にもかかわらず円錐曲線の概念に包括統合される。逆に云えば、円錐曲線という連続体がそれぞれの場面・それぞれの段階で円、楕円、双曲線、抛物線という形態で自己実現しているということであり、自己限定しているということである。そこに生成発展する数理の連続性が見出されるのである。

以上、連続の原理も、極限概念も、数学上の一つの思惟すなわち数理と云ってよいであろう。ところで問題は、これらの数理と我々の自覚とが一体如何なる関係にあるのか、である。論理を構成する自覚的体系は同時にまた数理を形成する自覚的体系でもあるから、両者には何等かの関連性が予想されるのであるが、それは果してどのような関係なのであろうか。

再三繰り返すように、自覚は無限に反省し、反省することによってさらに無限に進展、無限に分化発展をとげる体系である。「自覚に於ては反省といふことが事実であると共に創造的発展の作用である。事実が発展となり、発展が事実となる」（II・一〇六以下）。したがって、このような自覚の分化発展・その内面的進展は、これを動的に捉えれば「連続」ということができるであろう。自覚は他からではない、まさに自己自身の必然性に従って無限に進行発展するのであるから、その動態はまさに「連続」そのものと云ってよい。つまり外ならぬ我々の無限の自覚作用が連続を産出し、これを形成するのであるから、数理上の連続の源泉は我々の自覚作用そのものではないのか。

　自覚とは自己を知ることであり、自己の中に自己を写すことであった。反省することであり、思惟することであった。同時にそのことが直ちに分化発展することであり、連続を形成することである。

　しかし、いかに反省され、いかに写されようとも、真の自己・真の主観は決して反省し尽され、写し尽されることはない。なぜなら、真の自己は反省された自己、写された自己ではなく、かえってその手前でつねに反省し、写し出す能動的、能産的自己だからである。「厳密に云へば、真の主観は反省のできないものでなければならぬ、苟も反省せられたものは既に対象であつて主観其者ではない」（II・一四八）。要するに自覚の連続的作用の源点、無限に反省し、無限に発展持続する自覚の源点は、知的対象となるものではなく、かえってこれをつねに対境とする無尽無究の在り方をなしている自己そのものなのである。「対象となつて現はれるものは尚分つことのできるものであるから」無限を創出しえない。「真に分つことの出来ない統一は反省する自己其者であつて、独り自己のみ無限に分つことのできる統一なのである」（II・一二七）。決してこの逆ではない。結局、真の無限の源泉、連続の淵源は外ならぬ我々の自覚そのものなのである。果して西田は云う――「真に独立自由なる実在はそれ自身に於て連続的なものでなければならぬ、換言すれば己自身を知るものでなければならぬ、自覚的なものでなければならぬ」（同上）。「自己を反省することが自己の存在であり発展であるもの、即ちそれ自身に全きものにして、始めて真に連続的といふことができる」（同上）。

右に述べたところから、我々の自覚的体系と数理上の連続の観念とは云わば相似の関係にあることが指摘できるであろう。我々の自覚的体系が数理の場においては連続の原理として、また、極限概念として働いていると云えるであろう。自覚の無限のあり方（存在）が数理における上述の概念（思惟）に転生しているのではないか。「思惟と存在」との一致は極限概念にも検証できるのではないか。

実際、西田は数理上の極限概念をもってこう述べる――「点の集合が其極限に於て直線に移り行き、多角形が其極限に於て円に移り行くには新しい直覚がなければならぬ。極限の根柢には新しい直観がなければならぬ……或一つの立場が空極する所、新たなる高次的立場が要求せられ、後者によつて前者が包含せられるのが極限の考である」（Ⅱ・一六四）。

確認すれば、我々の自覚は極限概念のようなものなのである。すなわち、我が我を知る自覚とは、結局、これを介して対象を統一することである。「我々の自覚とは反省即行たる無限の進行であると共に、一方に於ては不変の統一である。一方に於ては無限の転化を要求すると共に、一方に於ては無限の限定を要求するのである」（Ⅱ・一九二）。そして「無限の転化を要求する」方向が「一般から特殊に行く特殊化的方向」であつて、この方向において「新たなる内容を生じ、新たなる立場に移り行くのである」（Ⅱ・三二五）。顧慮すべきは、この一般から特殊に行く方向の自覚の働きと数理上の極限概念のそれとが同じ働きであるということである。先には「極限の考の根柢には新しい直覚がなければならぬ」と云われているが、この数理にみられる「新しい直覚」こそ「新たなる内容を生じ、新たなる立場に移り行く」自覚作用其者の働きと同じものなのである。無限に反省進展し続ける自覚の働きが数学の場においては極限概念として、また、連続の原理として機能している、との謂である。

　結局、そのことは我々の自覚・自己其者が云わば「分つことによつて達することのできない極限点」に外ならないことを示唆している。無限に能産し発展し続ける自覚的自己、我々自身の自覚的存在こそが数学上の用語を用いればまさしく「極限点」なのである。曰く――「而して極限点それ自身の中に含む連続は実に Ideal＋Real である、即ち具体者である。我々の自己は我々が反省によつて到達することの出来ない極限点である」（Ⅱ・一六六）。「我々の自己は之を無限に反省することができると共にまた到底達することのできない極限点である」（同上）。

　以上、数学的思惟の基底をなすものは外ならぬ我々の自覚であり、数理の根底は我々の自覚的体系そのものなのである。「かく考へてみれば、数学上における極限の考も反省が自己であると共に反省によつて達することの出来ない自覚の特殊なる一つの場合に過ぎないと考へることが出来る」（同上）。すなわち、「所謂客観的自然界は個人的意識の客観界を押し進めたものに過ぎない」と云われるように、数理の世界も個人の自覚的体系の数理的部分を極大ないし極小化したものと云えるであろう。

西田哲学における自覚とは「先験的自我の自覚」である。それは時間・空間の因果に一方的に拘束される底のものではなく、これを此岸に超越して逆に時間・空間をその根源から成立せしめる存在なのである。したがって、その自覚は日常の体験、平生の経験に常に先行し、かえってその根底においてこれを成立・構成せしめる働きなのである。単に体験する、経験するという捉え方ではなく、先験的自我の自覚によって体験の世界が成立し可能ならしめられている、と見るのである。すなわち、それはいわゆる体験・経験に先立ってこれをその根源から能動的に成立せしめる。人をして体験に至らしめ、経験に至らしめている。現実の生を生あらしめている真の原因なのである。

同時にまた、このようなアプリオリな自覚は、認識論的には論理を形成し、数理を創成するのであるから、数理の根底は我々の体験の世界と同一と云ってよい。それゆえ「思惟と体験」「論理と経験」の結合点はまさにこの自覚にこそ求められる。

〔七〕

『自覚における直感と反省』における最大の問題は、いわゆる「自覚」の立場に代ってなぜに「絶対自由の意志」が説かれるに至ったのか、である。すなわち、西田は如何なる論拠に基づいて自覚の立場の背後に、その根底に絶対自由の意志の立場を構想するに及んだのか、ということである。

「価値と存在」・「意味と事実」との綜合統一を自覚の立場では万全とせず・これに停まらず、なぜに絶対自由の意志を考案したのであろうか。

絶対自由の意志の立場が初めて出現するのは第「三十九」章においてであるが、西田自身この思想の変遷・その深化徹底の因由を必ずしも明確に述べている訳ではない。自覚の立場にどのような制約があり、いかなる欠陥があって絶対自由の意志を構想したのかなど、問題点を整理整頓して論述している訳ではない。それゆえ我々は「序」文および第「四十」章の冒頭文を手掛りとして、その立場の推移転変の事情を考えてみることにしよう。

先ず「序」文で西田はこう述べている――「「三十九」に至つて余は遂に是迄の議論を清算した。知り得べきもの、知り得べからざるものを甄別して、唯超認識的なる意志の立場に依つてのみ経験を繰り返し得ると考へた。理想と現実との結合点は実に此処にあるのである。此節は余が此書に於て達し得た最後の立場である」(Ⅱ・一〇)。

次に「四十」章の冒頭部でこう告白している――「多くの紆余曲折の後、余は終に前節の終に於て、知識以上の或物に到達した、余は是に於てカント学徒と共に知識の限界なるものを認めざるを得ない」(Ⅱ・二七八)。

以上二つの引用文から窺知されることは、西田は「三十九」章に至って知識なるものの限界を悟り、同時にこれを通して知識を超え認識の立場を超越する次元に到達した、ということであろう。「知り得べきもの」としての知識を成立せしめるその根源・認識を生成せしめるその淵源、それこそは理智の立場を超越した「知り得べからざるもの」としての「意志」の立場に外ならない、ということであろう。「意志が知識の根柢であつて、知識は意志に依つて成立する」ということであろう。「知識以上の或物に到達した」とはまさにこの謂であり、そしてこれが「絶対自由の意志」の世界を意味することは言を俟たないであろう。

ではいったい、自覚の立場にどのような制約が存在したのであろうか。「価値と存在」・「意味と事実」とを綜合統一するために、自覚にいかなる難点があったのであろうか。

考えられる主な理由の一つは、自覚の立場がなお依然として知的世界・理智の観念の世界に停まっていて、真実在の世界・直接経験の世界に直達していないからであろう。すなわち、自覚の立場はやはり認識の世界に所属するものであって、まだ「真に創造的なる絶対実在」の世界に到達していず、これを外から対象視し、観想する知識の世界に存立しているからであろう。

認識が成立し、客観的知識が獲得されるのは反省の場においてである。反省を媒介とし、これを透過することによって初めて反省以前の直接経験の世界が知識として創成される。知識の体系・学の体系は、ひっきょう、認識するものの働きの結晶に外ならない。そして対象に関与してこれを認識し、吟味・反省して知識を構成する活動こそが我々の自覚なのである。したがって認識論を討究し、知識学を構築し、諸学の基礎づけを行うためには何よりも自覚による反省以前の世界、知的観念化される以前の世界に立脚し、逆にそこからの認識の構成作用、知識の形成過程を洞察しなければならない。反省以前の、知識以前の真実在の世界に立ち戻り、逆にこの世界が自覚的反省を介して論理化され、観念化されるプロセスを見究めなければならない。これを怠ってもっぱら反省後の知的抽象の世界に停まるならば、真の生命の世界に触れることはできず、したがって具体的実在の世界から根拠づけられた認識論や知識学、また、諸学の基礎づけも不可能と言わざるを得ない。まして、「価値と存在」・「学と生」等の統合も不可能であろう。これらの真の綜合統一はそれらの出来の場、それらの根源的出処にこそ求められねばならない。しかし、反省された地点はすでにこれを乖離している。反省を中枢とする自覚の立場の制限・制約はまさにこの点にある。かくて、先ずもって要求されるべきことは、知識成立以前の世界、認識以前の真実在の世界に立ち、逆にそこから自ら限定されてくる知識の形成過程・認識のプロセスを究徹することである。意味も事実も、論理も経験も、すべてがそこから出来し、そこから生起する知識以前の直接経験の真っ只中に没入し、沈潜することである。知的論理の世界、抽象的理智の世界を突破し、これを超出して絶対実在の世界に躍入することである。「絶対自由の意志」の世界とはまさにこの要請に応ずる立場に外ならない。曰く——「余は之まですべての実在を自覚的体系として考へて来たが、自覚的体系の背後は絶対自由の意志でなければならぬ、実在の具体的全体を得るためには知識的自我の後に実践的自我の背後を加えねばならぬと思ふのである、知識的自我の対象たる所謂実在界より実践的自我の対象たる希望の世界は広い、前者は可能的世界の一部に過ぎない」（Ⅱ・二八五）。もとより自覚的体系の背後に位置する「絶対自由の意志」の立場が、「概念的知識以前に与えられた直接経験といふようなもの」であり、それが「我々が認識することのできない知識以前」の世界であることは云うまでもないであろう。

結局、西田が「余は認識論を以て止ることはできない、余は形而上学を要求するのである」（Ⅱ・六）と決意し、従来の単なる認識論や実在論にあきたらないその理由の一つは、それらが知識以前の世界を・認識作用の淵源そのものを明確に論及していないからである。知的対象化される以前の世界・認識の抽象化を受ける以前の世界が哲学的考察の枠外に停まっていて、これが暗雲厚く覆われたままであるからである。「純粋経験」の場に立つ西田から見れば、これまでの哲学はこの絶対実在の世界を看過・閑却し、すでに知的対象化された世界・相対的認識の世界を基底・前提となし、これに停まっている。先に引用した批判はこのことを適確に扶剔したものと云ってよい。曰く――現代の哲学は不断の進行、或いは質料のようなもの、また或いは、理念のようなものを以て認識以前の真実在となしているが、「併し此等の考は何れも既に相対の世界に堕している、知的対象の世界に属している、真に直接なる知識以前の絶対とは言はれない」（Ⅱ・二七八以下）。意味するところは、従来の哲学が知的対象化されたもの、したがって相対的なものから出発し、これを疑いなき自明の理としているため、これ以前の絶対実在の世界、絶対自由の意志の世界を等閑視している、ということである。

　卒直に云って、自覚の立場は知識や認識が中心となる理智的反省の場である。自覚とは自己が自己を知ることであり、己れが己れを反省し顧ることである。そして自覚においては〝知る主体としての我〟と〝知られる客体としての我〟とが一つになっているのであるから、少なくとも「知られる我」としての自覚の半面は知的反省の世界に所属していると言わざるを得ない。先の引用文で、西田がこの自覚の立場を「知識的自我」とした所以である。否、事によっては、他の主体的能動的な自覚の半面も実は知的反省の場で理解され、ために「知る我」が「知られる我」でしかない場合が多いのである。それは果してどういうことなのであろうか。

確かに自覚においては、その半面に絶対主体としての知る我・反省する我（西田の言う「実践的自我」）が厝然と働いているのであるから、その限りで認識以前の絶対自由の意志の世界・直接経験の絶対主体の立場に立脚しているのではないか、との抗弁もあるであろう。「知る我」は作用それ自体であり、働きそのものなのであるから、その限りで知的対象以前の具体的実在の世界に根差しているのではないか、との反論である。

しかしながら、問題はまさにここにある。絶対の主体としての「知る我」が果してその実在性において真に主体的に受けとめられ、体得されているかどうかである。「知る我」が真の「知る我」として、その事実性、あるいはその実在性において主体的に把握されているかどうかである。詭弁のようであるが、通例の理解の仕方では——これは自覚の立場でもある——働く主体としての我は「知る我」と云っても、実は「知られた我」でしかないのである。西田が「併し普通に考へられる現在とか意識とかいふのは、考へられた現在、考へられた意識である」と指摘するように、これと同様、自覚の立場においては「知る我」と云っても事実は「知られた我」でしかない。なぜなら、絶対主体としての「知る我」は実践的能動的働きそのものであるから決して知的対象となるものではなく、客体化を受けることはない。にもかかわらず、その絶対主体が「知る我」として表現され、「知る我」として言葉に表出されたことは、それがすでに自覚の反省を受け、認識の対象となり、客体化されたからに外ならない。たしかに「主体」という言辞が使われてはいるが、現実は「客体」化されているのである。すなわち自己が自己を反省する自覚の立場においては、絶対の「主体」と云っても、それはつねに「客体」化したものを意味するに過ぎない。反省的自覚の場にあっては絶対的なものは相対化され、生けるものは化石化され、生命それ自体はその射影になってしまう。しかも、この立場に固執し、これに埋没するならば、その一大事態にすら気付くことはない。これこそがまさに知識の立場すなわち自覚の立場における一大盲点であり、最大の難点に外ならない。「所謂知識の立場に立つては我々は作用其者を反省することはできない、反省せられたものは既に対象であつて、作用其者ではない」（Ⅱ・三二六）と指弾される所以である。

自覚における知る我としての作用其者はもっぱら反省するものであって、決して反省されることはない。したがって知識の対象となるものではない。それは相対化されず、絶対に客体となるものではない。そのような立場は、「これを認識の対象として限定することはできぬかも知れぬが、我々はこれを認識の根柢として認めねばならぬ」ものなのである。そして、そこから見れば「知る我」は「知る我」とすら云えない。同じようなことは、他のすべてについても云い得るのであって、例えば「自覚」という事態を認識以前の絶対自由の意志の場で体得しようとすれば、「自覚」は同時に「自覚に非ず」ということが厳粛に云われねばならない。自覚の根底、自覚を自覚たらしめているその当のものは決して「自覚」ではない。「自覚」を真底理解するとき、そこに上述の配意がなければ、それはすでに反省の場・知的認識対象の場に堕している。相対の場に堕している。それゆえ、この相対の場を無前提を前提とすべき真の哲学の基盤とする訳にはいかない。すでにそこは実在が知的反省を受けて分化されている地点であるから、この場に立っての「価値と存在」・「意味と事実」の真の綜合統一は成り立ち得ない。それゆえ、あらゆる実在がそこにおいて成り立ち、そこから出来する「絶対自由意志」の立場が求められねばならないのである。

〔八〕

はなはだ粗雑な言い方をすれば、『自覚に於ける直観と反省』は西田哲学における認識論・知識論と云ってよいであろう。なぜなら、「直観」よりも「反省」に関する論述が圧倒的に多くなされているからである。

しかしながら、これが単なる認識論の次元に止まるものではないことは云うまでもない。なぜなら、そこに西田独自の立場からする「実在論」と「認識論」との綜合統一が意図されているからである。すなわち『自覚に於ける直観と反省』で西田が企図したことは、学説的に観れば実在論と認識論の統合であった、との謂である。それは正に当時の哲学界における最大の課題への挑戦であった。我々はここで、再度、西田の企図を考えてみよう。

著書・『現代に於ける理想主義哲学』の中で西田は哲学の大方の問題は「理論の問題」と「価値の問題」に区分できるとし、そのうち「理論の問題」には「実在の問題と認識の問題」とがあるが、認識の問題が真偽の価値を論ずるものと見ればこれを価値の問題に含めることができるから、したがって哲学は「要するに実在問題と価値問題」に帰結しうる、と述べている（XIV・七）。

これを鑑みれば、この書で目論まれた「価値と存在」・「意味と事実」との結合はまさに哲学全体の問題を直正面から取り組んだものと言い得るのであって、それが「悪戦苦闘のドッキュメント」とならざるを得なかったことも容易に首肯しうるのである。そしてそれは西田が『善の研究』で獲得した根本思想を携えて、これを解決すべく挑んだ課題なのである。そして、その課題解決の導きの糸となったものは、リッケルトとベルグソンの哲学であった。

事実、西田は当時の哲学界の潮流を「ベルグソンのような直観の哲学」と「独逸哲学のような認識の哲学」とに大別し、両者にそれぞれ固有の存在理由、その意義を認めたのではあったが、しかし哲学がこのように分立していることとそのことに問題点を見出し、むしろ学問上の課題はこの二大思潮を綜合し統一することにある、と見たのであった。曰く――「此等の哲学はそれぞれの立場に於て、それ相当に意味あると共に、互いに排斥すべきものではなく、却って互いに相補ふべきものであると思ふ。否、それぞれの立場を徹底して行くと共に相結合すべきものであると思ふ」（Ⅰ・三六五）。すなわち問題は、一方で新カント派の哲学が主に自然科学の基礎に反省を加えて、その根底に精神の自発的作用があることを明らかにしたが、そのために形而上学を拒否し、経験的世界や生の非合理的現実から遊離してしまったということであり、他方、ベルグソンでは哲学の方法が直観に頼り過ぎる嫌いがあり、認識についての論理構成が不十分である、ということである。「ベルグソンの直観の世界を説くに当っては一種の他の追随をゆるさないものがあるが、認識の性質を論ずるに至っては、其考の極めて粗笨にして幼稚なるを免れない。……之に反し独逸の方に於ては認識の性質を論ずるのは精緻であるが、直観の世界を説くものは極めて粗略であるといはねばならぬ」（同上）。

換言すれば、この両派の統合の核心は生と学の関連づけであり、「体験」と「論理」との整合性ある統一にある。「……併し……尚一層根本的にして而も困難せる問題は認識の世界と体験の世界との結合の問題である。然るに此問題に就いては未だ十分なる解決を見ない」（同上）。「余は現今哲学の重要なる問題は此処にあると思ふ」（I・三六六）。

結局、西田は一方の新カント学派が学の基礎づけを哲学の任務として「知識成立の根柢を思惟に置」き、「純粋思惟を以て知識の基とする」立場をとったため、認識以前の世界、生の世界すなわち西田の真実在の世界、直接経験の世界との撃がりを喪失してしまった、と思量したのである。それは知的観念の世界に偏倚したものであって、認識が外ならぬ真実在の認識であることが軽視されている欠陥を持っている。このように批判する――「併し我々は知識の問題に対しては実在の問題を考へない訳にはゆかない」。……「併し知識の世界はそれ自身に完全なるものではない、〈知る〉といふことそれ自身が……批評哲学のいふ様に構成することであるにせよ、概念的知識の世界以外に直観の世界、神秘の世界を考へない訳にはゆくまい」（I・三六三）。

他方で、西田がベルグソンに近づいた理由はここにある。彼の直観の哲学が西南学派では軽視された真実在に触れていると見たからに相違ない――「認識の世界に対して、之が基礎として一種の神秘的直観の世界を認めねばならぬ。而してこの直観の世界に就て、今の所此較的最も能く之を捕捉し得ると思はれる人はベルグソンである」（I・三六四）。

「実在と価値」の問題の綜合・統一、「生と学」・「体験と論理」の結合、この課題に答えるべく西田によって構想されたのがフィヒテの思想を受け容れた「自覚」の立場であった。「自覚」の概念によって論理主義と直観主義哲学の架橋を図ろうとしたのである。曰く――「若し此目的を達するを得ば、フィヒテに新らしき意味を与ふることに依つて、現今のカント学派とベルグソンとを深き根柢から結合することができると思うたのである」（II・三）。

云々するまでもなく、フィヒテその人はカントの「物自体」の解釈のために『全知識学の基礎』の中で、いわゆる「事行」を説いたのであった。すなわち、普通には因と果とは別であると考えられているのであるが、事行においては働きと結果とが同一になる、とするのである。事行とは自我の根源的活動である自覚 Selbstbewuβtsein の働きの謂であるが、その自覚においては考えるということと自己とは一つのことであって、「自我は働くものであると同時に活動の所産である。能動的なるものであると同時に能動性に依つて産み出されるものである。活動（Handlung）とそこから生れた事（Tat）とは一にして正に同一である」⑥。自覚においては因と果、主観と客観、思惟と存在とが合一しているのであって、まさにこのような自覚の根源的働きすなわち事行から総ての知識は由来成立する。事行すなわち自覚は総ての知識を導き出すものであるから、それは一切の知識の基礎であり、全知識の源泉に外ならない。

フィヒテのこのような事行の思想を摂取した西田は「価値と存在」・「意味と事実」、そして究極的には「実在と価値」の綜合統一を彼の「自覚」の立場に則って遂行しようとしたのであった。自覚においては「知る我」と「知られる我」とが一つになっている。「思惟」と「存在」とが合一されている。我があるというその在り方は我が考え・思惟すべくあるのであって、我が我を考え、思惟するところ、そこにおいてこそ我が我として成り立ち、我が存在する。我が存在するのは考えるという働きそのものであって、それ以外に我のあり様はない。このように「思惟」と「存在」、「主観」と「客観」とが一つになっているのが自覚なのであるから、「価値と存在」等の結合点はまさに自覚にこそ求められる。しかも、かくのような自覚は決して静的な存在ではなく、自己が自己を知って行く無限の過程であり、無限に自己自身を分化発展して行く連続的過程的存在なのである。一方で生や経験を営み、事実を産出し、他方でこれを反省・思惟し、吟味・評価する——これら一連の自覚の働きこそが知識を獲得し、論理を構築し、意味を形成し、価値を創造する。「経験と論理」、「事実と意味」、「存在と価値」を貫くものは自発自展の自覚であり、事行である。結局、この考えは実在の一切を自覚の分化発展せるもの、自覚的体系の自己実現せるもの、と解することである。実在の総ては自覚のあり方の一様相であり、それぞれの次元、それぞれの場における自覚のあり方に外ならない。自覚はしかし具体的には「知ること」「思惟すること」であるから、自覚のあり方、その体系的発展分化は知識の形成となり、知識の体系となる。実在が自覚を介して自己表現し、知識と成るということである。自覚の中枢を占める働きは認識作用であるから、全ての知識は自覚に淵源し、自覚によって創成される。しかしそれは終局的には自覚が判断をなすということに帰一する。自覚の判断・自覚の断定こそが知識・認識の形成形式であり、論理や価値の源泉である。反省する自覚はすなわち発展する自覚である。これによって判断は遂次形成され、知識として体系化され、高次化されて価値や論理・数理が形成される。

ところで、自覚の立場に拠って西田が直観主義と論理主義哲学との綜合・実在論と価値論との統合を企図したということ、あるいは、これを意図し得たということそのことは、ひっきょう、自覚が「生と学」・「経験と論理」の両方面に跨る、これらすべてに貫通するような広汎な概念である、ということである。一切の実在を相覆うような広義の概念である、ということである。同時に、そのことは、実は両者の統一がいわゆる主観・客観という実在の狭隘な一側面の立場に立って企図されたのではなかったことをも意味する。従来の認識論の多くは主客相対の場からこれを自明の前提として立論しているのであるが、西田の場合はこれと異なって主客相対以前の真実在立場に拠ったから自覚もその実在に定位して考えられた。

云うまでもなく、西田哲学の独自性の一つは主観・客観の理解の仕方にある。それは「主観・客観の分離独立といふのは我々の頭に深く刻まれたる独断である」(Ⅱ・五三)とし、これを絶対的究極的なものとは見ずして、相対的派生的なものとなし、主客を逆にその対立以前の直接経験の限定したもの、と解するのである。主客の対立を無条件の前提とするのではなく、その対立の根底に真実在を構想し、逆にこの真実在すなわち直接経験からの一限定こそが主観・客観なのだ、と説く。曰く――「主観と客観とが相対立し、両者相互の働きによつて我々の思惟体験が成立するのではなく、此等の区別、相互の関係などといふことは却つて唯一つの体験の中に含まれた種々の相に基づいて起るのである」(Ⅱ・五八)。当然のことながらこのような考えは『善の研究』以来のものであった。周知の如く、ここで展開された「純粋経験」の概念こそは主客対立以前の真実在を指称するものであった。それは知識や論理以前の、思惟や観念以前の直接経験を意味するものであった。西田がこの主客相対の場を脱却し、これ以前の「純粋経験」の立場に依拠し得たこと、これには禅の思惟ならざる思惟が働いていると推察されるが、それはともかくとして、彼が価値と実在との統合を着想し得たのは価値や論理等に分化派生する以前の真実在・直接経験の次元に準拠し得たからに相違ない。知情意合一の「純粋経験」の立場を自己の論拠とし得たからに違いない。そして、自覚はまさにこの「純粋経験」の立場をさらに理論的に深めていった概念なのである。自覚の論理的系譜は外ならぬ「純粋経験」に由来するとの謂である。事実、自覚は主客相対以前の直接経験の境位を示す概念でもあった。こう述べている——「すべての具体的意識は見方によって客観的存在と見られ、また、主観的当為の発展作用とも見られるので、此等の区別は一つの実在の異なれる方面に過ぎない、而して具体的意識に於ける此方面の統一は主観が直ちに客観であり、存在が直ちに当為であり、事実が直ちに働きである自覚の形に於て与えられるのである。自覚とは具体的意識の真相である」（Ⅱ・六七）。「具体的意識」が主客対立以前の自覚すなわち直接経験・純粋経験を意味していることは言を俟たないであろう。「それで、独立自存なる具体的意識即ち直接経験はいつでも右の自覚の形に於て成立し、自覚の形に於て進行するのである」（Ⅱ・六八）。

　実際、『善の研究』でも純粋経験は「事実其儘の現在意識」そのものであって、知的反省を受ける以前の活動そのものなのであるから、「思惟の作用も純粋経験の一種であるといふことができる」（Ⅰ・一九）のであり、「真実在は……単に存在ではなくして意味をもつた者」（Ⅰ・六〇）とも云えるのである。すなわち知情意合一の純粋経験には思惟も意味も、意志も情感もすべて含蔵されているのであって、それは人間の活動一切を包摂する。『善の研究』の立場は「純粋経験を唯一の実在としてすべてを説明して見たい」というものであるが、その場合の「唯一」とは「一即多、多即一」というような「一」であって、決して「全一」という意味ではないのであるから、純粋経験はすべての実在を貫徹する概念なのである。したがって純粋経験は存在即意味、意味即存在のようなものなのである。果して西田は「併し余の考では、意味と純粋経験の事実とを独立対峙せしむるのではない、我々に直接な真の純粋経験に於ては、事実即意味、意味即事実である、こゝに独立自全なる純粋経験の真面目があると思ふ」（Ｉ・三〇一）として「純粋経験」の概念に意味と事実との統合を可能にする基盤をすでに見出していたのである。

〔九〕

いわゆる自覚の概念が純粋経験の立場から直接由来するもので、この立場が論理的に深化徹底されて形成された概念であることは、自覚が一面では直観をも含むことを意味する。すなわち、自覚は単に反省し思惟するだけではなく、直観する働きでもあるのである。そのことは、直観と反省について「余は我々にこの二つのものの内面的関係を明にするものは我々の自覚であると思ふ」（Ⅱ・一五）という述言からも明らかである。つまり自覚の概念は学説的には「直観」の対象とする「実在論」と「反省」の対象とする「価値論」とを綜合しうる可能基盤なのである。自覚は「実在と価値」とに跨がる概念なのである。書名・『自覚に於ける直観と反省』がこれを証示しているであろう。これから推せば、西田がベルグソンに近づいたのは所謂自覚の概念に実在論的立場を孕ませんとしたからに相違ない。というのも、彼の哲学は実在を直観によって把握せんとする立場だからである。「その頃ベルグソンを読んで深く之に同感し、之に動かされた」とされる所以である。

しかしながら、究極的には西田の立場はこれと異なるものであった。たしかに、ベルグソンとは同感することによって「多大な利益を得た」のは否定し得ない事実であるが、しかし彼の立場は「対象界に属したもの」で、「相対の世界に堕して」（Ⅱ・二七八以下）おり、真実在に到達していず、「真に直接なる絶対とは言はれない」と見たからである。それゆえ自分の立場は「無論ベルグソンでもない」と宣するのである。

いかなることか。西田の解釈に基づくならば、ベルグソンは「実在は創造的進化である」とし、「純粋持続に於ては我々は一瞬の過去にも還ることはできない」と述べていると云う。これに対し西田は「唯超認識的なる意志の立場に依つてのみ経験を繰り返し得る」と主張するのである。というのも、我々が瞬時なりとも過去に還ることができないと考えるゆえは、「時を無限の直線のようなものとなし、自己をその線上に進み行く一点のようなもの」と考えるからであると云う（Ⅱ・二六七）。しかしこれは考えられた時間であり、表象された時間でしかない。「何等かの意味に於て順序といふものを考へるからは既に対象界に属したもので、真に創造的なる実在其者とは云はれない」（Ⅱ・二七六）のである。

時間の中心をなすものはいつでもつねに現在であり、現在が現在の中に現在自身を産み出して行くところに時間的推移がある。現在は「意志によつて未来に進み行く点」であると共に、「反省によつて過去を省みる点」でもあるから、そのような現在はそれ自身のうちに過去・未来を孕むものであって、過去・未来と同一次元に位置するものではない。現在はつねにこれらの此岸に超越して、過去の意義を改変し、未来を左右せしめる極限点なのである。そしてこのような現在はまさに我が意志し・我が意欲するところに外ならない。現在を刻々と同心円的に産出してゆく意志そのものは、時間的継起の真の原因・真正な淵源なのであって、時間的因果に支配されるものではない。かえってそれは時間的因果を超越し、これを此岸から成立せしめるものである。「意志に於ては対象界は……手段である。対象其者が一つの活動となるのである」（Ⅱ・二六五）から、「目的論的因果関係に於ての様に、意志は時間的関係を離れた原因である。時間的関係は却つて意志によつて成立つのである」（Ⅱ・二六六）。「意志は因果には支配せられない、何となれば因果を構成するものなるが故である」（Ⅱ・二七五）。

西田の解釈のように、ベルグソンが時間を「無限の直線のようなもの」と見、「翻えすことのできない順序として考へ」ているならば、果してそうならば、これはやはり時間を時間性において捉えたものとは云われないであろう。それは空間化された時間、考えられ・思惟された時間であって、真の生ける時間ではない。だとすれば、ベルグソンの立場もなおやはり一種の表象された理智の世界、知識の世界に偏倚したものと考えられるのである。よってベルグソンは西田のいわゆる絶対的実在の世界・直接経験の世界に直達し、徹底しているとは言えない。それはなお一種の知的反省の場に立脚し、自覚の反省的次元に停まっていると言わざるを得ない。これはさらに克服されるべき立場であることは云うまでもない。

先に指摘したように、自覚は単に反省し認識するだけではなく、直観の働きでもあった。実在を反省や概念によってではなく、直接することによって物事の真髄を把握する働きでもある。しかしながら、反省は当然のこととしても、直観もその「観」の字が示すがように、見る立場をとどめている（ドイツ語でも〝Anschauung〟という）。見るとは見られる対象があって初めて可能なのであるから、そこにはやはり依然としてある種の主客相対の場が残っている。主客の二元論的立場がわずかながらも前提となっている。西田からすれば、それは対象から乖離した見る立場であり、知る立場である。結局、直観が反省を産み、反省が直観を産む自覚は知的観念の立場であり、反省表象の立場をとどめている。それは反省以前・表象以前の「絶対自由意志の立場」ではない。「知的世界」の基底をなす「意志の世界」ではない。超克されねばならない立場なのである。西田はこう説いている——「要するに知識の立場は経験体系の固定せられた抽象的立場であつて、意志はその具体的全体の立場である。知識の立場から意志の立場を対象として見ることはできぬが、意志の立場からは知識の立場を対象とすることができるのである」（Ⅱ・三一六以下）。「知識の立場から意志の立場を対象として見ることはできぬ」とは、別言すれば、自覚の立場から意志の立場を見ることはできない、という意味である。自覚の立場から意志の立場への遡源はあり得ない。『自覚に於ける直観と反省』の出発点は「余の所謂自覚的体系の形式に拠つてすべての実在を考へ……」というものであったが、その自覚の立場をもってしては「具体的実在の全体」、「意志の立場」そのものを捉えることができないのである。なぜならば、すでにその場は反省された場であり、知的対象化された場であるからである。それゆえ、求められるべきは認識以前の、表象を介在せしめない直接経験の世界である。絶対実在の世界である。これすなわち「絶対自由意志の世界」に外ならない。この「絶対自由意志の世界」は、当然のことながら「未だ何らの立場といふようなものを取らざる以前の世界、或いはすべての立場といふようなものを除去した世界」（Ⅱ・三四二）である。

しかし、認識以前と云っても、これは認識の根底となって逆にこれを真底から成り立たしめる立場であるから、自覚の外に、これと別に並存するものではない。そうではなく、その根底にあって自覚の立場をその一部として包摂するような世界なのである。自覚を真に自覚たらしめ、自覚に所を得て成立せしめる世界なのである。すなわち、「絶対自由の意志」の立場が知的対象にはなり得ず、かえって知識・認識の根底をなすということ、そのことは、「絶対自由意志」の立場が反知識であり、反論理であることを意味するものではない。そうではなく、知識・認識の場を究徹してこれを超えること、超克することであるから、この知識の立場を自己の立場の一部として包摂・包容し、これに真の方向性を与え、その価値や意義を認めることである。それゆえ知識の場を超越した「絶対自由意志」の立場こそがかえって生きた知識を獲得せしめ、真正な認識を成立せしめる場所なのである。知識はまさにこの立場において成立し、この立場に拠って真の所を得るのである。「種々の世界」の中でこう述べている――「絶対意志は反理智的ではなくして、超理智的でなければならない。否、理智をその一方面として包容するものでなければならぬ。意志が理智を否定し、反知識となるのは意志の堕落である」（II・三四九）。

以上、自覚の場から絶対意志の場への変遷転回の意味するところは、具体的実在全体を体得すべく認識論的次元を超出すること、自覚の立場を突破脱却することである。実在の一切を真の自己とすべく知的反省の場・自覚の場を超出し、これを自己のあり方の一側面とする「絶対自由意志」の世界に躍入することである。そして、それは端的に云って宗教的次元に飛躍することであり、宗教的世界に転入することである。学の世界から宗教の世界へ参入することである。

西田哲学における宗教性如何の問題は最深かつ究極の問題であって、軽々に論ぜられるべきものではない。しかし、少なくとも純粋経験の立場や「絶対自由意志」の立場が、宗教的なものと深く結びついているのは否定し得ない事実である。例えば、「我々の如何にしても反省することのできない、即ち対象化することのできない絶対意志の直接の対象即ち第一次的世界といふようなものは、芸術の世界、宗教の世界である」（Ⅱ・三四五）と云われている。また、「絶対自由意志」の世界すなわち「真の与えられたる直接経験の世界」について、このような世界は「我々の言語思慮を超越したもので、これを思惟すべからざる神秘の世界といふも既に誤れるかもしれない。蓋し、此のような光景に直接するのは宗教のこととして、哲学のことではあるまい」（Ⅱ・三四一）と所言されている。

以上二つの簡単な引用文からもわかるように、西田哲学にあって、直接経験の世界・絶対自由意志の世界が外ならぬ宗教の世界と直結していることは明らかであろう。学問と宗教との関係についても――「自覚的体系に於て、当為即存在として無限の発展を考へる時……それは既に対象界に属している、我々はその背後に此歴史的発展を超越して而もその基礎となる絶対自由意志を考へねばならぬ。前者は哲学の領域であるが、後者は宗教の領域である。考へられた自覚的体系とは意識内のことであつて、その背後には神秘の世界があるのである」（Ⅱ・二六七以下）と述べている。趣旨は、自覚的体系の世界は知的対象界に所属するもので、それは哲学の領域、広くは学問一般の領域であるのに対して、「絶対自由意志」の立場は宗教的立場である、ということであろう。しかも、自覚的体系の背後は「神秘の世界」であると云われているのであるから、学問と宗教とは互いに並列して存立するのではなく、宗教は学問の背後ないし根底に位置する、と云うことであろう。すなわち、学問と宗教とは並存し相対峙するのではなく、宗教がむしろ学問の基底となり、学問をその一分野として包容すべきものとの意味である。それは「絶対自由意志」の世界の一つのあり方が知識の世界を構成し、これを自己の一方面として内包していることの楯の半面である。「実践的自我」の一つのあり方、その一限定が「知識的自我」を形成しているとの謂である。決してこの逆ではない。

宗教的立場は、あらゆるものが成立し、一切の実在がそこから成立・出来してくる大なる絶対肯定の場である。それは自らが絶対無となることによってあらゆるものの根底となり、一切の事物を生あらしめるところである。曰く――「我々に最も直接なる絶対自由の意志の立場は……すべての立場の根柢となり、すべての立場が拠つて以て成立する最も具体的なる立場であつて、すべての立場の目的となるといふことができる」(Ⅱ・三四八)。したがって、学問も実はそこから形成され、そこに基底を置くべきものであるから、両者が相対し・矛盾することはない。学問の方から見て、宗教の立場と相容れない面があろうとも、宗教の方からはこれと対抗し、排斥するものは何もないのである。学問の方から見て宗教と相容れないものがあること、それは先に触れた、「知識の立場から意志の立場を対象として見ることはできぬ」と説示されたことなのである。つまり、「即ち与えられた直接経験といふようなものは、我々の認識することのできない知識以前である。我々の知識とはこの豊富なる具体的経験を或立場から見たものに過ぎない」(Ⅱ・三三九)のである。知識以前の直接経験すなわち真実在の一つのあり方・その一限定が知識であり、学問なのである。知識は意志の一方面であり、「意志はその一方面として知識をその中に含むのである」。結局、種々の学問の世界は、「具体的経験を或立場から見る」ことによって成立するのである。「或一つのアプリオリに依つて或一つの客観界が立せられる、数理のアプリオリに依つて数理の世界が立ち、自然科学的アプリオリに依つて自然科学的世界が立ち、歴史学的アプリオリに依つて歴史的世界が立せられる」（Ⅱ・三四七）。かくて学問も宗教的立場から所を得て立せられ、根拠づけられるのであるから、学問は宗教的なあり方の一形態・一分野であり、宗教的あり方の一限定である、と云ってよい。そのとき、宗教の立場はアプリオリのアプリオリであろう。

上記のように見てくると、自覚の立場から絶対自由意志の立場への推移転換・知識の世界から具体的実在の世界への変遷は、学問の立場から宗教的立場への深まりを意味する。知識から生命の世界への転回である。前に引用した「余は終に前節の終り於て知識以上の或物に到達した」とは、結局の所、宗教的次元への超越であり、飛翔なのである。事実、そこに一種の飛躍があることを西田はこう述べている――「此統一（「我」のこと―筆者注）は認識の対象となることはできぬ、そこに認識の限界がある。リップスが表象の世界から思惟の世界に入るには躍入 Einschnappen がなければならぬといふ様に、認識の世界から意志体験の世界に至るにはそこに一つのエラン・ヴイタールがなければならぬ」（Ⅱ・二九八）。

肝要なことは、この場合の「エラン・ヴィタール」如何であるが、これが果して如何なる事態であるかの説明はなされていない。しかし、少なくとも物の観方・考え方に関して云いうることは、この「エラン・ヴィタール」とは知的対象論理の次元を徹見し、これを超出することであろう。知的対象化された立場、自覚の立場にとどまらず、これに拘束・繋縛されず、この場を脱却・超克し、よってもってさらに大なる「絶対自由意志」の立場に立つことである。そこでは生も死であり、かえって死であることによって生が生たらしめられるのである。例えば、通常の対象論理・自覚の論理では、「統一」はあくまで「統一」であり、「連続」はあくまで「連続」である。しかし、この論理を突破し、宗教的次元に立脚したいわゆる「即非の論理」に超入すれば、「統一」も「非統一」であり、「連続」も「非連続」なのである。そしてそれが真の連続・真の統一の実相に外ならない。曰く――「厳密に云えば単に連続的なるものも未だ真に絶対的実在とは云はれない、単に連続的なものは Real＋Ideal として具体的であるかも知れぬが、未だ己自身の中に非連続の作用を統一して居ない、即ち偶然的実現の方面を含んで居ない、要するに未だ意志といふことはできないのである」（Ⅱ・二九八）。

「絶対自由意志」の立場にあっては、しかし「即非の論理」は直ちに「即是の論理」でなければならない。「真に直接なる意志の体験に於ては、有限が直に無限である、現実が直に本体である、行かんと要せば行き、坐せんと要せば坐す、此間に概念的分析を容るべき餘地がない」（Ⅱ・二九九）。したがって、ベルグソンの言うような「純粋持続」も真相は「持続しないもの」なのである。曰く――「ベルグソンの純粋持続のようなも、之を持続といふ時、既に相対の世界に堕して居る」。「……真の持続はエリューゲナの云つた如く、動静の合一、即ち止れる運動、動ける静止でなければならぬ（Ipse motus et status,motus stabilis et status mobilis）。之を絶対の意志といふも、既にその当を失して居る、真に所謂説似一物即不中である」（Ⅱ・二七八）。「絶対自由意志」の立場が、先に引用したように、「我々の言語思慮を超越したものでなければならぬ、これを思惟すべからざる神秘の世界といふも既に誤れるかもしれない」と云われる所以である。しかし、まさにこの立場においてこそ、「価値と存在」・「意味と事実」、そして「学と生」・「論理と体験」とが真に綜合・統一されうるのである。西田の課題として来た「直観主義」と「論理主義」の哲学の結合、「実在論」と「価値論」との綜合統一は、まさにこの「絶対自由意志」の場において完遂されうるのである。なぜならばすべてが「絶対自由意志」の発現であり、「すべてが意志の発展となる」からである。「絶対的統一即ち絶対意志の立場から見れば、すべてが一つの意志となる」（Ⅱ・二八八）からである。

（一九八九年）

〔註〕

① スチュアート・ヒューズ『意識と社会』（生松敬三・荒川幾男訳）　一三〇頁
② 新カント派については高坂正顕『新カント派』を見よ。
③ 高橋里美『認識論』　四頁
④ スチュアート・ヒューズ　前掲載書　七九頁
⑤ 無限の論理については『下村寅太郎著作集1』所収の『無限論の形成と構造』を見よ。
⑥ フイヒテ・木村素衛訳『全知識学の基礎』（上）　一一〇頁

第四章　「主観性哲学」克服への道……「場所」

〔一〕

西田幾多郎の第七番目の著書とも云うべき『働くものから見るものへ』は昭和二年に刊行された。これは大正十二年から昭和二年にかけて、主に『哲学研究』や『思想』に発表された論文を収録したものである。

ところで注目すべきことは、この書が前篇と後篇の二部に分かれていることである。著者は、なぜに『働くものから見るものへ』を前篇・後篇に分けて構成したのか、その経緯を述べてはいない。推想されることは、前篇の諸論文がより試論的・過程的性格が濃厚であるのに対し、後篇の論稿には一つの達成された思想的立場が盛り込まれているからであろう。後篇に至って、いわゆる「場所」の概念への論理的進展が遂行されたからであろう。たしかに、この著作に収められた五年間にわたる労作は、認識はいかにして形成されるかと云ったテーマを一貫して追求したものであって、その限りにおいて過渡的・習作的性格のものではある。前後相呼応して思想の深化徹底が図られ、試作的・過程的なものではある。しかし、前篇で追求されたテーマが後篇に至って一つのピーク、一つの究極点に到達したのは疑いのない事実であって、その主峰とも云うべき論文が外ならぬ「場所」

なのであった。『善の研究』以来の独自の思想が西欧の高度な哲学と相対峙し、これを批判・検証することによって自ずからなる旋回的発展を遂げ、ついに「場所」の思想的立場を樹立し、これによって広大且つ深遠な思想的大地を見出したのである。

事実、西田自身も「場所」の論文について、「私は「働くもの」に於て述語的なるものが主語となるといふことによつて働くものを考へ、「場所」に於いては超越的述語といふようなものを意識面と考へることによつて、多少ともかかる論理的基礎附の端緒を開き得たかと思ふ。而して久しく私の考の根柢に横たはつて居たものを掴み得たかに思ひ……」（Ⅳ・5）と述べ、「場所」の概念創案の哲学的意義・思想的価値をいささか自負しているのである。

西田哲学にあって、「純粋経験」から「自覚」への論理的進展が第一の飛躍であるとするならば、「自覚」から「場所」への展開は第二の飛躍とも言うべきものであろう。偉大な哲学はいずれもそれ固有の論理を持つが、西田哲学はこの第二の飛躍を挨って「場所」の論理あるいは「述語の論理」を創見するに至り、日常の瑣末な経験はもとより、学問・芸術、道徳、さらには宗教の意義をもその所を得て基礎づけ得るような普遍妥当的な論理を樹立したのであった。そしてこのような「場所」の論理の構築は同時にいわゆる「西田哲学」の成立と称しうる程の意義を持つものなのである。

そこで、我々は「西田哲学」の樹立とも云うべき第二の飛躍をもたらした「場所」の概念とはいったい如何なるものなのかを考察しよう。なぜに「場所」の概念を樹立したのであろうか。

端的に云って、場所とは認識が成立する地平であり、知識が形成される根源的次元のことである。物に触れ、見、聴き、これについて知り、これが如何なるものであるかその本質を認識することは、我々の最も基本的な行為である。それゆえ西欧の学界では「認識論」という名目の下に認識活動についての哲学的省察が多くなされたのであった。しかるに西田の立場からすると、従来の認識論は必ずしも完璧なものとは言えず、そこになお不徹底なところが看取されたのである。なによりも先ず、「生と学」、「体験と論理」とはどのような関係に立つのか、「価値と存在」、「意味と事実」の綜合・統一点はどこに存在するのかが疑問視され、また、同じ学問という範疇に所属するとは云え、「自然科学」と「文化科学」との間にはどのような論理的根拠の相違があるのか、が疑念となった。

　そこで西田が『自覚に於ける直観と反省』、また、『働くものから見るものへ』に収録された諸論文で意図したことは、まさしく諸学の根底となる知識の形成・認識の成立如何を彼独自の思想的立場すなわち実在の立場から究明することであった。「自覚」や「極限」、あるいは、「絶対自由意志」、「働くもの」、「見るもの」などの概念を駆使して解明しようとしたことは、知るということ・認識するということを実在の立場から論理的に基礎づけることであった。「場所」の概念もこのような思索の過程で構想されたものに外ならない。そして、この場所の概念をもって一応意味するところは、真の認識が成立する地盤であり、真正な知識が形成される根源的地平、そのことなのである。認知が生成する基底であり、判断が樹立される地盤そのものの謂である。曰く――「我々が物事を考へる時、之を映すような場所といふようなものがなければならぬ」（Ⅳ・二一〇、傍点は筆者。以下全て同じ）。また、認識は、結局、意識の働きによるものであるからこう述べている――「併し意識と対象と関係するには、両者を内に包むものがなければならぬ。両者の関係する場所といふようなものがなければならぬ」（Ⅳ・二一一）。つまり、西田が求めた「場所」、それは認識が形成される地平であり、知識が成立する根本的次元なのである。

後述の引用文からもわかるように、「場所」なる名称をもった概念は西田が初めて取り上げたものではない。それはギリシア以来の由緒ある空間の概念であった。レウキッポスやデモクリトスは「ケノン」を語った。これは空虚としての空間の意味であった。デモクリトスは物の運動が可能であるための空虚な場所の存在を認めたという。また、プラトンは「コーラー」の存在を考えた。これはそれにおいて物の性質が現われる所のもの、場所であった。それは空虚ではなく、生成を受容する「子宮」・容器であり、それにおいて物が存在する個所あるいは場所であった（①）。アリストテレスもまた「トポス」を述べた。トポスは場所の意味であり、「囲まれたものを囲んでいる限界」として規定されている。しかしその後トポスの観念が歴史的に大きな影響を与えたのは空間的概念としてではなく、むしろ修辞学＝レトリックにおいてであった。トポスに由来する「トピカ」は論議の際の「論点」・「観点」を意味し、修辞学の分野ではルネサンス時代に至るまで中心的主題であったという（②）。キケロは、隠された場所が示されれば隠されたものが容易に見出されるように、十分な議論をしようとすればその場所あるいはロキ（トポイ）を知らなければならない、それゆえトポイを議論の隠された所として定義づけることができる、と述べているという。

〔二〕

西田が遙か遠くギリシアにおいて見出された「場所」の概念を再び取り上げたのは、決して単なる空間的な概念としてではなく、また、弁論的・修辞学的な意味合からではなかった。そうではなく、それはきわめて哲学的な関心すなわち認識論的課題からであった。

彼の問題は、「知るといふことは一様ではない」とし、「認識とは如何なるものなるか」ということであった。すなわち「……知るものとは単に構成するとか、働くとかいふことを意味するのではなく、知るものは知られるものを包むものでなければならぬ、否、之を内に映すものでなければならぬ」というように、真に知るとはどういう事態なのかを考究、その過程の内から「場所」という概念に想到したのである。

問題は、西田がなぜにこと改めて「場所」という由緒ある術語を持ち出し唱導するに至ったのか、である。従来の認識論・知識論的用語に満足せず、これと別途に、言わば埋れていた古来の「場所」の概念を取り出し、これに新たな内容を盛り込んで自己の哲学の重要な基本概念となしたのはいったい如何なる理由に基づくのであろうか。

率直に云って、その主要な事由の一つは主観・客観相対の場を基礎とする従来の認識論への不信であった。知識論の根幹をなす主観・客観の捉え方そのものへの疑念であった。すなわち、例えば、「リッケルトの判断意識といふのは、先ず主客の対立を考へ、知るといふことを作用と考へる心理的見方を基としたものである」と評するように、これまでの多くの認識論は主観・客観を二大支柱となし、これを自明の前提として理論を構成していたのであるが、西田はこれを完全なものとは見ず、無条件には是認することができなかったのである。けだし、彼は主客未分・主客合一の純粋経験こそが真実在であって、主観・客観はこれから分立派生したものに過ぎないと見ていたから、主観・客観の対立を始めから公然の前提となし、これを既定の条件として立論している在来の認識論に不満を覚えたのであった。

云うまでもなく、認識論の目指す所は真理を内包し、普遍妥当性を有する諸々の知識・認識の哲学的反省であろう。哲学は反省的考察であり、批判の学であるから、認識論がまず考察すべき対象は抽象的な思弁一般ではなく、あくまで現実の世界における具体的な認識現象であり、眼前の存在如何を究明している個々の認識体験でなければならない。認識論があって認識現象がある訳ではない。認識行為あっての認識論であり、事あっての理である。それゆえ真の認識論を構築するためには、認識・知識を産出する主観・客観が外ならぬそこから分立してくる実在の構造こそが解明されなければならない。既成の主観・客観概念を認識論の言わば第一原理とするのではなく、まさに主観・客観そのものがそこから派生してくる実在こそ認識における根本原理として追求されなければならない。真の認識論が取り扱うべき対象とその範囲とは、主観・客観という出来合いの概念的前提を突き崩し、逆に主観・客観それ自体がまさにそこから生起してくる実在の場にまで掘り下げられねばならない。

たしかに実在究明の哲学的方法としては、「存在」の方から見るのと「認識」の方向から迫るのと二つの方法があるであろう。しかし、いやしくも真の認識論を問題とするからには、存在は認識を介しての存在であり、認識は外ならぬ存在についての認識なのであるから、実在究明の方法として二つの立場があるとは云え、実在そのものはあくまでも一つでしかないことを深慮すべきである。したがって認識の哲学的解明は単に認識の側からでも、また存在の方向からでもなく、むしろ認識と存在とに分節する以前の真実在の事態にまで分け入り、ここに立脚して徹見されねばならない。西田によれば、これまでの認識論が捉えてきた主観、それは実は生ける真の認識主観ではない。一種の客観にすぎず、言わば実在の一つの影でしかない。つまり、彼にとって真なる存在とは主観・客観未分の境位であり、主観・客観合一の事態であったから、主観・客観にすでに分派した相対の立場を自明の前提とする認識論では満足できなかったのである。かくして既成の分立派生した主観・客観概念を踏み台とするのではなく、主観・客観がまさにそこから由来し、そこに淵源する真実在、それこそ認識論が考察の基盤となし、これを反省・洞察の対象となすべき第一のものなのである。支脈から本源への遡行ではなく、逆に本源から支脈への分岐・派生の道を辿らねばならない。

かくて、求められるべきものは当の主観・客観そのものが共にそこにおいて成立し、真の認識が可能となる根源的次元である。主観・客観対立以前の、逆に主観・客観の分立それ自体をもそれの一つの限定とするような根源的地平である。そして、この境位こそが「場所」と命名されたものなのである。論文・「場所」の冒頭で西田は言う――「現今の認識論に於て、対象、内容、作用の三つのものが区別せられ、それらの関係が論ぜられるのであるが、かかる区別の根柢には唯時間的に移り行く認識作用と之を超越する対象との対立のみが考へられて居ると思ふ。併し対象と対象とが互いに相関係し、一体系を成して、自己自身を維持すると云ふには、かかる体系自身を維持するものが考へられねばならぬと共に、かかる体系をその中に成立せしめ、かかる体系がそれに於てあると云ふべきものが考へられねばならぬ」（Ⅳ・二〇八）。

主旨は――現今の認識論においては主観としての「認識作用」およびこれを超越する客観として

の「対象」とが考えられているが、しかし、認識体系を能産的に維持するもの、否、まさに認識体系それ自体をその内において成立せしめるものこそ究明されねばならない。すなわち、主観・客観の認識関係それ自身がまさにそこにおいて生成する地平こそ認識論が先ずもって解明すべき事柄なのである――ということであろう。当然、文中に「かかる体系をその中に成立せしめ、かかる体系がそれに於てあると云ふべきもの」と述べられたものこそが、「場所」の観念を示唆したものである。それは、既成の主観・客観の枠を突破超出し、逆に主観・客観相互媒介による認識現象をもそれの一つの立場の限定とするような「場所」という大なる地平から認識論を構築しようとすることなのである。果して西田は先の引用文のすぐ後でこう述べている――「作用の方について考へて見ても、純なる作用の統一として我といふようなものが考へられると共に、我は非我に対して考へられる以上、我と非我との対立を内に包み、所謂意識現象を内に成立せしめるものがなければならぬ。此のようなイデアを受取るものとも云ふべきものを、プラトンのティマイオスの語に倣うて場所と名づけて置く」（Ⅳ・二〇八〜九）。

　要するに、西田の求めた「場所」とは「我と非我との対立を内に包み」、もって認識を産出せしめる地平なのである。主客対立以前の、しかし主客が共にそこにおいて生成し、同時にこれを通して認知が成立する根底なのである。

〔三〕

西田が「場所」の概念をもって解決しようとした哲学的課題の一つは、主観、客観相対の立場から認識現象を説いて来た従来の認識論・知識論の超克であった。物を知るということを主観・客観の前提から出立する代わりに、これの分化以前の実在から解示しようとしたのである。

率直に云って、従前の認識論において「主観」とされて来たものは実は或る種の「客観」でしかない。それは、認識現象を説明するために実在を客観化させた一つの論理的帰結であって、決して真の認識主観を根源から把捉したものではない。これは実在の分化発展の一つのあり方にすぎず、なんら客観化された次元をその手前に超えるものではない。

我々は「場所」の意義をさらに明確に捉えるべく、ここで少し哲学史を振り返ってみよう。

さて、認識論それ自体は近代哲学の産物であった。認識論が一つの独立せる部門となり、存在論と並んで哲学を構成する二大分野となったのはまさに近代に入ってからのことであった。

古代の哲学が「驚き」から始まったのに対し、近代哲学は「懐疑」を動機とした。近代に至るや、真理判断の基準はもはや聖書にも、教会の伝承にも求めることができず、もっぱら己の精神・個々の主体に求められたから、懐疑こそが真理獲得の唯一・不可欠の手段となった(③)。歴史的伝統、宗教的権威、感官の世界や知識についての諸学者の見解、こう云った一切のものが懐疑によって拒絶され、否定された。かくて、懐疑は思惟する自我をそれ自身へと突き返し、自己の確実性以外の何物をも許容することのない孤独の道を歩むことになった。しかしそれは暗闇への道ではなく、真理への経路となった。実際、デカルトにとって「ドゥビト」は「コギト」と並んでまさに認知のアルキメデスの原点となった。明晰判明にして確実且つ広く豊かな真理が獲得されるのは懐疑の働きによるのであって、外ならぬ懐疑というあり方こそが認識の総合的な構成原理なのである。

このような認識における方法的懐疑がもたらしたもの、それは真理判定基準の主観化であり、主体化である。真理の判定はアゴラの集会でもなく、また、宗教裁判所でもなく、人間自身が自己の責任において下さねばならない。大陸の合理論とイギリス経験論の対立も、真理が主観の生得観念に由来するのか、それとも経験に基づくのかの争いであって、結局のところは、主観の問題に帰着するものと云ってよい。

近代の哲学が主観の認識能力の反省・批判を根本動機とするに至ったのはこのゆえであった。そして特にロックはこれを自覚的に主題化し、認識論の目的をもって「人間の知識の起源、確実性と範囲並びに信念、意見、同意の根拠と程度を研究すること」と規定したのであった。

認識論が近代哲学そのものの一分野を占めること、そのことは近代哲学が認識論的性格を有するとの意味である。哲学が学問の論理的基礎づけを使命とするようなものになったということである。たしかに認識の問題はいつの時代においても哲学的考察の対象であった。プラトンはエピステメーを説き、アリストテレスは事物の本質を認知するのは感性ではなく、ただ、ヌースのみであるとした。また、「神学の婢」の地位に置かれた中世哲学にあっても、「普遍論争」や信仰と理性との関係において多くの認識論的洞察がなされたのである。

しかし、認識論が哲学の中心課題となり、哲学一般が認識論的性格を持つに至ったのは近代においてのことであった。そして、とりわけカントその人こそは認識における主観・客観の概念を最初に確立した人であった。つまり、カントは自然科学という学問体系の現存を疑いなきものとして、この存立の事由を主観・客観という認識論的概念によって論拠づけたのである。精神の「形而上学」の構築を準備すべく、近代自然科学成立の可能根拠を主観・客観の概念によって解明し、もって主観の有する理性の越権行為を批判したのである。それゆえ、カント哲学の一側面は自然についての一つの認識論と云ってよい。

実際カント哲学の大きな貢献の一つは、数学や自然科学が拠って立つ論理的基礎を、総じて科学的認識構造を分析し解明した点にある。それによれば、自然に関する我々の知識は単なる外界の模写によって得られるのではなく、外から与えられた経験内容を時間・空間および量・質・関係・様相などの範疇の形式によって構成したものなのである。客観的自然から与えられた感覚的内容が時間・空間の直観形式によって統一せられて知覚となり、さらにこれが範疇の形式によって組織せられて知識となる。自然の認識は単なる外界の受容ではなく、かえって主観の側の純粋統覚に則って成立する。端的に云えば、我々が自然を知るということ・認識するということは外なる質料を内なる先験的形式によって統一することなのである。知識の本質をなす普遍妥当性が内容と形式との綜合に求められ、主観は客観に依存するのではなく、逆に客観は主観によって構成されたものに外ならない。

カントの認識論、それは西欧近代自然科学の成立と深く結びついたものであった。自然科学そのものは決して西欧的思惟の偶然的所産ではない。その成立は西欧近代の自然観、自然科学的自然観の一大結晶であり、その結実と云ってよい。

下村寅太郎によれば、そこでは自然はギリシアのピュシスでもなく、また、中世のナトゥラでもなく、主観に対立する客観とされた。自然は主観に対立する機械的・法則的・因果必然的な客観的物体となった。自然が内なるものに対立する外なるものとなり、生命なき客観的物体となったこと、そのことによって同時に自然に対立する内なるものが主観とされた。自然を外的な客観となすことは同時にこれを対象とする内的なものが主観となることである。すなわち、主観は外的な存在たる自然を対象となすものであり、客観は内的主観に相対峙してこれの対象となるものである。事実カントにあっての認識とは外ならぬ客観的自然についての認識であって、それは自然を客観的事物として見ることであり、これを因果必然的な物体として捉えることである。そしてこの立場における主観とは「先験的統覚」、あるいは、「意識一般」であり、客観とは「すべての現象の総括としての自然」、あるいは、「普遍的法則に従って規定されている限りにおける物の現実的存在」である。かくて、主観は客観から独立せるものとなると共に、客観は主観から自立せるものとなった。そして同時に、これによって知識体系としての近代自然科学が、つまり古典物理学が形成された。自然科学的認識・知識は近代的主観・客観の成立によって獲得されたのである。

西田が求めた「場所」とは、上述のような主観・客観が共にこれにおいて成立・交叉し、相互媒介し合って一方が主観として成立し、また、他方の客観が主観に媒介されて客観として生成する認識論的基底のことである。同時に、これによって認識一般が創成し、知識体系が獲得される根源的地平のことである。主客が共にこれにおいて成立、交叉し、かねて学的認知がそこから創成・産出されてくる次元のことである。それは主客の先行的存在を前提とし、爾後の主客の対応・主客の相互関連から認識の成立を説くのではない。そうではなく、当の主客がまさにそこにおいて成立、交叉することが直ちに認知の生成なのであって、主客の成立根拠・認知の形成根拠こそ「場所」なのだ、と主張するのである。つまり、根源的地平の「場所」の自己限定が認識の形成なのである。

〔四〕

一般的に云えば、我々人間の認識は自己の自覚が直ちに対象の産出であるような神的認識ではない。独断や憶見ではなく、いやしくも人間理性による真理を内包する認識である限り、主観は客観を離れて恣意的であることは許されない。主観は客観的自然の如何なるかを問うべくこれに向うのであって、与えられた自然は実は求められた自然に外ならない。たとえ自然があるがままの自然そのものとしては主観に如実に取り入れられず主観側の感官に歪められようとも、この歪みを除いて自然科学的認知が成立しないとすれば、その限りにおいて与えられた客観は求められた客観に外ならない。それはまさに「形式」としての主観が客観において認識主観として生成する事態であり、客観が主観において初めて対象的「内容」として表出する事態である。このように人間の認識に関する限り、主客は孤絶・独立せるものではなく、実体的・自体的存在ではない。それは相互媒介的であり、交互連動的である。自立し孤立した主観というものがある訳ではない。独立し孤絶した客観というものがある訳ではない。認識現象においては主観は客観を介して主観となるのである。客観は主観を通して客観となるのである。そのとき実在は主客に分立し・分立した主客の交互媒介によって知識として生成し、学的真理として自己を表出・顕現する。主客の生成において実在が顕現し、判断を経て科学的真理へと統合される。「真の知識は形式と内容との統一にある」。西田の「場所」とは、実在における潜在的な主客が共にそこにおいて生成・交叉し、相互媒介し交互連関して、主客として成立・顕現し、よってもって学的知識・科学的真理が創出される次元のことである。それは「認識の成立する場所」であり、「判断的知識の由つて成立する一般者といふようなもの」なのである。

このような西田独自の実在観からすれば、前述したカントの認識論も問題と映ったのである。つまり西田によれば、カントの認識論、それはやはり主客相対の立場に停まるものだからである。たしかに従来とは異なって認識は対象に従うのではなく逆に対象が認識に従う・概念が対象を模写するのではなく対象が概念に従うと立論した。しかし、それはやはり主観・客観相対の場から脱却したものではなかった。それはなお二次的・派生的な主客相対の場に立脚している。そこで、西田はカントの考えを生かすような方向で「場所」の概念をもってし、主客対立の立場の克服を企図したのである。曰く――「カントの認識主観については……寧ろカント自身の考を維持したいと思ふ。唯カントも主客の対立を基とし、知るといふことを作用と考へることから出立したのに対し、尚一層深く広い立場から出立したい」（Ⅳ・三二〇以下）。

主客相対の立場、それはカント一人だけではなかった。「事行」を説いたフィヒテも、それが「動的なる過程といふようなものが考へられる時既に対象化せられたといふことができる」のであって、その立場はやはり実在から乖離した主客相対の場に停まっている。さらに、「併しシェルリングの知的直観であつても主客合一と考へられるかぎり、尚対象的意義を脱し得たといふことはできない」(Ⅳ・三一三)のであって、これも主客対立の次元に立脚していると断ぜざるをえない。実在とい う絶対此岸の次元を「事行」あるいは「知的直観」と捉えている限り、それはすでにノエマ化された所識・所知に堕し、一元的になっている。

結局、従来の西欧哲学は認識を主観と客観との双極的対立関係から捉えているから、西田はこの立場を克服されるべきものと洞察し、場所の概念の導入を図ったのである。こう述べている——「是に於て私は従来認識論の基礎となつて居る知るといふことを問題とせざるを得ない。常識的には、先ず心と物とが相対立し、知るといふのは心の働きと考へられる。かかる考の極めて素朴的なるは云ふまでもないが、認識論者といへども、洗練して居るとは云へ、徹底的にかかる考を脱却して居るとは云へない、かかる考に対して十分に批評的であるとは云へない。主客の対立を前提として、知るといふことを主観の構成作用と考へるのは、尚作用といふ考の垢滓が全然拭ひ去られたとは云へない」(Ⅳ・三一三〜一四)。

再三繰り返すように、西田にとって主客は派生的なものであり、副次的なものであった。それはなんら絶対的なものではなく、相対的なるものに過ぎなかった。唯一絶対的なるもの・本源的なもの、それは主客分裂以前の事態であり、主客未分・主客合一せる事態である。否、厳密に言えば、それは「主客未分」とも、「主客合一」とも云い得ない事態である。なぜなら、「主客未分」あるいは「主客合一」ということすらすでに反省の次元であって実在から離れ、これをノエマ側に表象しているからである。かくて、認識とは外ならぬ実在における実在自身の認識であるべきであり、知識とはまさに実在の実在自体についての知識すなわち実在の「自覚」であるべきであるから、主客を根幹とする認識論は実在の次元へ飛翔・没入し、これに定位してその内側から定礎しなければならない。実在の奥底に沈潜し、これに立脚して理論構成をしなければならない。主客対立の場はすでに実在が反省され、認識の対境となったものであるから、実在の次元を離隔している。実在から乖離し、これから懸隔したものは、たとえ知るということを「主観の構成作用」と把握したにせよ、やはり完璧な認識論とは言えない。それはなお実在を自己の外に置き、これを観想・傍観している。主観的自己が無でなく有の場に停まっている。

実在が外から観想され、表象を介してしか捉えられていないということ、そのことは主観的自己を真に主体化せしめず、これをまだ対象的に「主観」として見、客体化しているからである。主観が真の主観ではなく客体的なものであり、実体化されているからである。西田はこう批判する——「知るといふことを作用と考へる立場からすれば、知るといふことは形式によつて質料を綜合統一することと考へられ、主観とはその統一者といふ如くに考へられるであろう。併し此のような考は尚主客相対立して、働くとか変ずるとかいふ考の残滓を洗い去つたものではない。斯くのような考は尚主観を対象的に見て居るのである」（Ⅳ・三二五）。

結局、実在の次元へと飛翔する道、それは主観を真の自己のもの、真の自己のこととする以外にはない。主観の徹底的主体化、主観の鋭意的自覚化である。それは禅の「己事究明」に通ずるであろう。

〔五〕

西田哲学における「場所」の概念の導入、それは主客相対の場の超克を意図するものであった。けだし、主客相対の場に立脚する限り、主客対立以前の実在の場からの真の認識論を構築することができないからである。実在の場において主観を捉えんとすれば、主観は認識するという能動的働きそのものであるから「主観」ですらない。それはあくまでも認識する主体それ自体であって客体には絶対になり得ない。それゆえ「主観」とすら命名されえない。本来、名付けようがなく、名なきものである。しかし、敢えて云えば端的に「無」としか云いようがない。これが認識主観本来のあり方なのである。西田にとって、この徹見なくして認識如何を説くことは許されざることであった。かくて否定されるべきは表象された主観・客体化された主観であるから、追求されるべきはそれの主体化であり、此岸化である。主観を自己自身のものとすることである。「自覚」の概念こそはこの主体化の方向で考案されたものなのである。自覚とは真の認識主観の謂である。

そしてこの自覚によって西田は単に自然科学の成立だけを可能にする認識主観のみならず、精神科学をも構成する認識主観を包含すべく考案したのであった。自覚としての真の認識主観の働きを単に自然界にとどめず、この概念を拡張して人為的精神的世界をも包摂しうるものと捉え、いわゆる文化科学一般の立場をもこの自覚の概念によって論拠づけようとしたのである。たしかに「自然科学」の学的基礎づけはカントによって成し遂げられたであろう。しかし「文化科学」ないしは「精神科学」の真の論拠づけは当時まだ完全には遂行されていない状況にあった。そこで西田は自覚の概念によってこれを解決しようとしたのである。それは最初にカントの批判哲学の立場を「自覚」の概念によって根拠づけ、次に、この「自覚」の概念は「文化科学」一般の成立をも基礎づけられる、と主張せんとしたのであった。我々はこの事態をいわば学的認識の形成といった問題として管見してみよう。

西田によれば、カントの立脚地は対象論理の立場であった。すなわち、その思考様式は主客相対の論理であって、認識主観を外なる自然現象に向う「意識一般」ないし「純粋統覚」と捉えたのであった。しかし認識主観は単に外なる自然的世界にのみ向う訳ではない。それは自己自身にも向うのである。内に向って自己自身をも反省し、探究する自覚的主観ともなりうるのである。

なるほど、カントの認識論は自然科学の拠って立つ根拠を明らかにした。普遍妥当的な科学の可能根拠を明示した。しかしそれは歴史的に形成された自然科学という学問を一種の客観的存在として取り上げ、その成立可能の論理的基礎づけを考えたから、彼自身が拠って立つ認識の論拠を問うことはなかった。すでに生成せる科学的認識すなわち現存の純粋物理学の体系を考究の対象となし、その可能根拠を問うことに努めたから、カント自身の批判哲学の立場がいかなるものかの認識論的考察が欠けてしまった。西田は問う――「カントは数学や純粋物理学が如何にして可能なるかを明にした。併し此等の対象的知識を批評する批評哲学其者の立場を明にして居ない。理論理性によって認識するといふことと、理論理性其者の自省と相異なることが許されるならば、理論理性自身の拠つて立つ立場とその形式とが示されねばならぬ。批評哲学は如何なる立場によつてその一般妥当性を要求するのか」（Ⅳ・二九三）。

近代自然科学の成立、それは自然についての理論理性の輝かしき一大成果であり、その所産であろう。それはカントが『純粋理性批判』で解明したように、主観による客観の構成と解釈できるであろう。「意識一般」による対象の構成と言えるであろう。しかしガリレオやニュートンによって樹立されたその近代自然科学を哲学的考察の対象として、その成立論拠を十八世紀のケーニヒスベルクの町で問うているカントその人の立場・「理論理性其者の自省」が果たしていかなることなのかは言及されなかったのである。近代の認識主観は客観的自然を物的対象化し、これを実験観察して純粋物理学を樹立したが、このような普遍妥当性を求めての物理学の成立可能を〝主観による客観の構成〟と論拠づけたカント自身の視座はその考察の対境外に置かれ、彼自身が立脚する認識論的立場については究明されなかったのである。よって、新しき認識論に求められるべきは、「批評哲学其者の立場」を明かにすることである。「理論理性其者の自省の拠つて立つ立場とその形式」如何を論拠づけることである。西田は、この立場をも「自覚」の立場と規定したのであった。つまり、彼の所謂「自覚」の概念をもってこの問題に対処せんとしたのである。

それによれば——「客観的対象を認識するといふことと、主観的作用を反省するといふこととは、同じく知識と云ひ得るとしても、同一の範疇に属する知識ではない」（Ⅳ・二九一）。カントの立場は知識（哲学の立場）が知識自身（近代自然科学）を反省している立場と言ってよい。このように「知識が知識自身を反省するといふことは、知識が、知識自身を超えて何処までも深い立場に立つといふこと」であって、これこそが西田のいう「自覚」の立場なのである。「自覚といふのは、知るものと知られるものが一であると云ふ様に、対象的に認識することではない」。「自覚も知識であると云つても、単に対象を認識するといふ知識と同一立場の知識ではない」。カントにみられる「批評哲学の知識は此立場の上に立てられるのである」。それゆえ、「所謂知識を批評する知識の立場、即ち自覚的立場はそれ自身の積極的立場を有つていなければならぬ」。

自覚とは我が我を知ることであり、己が己自身を顧みることである。よって、この事態を認識論的に一般化して言えば、「知識が知識自身を反省する」ことであり、「理論理性が自己自身を反省すること」である。カントの「批評哲学」の立場は近代自然科学の可能論拠を哲学的に省察しているのであるから、これまさに科学的「知識を批評する知識の立場」であって、ひっきょう、自覚の立場に外ならない。このように西田は自覚の概念によってカント哲学の立場を論拠づけたのであった。

次に、西田は外ならぬこの同じ自覚の立場こそがいわゆる「文化科学」一般の学的基礎づけをもなしうるもの、と主張するのである。すなわち、カントの認識論的立脚地を一応自覚の立場であると規定したということ、それはもっぱら「カントの批判哲学」の立場だけを定礎し得た訳ではなく、同じこの自覚の概念によって「文化科学」一般の学的基礎づけをもなしうる、と云うのである。この概念による「批評哲学共者」の立場の論拠づけは、そのまま「文化科学」の領域にも拡大・移行して考えることができるのではないか、と云うのである。

前述のように、カントの『純粋理性批判』の考察対象となったものは近代自然科学である。ガリレオやニュートンなどが実験・観察をし、これを帰納・演繹することによって体系化された純粋物理学である。その学問的方法は客観的自然を「思惟するもの」とは別なる「延張の世界」と解し、これを対象客観化し、分析・綜合して結論を導出することにある。宗教的啓示や権威・伝統から矛盾律に則って言語的弁証的に演繹するのではなく、自然を自然の立場から純粋に客観的に認識する実證的方法である。「概念的論證ではなく、実験による検證である」。この方法の発見を動機としての近代自然科学の成立は、まさに光栄ある文化現象であり、精神現象であると云ってよい。それは人間の意識的実践的な活動の成果であり、自覚的人為的な精神活動の所産である。決して因果法則的な自然界の出来事ではない。それは意志の働く合目的的世界の出来事であって、その領域はいわゆる文化科学がその考究の対象とする人為的文化界一般の事件、価値創造的な精神界の出来事と云うことができる。要するに、近代自然科学の成立という歴史的事実は人間精神の一大成果であるから、すぐれて文化科学の考究対象となりうるのである。

もとより、自然科学が扱う自然界それ自体は人為的精神的世界ではない。自然科学が研究対象とする自然現象においては、自然は単に物体の現象であり、その出来事はすべて物体の運動に過ぎない。そこにおける物体運動は物体それ自身の運動ではなく、物体と物体との相互関係において成立する。物体それ自体が力を持つのではない。物体と物体の相互関係が力に外ならない。自然現象の背後にその統一者としての法則が考えられているのである。

これに対し、カントが論究の対象としている近代自然科学は――もちろん、カントはその成立可能の認識論的根拠を問うているのであって、その歴史的な成立過程・形成過程の意義を論じているのではない――近代ヨーロッパ人の有意義な精神活動によって樹立されたものであって、それは偶然の出来事ではなく、意志的実践的な精神活動の結果なのである。

西田によれば、自然現象と精神現象との相違は前者が現象と本体とが互いに外面的であるのに対し、「精神現象に於ては現象其者の中に本体がある、力がある」という。精神現象にはそれ自身の中に力があり、これを維持発展せしめ・分化進展せしめる。云うまでもなくその力とは価値を創造・附加・増殖する意志の力であろう。自覚的行為の働きであろう。それゆえ、精神現象の展開は内面的必然の出来事と云ってよい。もちろん、そこには偶然が働くこともあるが、「意志に於ては互いに偶然的なる内容が内面的必然を以て結合するのである」。意志は偶然的なるものをも必然化して自己統一化を図り、さらに大なる立場へ飛躍する。かくて、精神現象は「意味の因果律によって起るのである」。そこではすべてが「意味即実在」であって、意識的行為・自覚的行動が我々人間界の構成原理なのである。したがって文化的世界・精神的世界を学的考察の対象として取りあげるならば、そこに与えられるものはそれ〴〵意味ある経験体系であり、価値ある自発的精神活動である。すなわち、「文化科学」の対象として与えられるものは「意味其者の内面的発展」であり、「客観の中に主観を含み、主観の中に客観を含む Tathandlung」である。それは決して自然科学が対境とする因果必然の世界ではない。因果律が支配する物体界ではない。意志が働いて偶然をも必然になしうる自律的世界である。真・善・美を求めて働く精神現象の世界である。かくて、「文化科学」を基礎づけうる概念は自覚という以外にない。それは認識主観が同じ人間的立場に立って人間一切の諸活動を反省的に洞察論究する立場である。よって、この学的考察の対象には単に知識だけではなく、感情も意志も入ってこなければならない。人間の知・情・意一切が与件として与えられねばならない。西田はこう述べている――「自覚的意識の立場に於いて所与の原理と考へられるもの」は「意志的所与」である。知識の客観性は判断の形式と直接所与との結合によって確立せられるのであるから、「直接所与の内容の異なるに従つて認識の形式も異なつて来なければならぬ。知覚的所与との結合によつて所謂自然界が構成せられるならば、意志的所与との結合によつて、之と異なつた対象界が構成されなければならぬ、所謂文化の世界といふようなものも斯くして構成せられるのである」(VI・三〇五～六)。

結局、西田はその自覚の概念によってカントの拠って立つ立場も、また同時に、文化科学一般の可能論拠をも明らかにせんとしたのであった。近代自然科学を構築した認識活動つまり純粋物理学という学的体系を導出した認識行為は、カントが解明したように「主観による客観の構成」と解釈できるであろう。しかしカントの批判哲学の考察の対象となっている近代自然科学の成立は近代ヨーロッパにおける歴史的事件であり、輝かしき精神的一大事件であって、これの考究は直接自然に向う現場の認識主観とは別個なあり方の認識主観でなければならない。カントの批判哲学の立場は、云わば、現場の実験・観察者を傍から見てその可能根拠を論理化している立場である。西田はそれを自覚として捉え、カント自身の立脚地のみならず、文化科学一般の成立可能を根拠づける概念となしたのであった。

以上、我々は西田哲学の立場に即し、カント批判哲学の対象となった学としての近代自然科学成立そのものは、カントがその成立可能を論拠づけた自然科学の物的自然現象の領域とは異なる人為的自覚的精神の世界であることを確認した。そして、そのような心理現象の世界や歴史的世界の認識は自然界の対象認識とは別個な反省的認識であって、それは自覚を地盤として初めて可能であることを確認した。

〔六〕

近代自然科学は外なる客観的自然を物体化し、実体概念ではなく関係概念に還元することによって成立した。そして自然現象を直接相手にして働く認識主観こそカントによって「意識一般」ないし「純粋統覚」と云われたのである。しかしながら問題は、「カントの批評哲学もまた意識一般の立場において構成せられたものとはいわれまい」、という点にある。つまり西田は「意識一般の立場において構成することと、かかることを反省することとは別でなければならぬ」と評し、単に自然科学のみならず文化科学をも同時にその所を得て基礎づけられるような勝義の認識主観概念を確立しようとし、これを自覚と命名したのである。もとより自覚は論文「場所」において初見される概念ではない。それは『自覚に於ける直観と反省』において既に確立された概念であった。詳述するまでもなく、「自覚」は西田哲学の根本概念の一つである。それは西田哲学の根底をなす基本的思潮の一表現であって極めて重要なキーワードをなすものと云ってよい。

ところで、すでに第三章で明らかにしたように、その「自覚」とは西田が当時の学界の課題と看做した「価値と存在」、「意味と事実」との綜合統一を果すべく構想した概念であった。リッケルトを代表とする「論理主義」の立場とベルグソンを旗頭とする「直観主義」の立場とをフィヒテの「事行」の概念を取り容れ援用し、これを「自覚」と概念化して綜合統一しようとしたのである。すなわち、自覚それ自体は無限に発展し無窮に分化進展する働きであるから、これを自覚的体系として捉え、外ならぬこの自覚的体系の自己実現・自己顕現こそが経験を可能にし、事実を成立せしめ、価値や意味を産出すると捉えたのである。

「自覚」とは自己が自己を知ることであり、我が我を認知することである。自己は自己を知るべく存在するのであって、自覚すること・自省することが我の本質であり、我の存在理由である。そのような「自覚」においては知る我と知られる我とが一つになっており、そのあり方は主観が客観、客観が主観であるような構造となっている。知る我は直ちに知られる我であり、知られる我はすなわち知る我である。そのような所謂「事行」というあり方が「自覚」の真相であって、人間のこの自覚的あり方がすべての実在を成立せしめ、実在一切を実在たらしめる。それゆえ、「価値」も「存在」も、「意味」も「事実」もかかる自覚的体系の分化発展に基づく成果であり、自己展開の所産なのである。結局、西田は総じて「生と学」との結合点をこの「自覚的体系」に求め、これによって両者の綜合統一を図ったのであった。

西田は論文・「左右田博士に答う」の中で、このような自覚の概念のさらなる深化徹底を図り、それを真の認識主観として純化洗練した。つまり、西田の自覚の概念領域内にカントの自然の認識に働く「意識一般」を引き寄せ、綜合統一しようとしたのである。「知識は形式と内容との結合によって成立し、両者統一の主観が真の認識主観であるとするならば」、この認識主観を知覚的所与との結合にのみ限定する必要はない。カントは所与の原理として知覚作用というものを考えたから、これによって自然科学的知識の限界が設定された。しかしながらそのように「……カントの如く認識主観を判断と知覚との結合に限定すれば意志の内容といふようなものは知識の内に入つて来ない、文化科学といふようなものでも厳密なる意味においては知識ではなくなる」（Ⅳ・三〇七）。それゆえに西田の意図したことは、「私はカントの認識主観の意義を判断主観に狭めることによつて、知覚との結合から自由にするのではなく、むしろこれを広めることによつて文化科学をも客観的知識と考へたい」（同上）ということであった。知識は形式と内容との結合によって成立するものであって、その形式と内容とを統一するものが外ならぬ認識主観なのであるから、西田は「所与の原理を知覚に限るということから認識主観を自由にしたい」と考え、これに「意志の所与」をも結びつけようとするのである。認識主観をば外なる自然に向って働きかけ、近代自然科学を構成した場合の「意識一般」だけに限るのではなく、これを批判哲学の考究の対象となしているカントその人の反省的認識の立場、それをもまた認識主観として認めなければならない、と主張するのである。そして後者の立場を西田は「自覚」と概念化したのであった。「意識一般」の立場は「対象を前に見」、「自覚」の立場は「対象を自己の背後に見る」。「一は自己の前から与えられ、一は自己の背後から与えられるのである」。

以上によって、一応の所は自然科学と文化科学のいわば構成原理というべきものが区別された。しかし、肝心な問題は両者の関係如何である。「両者共に経験科学といふことができ、共に客観的知識といつても差支えない」であろうが、両者はたしかに異なるのである。所与の原理が異なり、認識主観のあり方が相違する。カントの「意識一般」の立場と西田の「自覚」の立場とは同じ認識主観とは云え、前者は「知覚の所与」と結びつき、後者は「意志の所与」と結合するのであるから、認識主観のあり方が異なると云わざるをえない。それゆえ究明されるべきことは、両者をいかに統一的整合的に捉えるべきかということである。両者の単なる並列的区別ではなく、同じ一つの認識主観の概念の下、いかに綜合し、整合性を持たせて統合するかである。

これに応ずるに、西田はカントの思想に沿うような方向でその認識主観を自覚の概念に収斂しようとしたのであった。すなわち、自覚の概念は「意識一般」をも包摂しうるものであって、カントの「意識一般」は「自覚」の一つのあり方、その一面的な限定の仕方に外ならないと宣するのである。つまり西田は、カントは形式と内容との統一を「知的自覚」に求めた、カント哲学の真髄は此にあると思ふ」とカントの辿ろうとした方向を生かし、自然に向う認識主観を「知的自覚」、人為的精神的世界を志向する認識主観を「意志の自覚」と呼び、共に彼の自覚の概念に包摂吸収しようとしたのである。こう述べている——「一体、知識は形式によつて構成せられるのではなく、内容との結合によつて成立するのである。かかる結合は唯自覚の立場においてのみ可能である」（Ⅳ・二九八）。

その立脚地より見れば、カントの「意識一般」は「自覚的意識の自己反省の方向において見られたるものたるはいふまでもないが、単に客観的対象界の綜合統一の意識としての意識一般は、なお徹底せる自覚ではない」（Ⅳ・二九五）のである。たしかに認識主観が「意識一般」といわれるのは、それが哲学的反省の場にのぼり、認識論的に自覚されたからである。しかし知識を形成する認識主観は単に外なる客観的事物を対象とするだけでなく——すなわち対象認識だけではなく、自己が自己を知るという自覚的認識としても、すなわち反省的認識としても働くのであるから、カントの意識一般は「なお徹底せる自覚ではない」と評しうるのである。「我々の意識の方向は、意識一般の立場に止まるものではない」。もしそこに止まればすでに述べたように「対象認識の方向において意志を認識することはできぬ」のである。人間の精神的世界は単なる理知の世界だけではない。それはまた情・意の世界でもある。一面「欲望の体系」とすら云われる世界である。それゆえ求められるべきものは、このような種々の世界を学的認識の対象としうるような広汎な認識主観でなければならない。自然科学の構成に働く「意識一般」を認識形式の一つのあり方とするような、また同時にカントの批判哲学を可能にする反省的自覚的認識をもその一限定とするような、より包括的な主観概念でなければならない。それを西田は「自覚」と名付け、統括的に概念化したのであった。そして、その自覚の立場から改めてカント哲学の認識主観を見直すべく、「意識一般」の位置づけを試みたのである。曰く――カントの意識一般は「認識作用其者の内に反省して行くといふこと」から把握されたものであるから、それは「自覚の純化したもの」なのである。また曰く――カントの「純粋統覚」を「真の認識主観とするならば、それは単なる直覚的主観でないとともに、単なる論理的主観であることもできない。此のような綜合統一の主観を求むれば、我々の自覚のほかない」(Ⅳ・三〇九～一〇)。

結局、西田は知識には種々の知識があるが、しかしそれらすべての知識は自覚という認識形式に基づくものに外ならないと解したのであった。まさに自覚こそが自然科学も文化科学も成立させ、一切の知識成立の根源なのである。そして自覚がすべての認知の源泉であるということは、そこにおいて主客が共に成立するという事態であるから、この自覚の概念がすでに述べたように主客相対の立場からの超越を意図した概念であることは論を俟つまでもないであろう。果して西田はこう述べている――「従来の認識論が主客相対の考から出立し、知るとは形式によつて質料を構成することであると考へる代りに、私は自己の中に自己を映すといふ自覚の考から出立して見たいと思ふ。自己の中に自己を映すといふことが知るといふことの根本的意義であると思ふ。自己の内を知るといふことから自己の外のものを知るといふことに及ぶのである」（Ⅳ・二一五）。

自覚の動機は体験に求められるであろう。体験が動機となって自覚が促されるであろう。それゆえこのようにも言われているのである――「認識の立場といふものは体験が自己の中に体験を映す態度の一でなければならぬ。認識するといふのは体験が自己の中に自己を形成することに外ならない。体験の場所において、形式と質料の対立関係が成立するのである。斯く自己の中に無限に自己を映し行くもの、自己自身は無にして無限の有を含むものが、真の我としてこれにおいて所謂主客の対立が成立するのである」（Ⅳ・二一三）。

〔七〕

さてここで顧慮すべきことは、真の認識主観を自覚という概念で抑えたということとそのことが、はたして知識の成立、認識の形成を適切に言表し、余す所なく表現しえたか、どうかである。自覚の概念によって認知が現成する基底が真に捉えられたか、どうかである。主客に関して言えば、自覚が「主客相対の考」えを克服し、「主観性」の立場から脱却して従前の認識論の根本原理に代わりうるような概念となっているか、どうかである。

いやしくも認識というからには、そこに厳然たる客観的真理が内包されていなければならず、そのためには認識主観の内側に客観的所与が与えられねばならない。我々の認知成立の制約として客観的所与は不可避である。問題は、自覚の概念がこれらの与件を受け容れるような包括性ある概念になっているのか、どうかである。

たしかに自覚の概念は主客相対の場の超克として構想されたものではあった。しかしながらそこには一つの問題が残されたのである。惟うに、それは、自覚の概念はなお主観的な側面が重きをなし、認識現象が主観の側に偏倚して捉えられている、ということである。

再三繰り返すように、西田が求めたものは認識が成立する地平であり、知識が産出される根源的次元であった。認知の形成を主客の先行的存在から導くのではなく、主観・客観が共にそこにおいて生成する地盤から究明しようとし、主客対立以前の実在の立場から認識論を構築しようとしたのである。したがって主観のみならず客観の生成をも共に公平平等に許容するような広義の認識論的概念が必要であった。否、単なる認識論的概念ではなく、存在論的概念が入要であった。なぜなら、認識と存在とが渾然一体になっているところが真実在の次元に外ならないからである。場所の概念創案はまさにこの要請に応ずるものであった。それゆえ、その勝義の実在次元から見れば、自覚の概念はやはり主観の側に偏し、狭隘な内包の概念と言わざるを得ないのである。端的に云って、「自覚」とは自己が自己を知ること、己れが己れ自身を反省することを意味するのであるから、「自覚」という言葉の上から見れば、そこに自己以外の客観的存在すなわち自己以外の対象の存在を予想させるような広汎な用語にはなっていない。自覚はなお未だ「自」という主観の枠内に踏みとどまっていて客観的事象に没入・沈潜し、その内側から認識の成立を基礎づけ・論理化するような境位の概念的名称にはなっていない。認識の側からではなく、存在の側からの立論に適合しうるような術語ではない。自覚という言葉そのものがすでに「覚」という認識行為を「自」という主観に結びつけており、主観の側に閉じられている。主客相対の場の超克を目指しているにもかかわらず、なおやはり自覚は主観の側に傾斜し、客観的存在の側に周く開放されてはいない。少なくとも、「自覚」という言葉の上ではこの傾向を脱していない。よって求められるべきは主客が共に公平に平等にそこにおいて生成するような幅広く開かれた術語である。なるほど、西田の自己は主客合一における自己であるから「自覚」も主客合一におけるそれであって、そこには内容的には客観がすでに吸収内包されてはいる。しかしそれを「自覚」という名前で押えている限り、やはり主観側への傾斜は免れえない。

　惟うに、西田が自覚の根底・その基底に「場所」の概念を創案したゆえはまさしくこの制限を超克するためであった。すなわち、自覚の外にさらに場所の概念を構想するに至った主な理由は、自覚の概念では主客が共に平等にそこにおいて生成交叉し、よってもって認識が形成される事態を盛り込むことが出来なかったからである。「自覚」という術語では、主客合一における「覚」が「主」としての「自」に結びつけられているため、「客」の側面が顕現されない概念になってしまっている。「主観性」の立場を超克していない。よって、概念・「場所」はこの自覚の概念を補完すべく考案されたものと観てよいであろう。

さて、右に述べたことの徹底を期すべく、我々は以下において別な角度から検討してみよう。別な角度とは意識の観点からである。意識に照準を合わせ、これに基づいて「自覚」と「場所」との関連づけを試みてみよう。というのも、「自覚」とは意識の働きによって広くものを知ることであり、その「自覚」が生起してくる基底こそが「場所」だからである。

言うまでもなく、すべての意識現象が認識現象である訳ではない。意識は必ずしもすべて認識行為を惹起するものではない。しかし逆に認識行為はすべて意識の働きに負うものであり、認識は高度な意識活動の一つのあり方なのであるから、意識の解明は場所の理解に新たな光明を投ずるであろう。

ところで、西田は場所の概念を構想しつつある頃、「取り残された意識の問題」と題した論文を『得能博士還暦記念哲学論文集』に寄稿している。

この論文を一口で云えば、従来の哲学では真に知るということ・すなわち「意識としての知るということは……尚反省せられないで残つて居」て、西田の「場所」の境位に直達していないというものである。たしかに、プラトン学派では「イデアの場所」という考えに到達したが、その「場所といふ如きものは形相に対する質料と考へられ、有に対する無と考へられたもの」で、「場所といふ如きものに論理的独立性を与へることなくして終わつた」（XⅡ・一六）。近代のカントの場合でも、その「哲学は知識があるといふことから出立し、かゝる知識の客観性が如何にして可能なるかを問題にしたのであるから、深く知識として意識を問題とせなかつたのは自然の勢いである」。

……「今日の哲学に於て……意識を問題にして居るものはフッサール」であろうが、「併しフッサールの現象学も意識せられた意識を明にするのであつて、意識を意識する意識の本質を問題として居るのではない。とにかく、私は従来の哲学において意識について尚深い反省が欠けて居るではないかと思ふ」（Ⅻ・一〇）。そして我々の追求してきたテーマに関し、こう述べている――「近代における認識論は知るものと知られるものとの対立から出立して居る。そしてその認識論は認識対象の構成を論じ、知識の客観性を明にしたでもあろう。併し認識対象の構成を明にするといふことは、直に知るといふことを明にすることではない。意識としての知るといふことの問題は、尚深く反省せられないで残つて居る」（Ⅻ・七）。

我々はすでに小論の㈡において、西田が従前の認識論にあきたらなかった旨を述べた。そしてその事由は、これまでの認識論は主客相対の場を自明の前提となしているため実在の場から乖離し、これに直達・通底していず、いわば観想しているからであると指摘したのであったが、今また、同じ事態を「意識」の場合にも指摘できるのである。

すなわち、いやしくも意識が認識の働きをなして知識を形成する場合には、意識はいつでも他に向う存在なのである。対象が自然的世界であれ、人為的精神世界であれ、そこに認識・知識が形成される限り、それらはすべて意識の対象となり、意識はこれらについてまさに意識する。それゆえ意識は、フッサールの云うように何物かに関しての意識であり、何物かについての意識である。それはつねに意識の外に向い、これと関わりを持つ。たしかに意識は意識自身を顧み、反省することもある。しかし、その時それはすでに顧みられ、反省された意識であって、逆にこれをその手前から顧み、反省する自発的・能動的な意識そのものではない。客観化され・対象化された意識であって、かえって客観化する・対象視する能知的働きそのものとしての意識ではない。それはすでに客体化され、表象化された意識であって、真に生ける意識・実在としての意識ではない。実在としての意識はいつでも対象に向い、それを生成顕現せしめ、そこから認知を産出せしめるのであるから、その働きは真の認識主観へと現成するものに外ならない。つねに一方的能動的に働く「意識する意識」は決して認識の対境となるものではない。それゆえ、その働きを単に「主観」と命名しても真にその働きとしての意識そのものを言いあてたことにはならない。「反省の奥に考えられた」にせよ、決して真実の認識主観ではない。それは推測による「考えられたもの」でしかない。真の認識主観は「考えられたもの」ではなく、かえってその手前にあってつねに「考えるもの」そのものなのである。否、「考えるもの」という名詞ではなく、「考える」という働きそれ自体なのである。したがって、この洞見なくして主観・客観相対の立場に立つ限り、真の認識主観を把得したことにはならない。「知るといふこと」を真に徹底究明したことにはならない。

西田の見るところ、主観概念を確立したカント哲学もその例外ではあり得なかった。すなわち、それは主客を相対せしめ、知ることを一種の作用と考えているのであるが、「その主観なるものは如何に反省の奥に考へられたとしても、それが客観に対立して考へられた時、一種の考へられたものに過ぎない、有の残滓を脱することはできない」(Ⅻ・九)のである。

結局、西田の言う意識とは「意識する意識」であり、「意識の意識」なのである。先の論文で彼はこう述べている――「我々は普通に意識といふ場合、意識せられた意識を考へて居る、意味を荷う作用といふようなものを考へて居る。併しかかる作用といふようなものは既に対象化せられたものであって、意識する意識ではない、真の意識そのものではない」（Ⅻ・一二）

意識なるものが時間上先行的に存在し、しかる後に意識するのではない。つねに対象を意識しつつある働きそのものが意識なのである。意識が意識であるのはいつでも意識以外の他を意識するからなのである。それゆえ意識それ自体は己自身を意識することはない。自己自身を意識せずしてつねに他を意識する、「自ら無にして自己の中に全ての影を映す」そのような能動的なあり方こそが、意識本来のあり方なのである。かくて「意識する意識」は意識されないにゆえに「意識」ですらなく、本来的に非意識であり、端的に云って「無」としか云いようがない。しかもそれは有に対立する無ではなく「有無を包んだ」真の無でなければならない。認識における真正な主観とはそのような無的な「意識する意識」なのである。それは絶対に客観化されず、対象化されない。かえってその此岸にあってつねにいつでも他を客観化し、対象化し、これを命名し、その本質を認知する。他を認知するということがそれと一つになって自己を認知しないということなのである。二つの働きが別個にあるのではない。二つのことが直ちに不二なのである。これが実在の場における意識の実相なのである。西田のいう「意識する意識」である。

要するに、実在の「場所」における真の意識としての認識主観は決していわゆる主観ではない。「主観」とされれば、それは既に表象化され客観化されたものであって、表象の此方にあってつねに他を意識し表象する真の主観ではない。その場はまさに主客対立の場であって、それは実在の場から離隔し、実在を根拠としてはいない。実在の次元とは表象の介在によってしか接触していない。

実在をいわば観想・傍観している立場で、この底に直達してはいない。このような反省なくした認識論は、ひっきょう、不完全なものと言わざるをえない。主客相対を公然の前提とする認識論は、結局の所、虚構でしかない。

主客相対の場に停るということ、それは実在への道を鎖ざしているということである。実在の境位にあっては、存在あっての認識であり、認識あっての存在である。二つが一つであり、一つが二つである。しかし主客相対の場に停る限りそれはあくまで二つであり、存在は認識の彼岸に位置していて、存在を認識の此岸へ転位し主客合一の実在の場を立論の根底となすことはできない。認識の底に超越し、存在と一つになった実在の場に転入することができない。西田のいう「自覚」も、「場所」も、当事者としての自己自身の存在の基盤となすことができない。それゆえ、要はこの立場を克服し実在の場に超出転入し、これに立脚することである。そこから見れば、自覚も非自覚と一つになっての自覚なのである。その非自覚の面が場所への接続面をなしていること、言うまでもない。

ところで、場所の概念もこのような実在としての意識と深く結びついたものであることは言うまでもないであろう。意識と場所とは密接不可分な関係にあるであろう。なぜなら、事象の認知はその一切が意識に負うのであるから、認識形成の場所・知識成立の場所はまさに「意識する意識」と相覆うようなものだからである。場所は抽象的に「考えられたもの」ではない。実在としての場所、それはあくまでもこの現実の生一般・日常体験の場を離れたものではない。それは現実の生の奥底にあって、あらゆる生一般を逆にそこから限定してくるものなのである。それゆえ場所は我々の生を根底から成立せしめる「意識する意識」と相即し相応するものと云ってよい。先験的なる「意識する意識」のいわば在り処、その在所こそが場所ともみられる。すでに引用した所を改めて示せば――「我々が物事を考へる時、これを映す場所といふようなものがなければならぬ。先ず意識の野といふものをこれと考へることができる」。

認識における主客相対の次元の克服としての場所は生ける意識と相即しているも――「併し意識と対象と関係するには、両者を内に包むものがなければならぬ、両者の関係する場所といふ如きものがなければならぬ」。（Ⅳ・二一一）

ここではまだ意識はどちらかというと知的認識主観に即して考えられている。すなわち意識は理知的自覚的意識として見られている。

しかし、意識はもっぱら認識にのみ向う訳ではない。意識即認識主観ではない。それは知の世界のみならず、情意の世界をも構成するのである。すなわち西田の掴んだ「意識する意識」は現実世界における個々人をして個々人たらしめる可能根拠としての意識であり、具体的な生を生あらしめる根源的な意識であるからその意識は単に認識行為のみに働くのではなく、感情としても、また意志としても働く。それは知・情・意として働き、我々の豊富な精神生活を形成する。

したがって、場所はかかる知・情・意が生成する場所でなければならない。我々はこれまで場所を以て一応、認識が形成され、知識が成立する地平であると見て来た。しかしそれは単に知だけではなく、情・意も形成される基底なのである。単に理知だけではなく、感情も感覚も、意志・意欲もこの場において生成し、この場において映される。「情意の映される場所は、なお一層深く広い場所でなければならぬ」。それゆえ西田は場所をあらゆる存在を映す鏡になぞらえて、こう述べている――「此のような自己自身を照らす鏡ともいふべきものは、単に知識成立の場所たるのみならず、感情も意志もこれに於て成立するのである」(Ⅵ・二一三)。「この場所に於いては情意の内容も映されるのである。知・情・意共に意識現象と考へられるのはこれによるのである」(同上)。

先に我々は自覚の根底に場所の概念を構想せざるを得なかった事由を述べたが、それは意識の点から観ても容易に首肯することができるのである。けだし、意識は専ら知的認識主観即ち知的自覚にのみ生成顕現するものでなく、情意の世界をも構成するものであるから、このような意識のあり方に相即すべく場所の概念は創案されなければならなかったのである。そしてそれが「意識する意識」であること、云うまでもない。

〔八〕

ギリシア以来の由緒ある系譜を有する「場所」の概念、それは西田哲学にあっては認識の形成せる地平であった。知識は主客が共にまさにそこにおいて交叉生成する実在の次元すなわち場所において成立する、と解したのであった。場所の主客への分立的限定が認識なのである。

ところで、このような場所は一方でまた判断が形成される場所でなければならない。命題が樹立される場所でなければならない。なぜなら、認識は、結局、判断の形成に外ならないからである。真の認識の形成は命題の成立を意味するからである。

さて問題は、主客対立以前の実在の次元たる場所において判断の形成はいかにして遂行されるのか、である。認識形成の地平たる場所において判断はいかにして樹立されるのであろうか。そしてこの探究に当ってもまた我々の導きの糸となるものは意識である。なぜならば外ならぬ判断の形成も意識の働きに負うからである。意識が創造的な働きをなして判断を形成し、命題を樹立するからである。

西田は、判断形成に働くそのような意識を「判断意識」と呼び、主客の対立関係からではなく、この意識そのものの立場から知るということの論理化を究明、その決意をこう述べている——「この故に私は全く従来の考えを棄てて、純真に判断意識其者の自省から出立して見たいと思ふ、判断意識から出立して主客の対立が如何にして考へられ、知るといふことが如何なることを意味するかを明にして見たいと思ふ」（Ⅳ・三二四）。

煩をいとわずに繰り返せば、従前の認識論の多くは「知るといふことを作用と考へる立場」であった。主観の客観への働きかけと解する立場であった。西田はこれを、「併し此のような考は尚主客対立して働くとか変ずるとかいふ考の残滓を洗い去つたものではない。斯くのような考は尚主観を対象的に観て居るのである」（Ⅳ・三二五）と批判するのである。

つまり、主客相対の場の主観は実は見られた主観・対象化された主観であって、その限りで一種の客観でしかなく、有でしかない。西田が「判断意識其者」をいわば論究の根本原理となし、逆にこの立場から「主客の対立」がいかなるものかを捉え直してみようとしたのは、主客相対の対象論理からの脱却を狙ったからに外ならない。そしていわゆる「述語的論理」と称されるものが見出されたのはこの方向からであった。西田はいわゆる「主語的論理」に対して「述語的論理」を主張したのであるが、それははたして如何にしてか。

さて、判断というものは単一の表象だけで成り立つものではない。それは少なくとも主語と述語との二つの表象関係を含まねばならない。主語と述語との間になんらかの関係を打ち立てることが判断であって、真正な認識はこれによって初めて可能なのである。つまり、主観―客観からなる認識行為を論理的に捉えれば、それは主語と述語の関係の樹立であり、主語―述語関係の発見なのである。問題は、主観―客観関係からなる認識作用が、主語―述語関係からなる判断形式にどのように表現されるのか、なのである。そして西田が考察の出立点となしたのが包摂判断であった。なぜなら、包摂判断こそは判断の最も基本的な型態であって、それは判断一般の原型だからである。

その言辞から分かるように、包摂判断は包むものと包まれるものとに分折できる。云うまでもなく包摂するものが述語であり、包まれるものが主語である。これを一般と特殊の用語をもって換言すれば、判断は一般によって特殊を包摂することであり、特殊が一般によって包摂されることである。「知識の立場から見て最も直接にして内在的なるものは判断であろう。判断として最も根本的なるものは包摂判断である。包摂判断とは一般的なるものの中に特殊なるものを包摂することである。包摂するといふのは特殊なるものを主語として一般的なるものを之について述語することである」(Ⅳ・二七二)。

さて、「場所」とは広義の認識が成立する地平であるから、それは論理的に見れば包摂判断が樹立される極面に外ならない。包摂判断が外ならぬ「場所」において形成されるとの謂である。しかも判断は主語―述語関係の樹立であるから、結局、判断の成立とは場所自体において主語―述語関係が形成されることを意味する。

問題は、この主語―述語の形成に「判断意識」がいかに関与するのかである。実在としての「意識する意識」は包摂判断の形成にいかに関係するのであろうか。

西田のこの究明に際して手懸りとなったのはアリストテレスであった。「ギリシャ人が実在といふものを考へる時、判断の構造を手引として考へてゐるといふことは興味ある着眼点だと思ふ」と評する西田は、アリストテレスの実体概念に解決の糸口を見出したのであった。なぜなら、アリストテレスにとっての実在は外ならぬ「実体」であったから、西田はその「実体」概念に彼の実在を重ね合わせて論究せんとしたのである。

認識論的に見て、実在それ自体は単なる主観でも、客観でもない。しかしまた主観・客観と全く別でもない。実在はその一あり方として主客を生成せしめ、自己自身を知識として表出・顕現する。それゆえ実在は知識・認識にとっての基体ということができるであろう。問題は、認識作用における主観―客観が主語―述語からなる判断形式のどこに顕現表示されるのか、ということである。そして西田は認識における客観を主語としての「個物」に求めたのであった。これを、一部重なる先の引用文から引けば――「かかる考からして私は一般の中に特殊を包摂するといふ包摂判断から出立した。而してアリストテレスの基体の考に基づいてすべて客観的なるものを主語となつて述語とならない第一本体に求めた。私は此概念によつて判断的知識の基礎となる客観的なるものすべてを、最も広義に且つ明瞭に定義し得ると思ふ」(Ⅳ・三二四)。

認識上の客観的なるものを判断論理的に捉えれば、「主語となつて述語とならないヒポケーメノン」である、ということである。客観的なるものは判断形式の主語的方向に表現されるのである。では、認識上の主観はどうなのであろうか。客観をして客観たらしめる主観の働きは判断にいかに生成するのであろうか。西田はこれをアリストテレスとは逆の方向すなわち述語の方向に求めたのである。先の引用文に続いてこう述べている――「以上の如く客観的なるものを主語となつて述語とならないヒポケーメノンに求めると共に、私は之に反し主観的なるものを述語的方向に求めた」(Ⅳ・三一五)。

すなわち、客観を対象化してその如何なるものかを認知せんとする主観そのものは、判断形式においては述語の方向に生成するものである、と云うのである。判断における述語は主語の何たるかを陳述するのであるが、認識現象における主観的なるものは主語ではなく、主語を包摂するその述語の方向に生成する、との意である。

以上のことを意識と結び付ければ、外ならぬ意識そのものが述語の方向に働くことを意味する。なぜならば、主観とは認識現象における「意識する意識」のそのあり方に外ならないからである。実在としての「意識する意識」は判断形式から見れば述語面の方向に位し、述語として自己自身を表示している。そして、この述語の方向・述語面こそが場所といわれたのである。果して、西田はこう述べている――「……私はこれに反し主観的なるものを述語的方向に求めた、即ち述語となつて主語とならないものを意識と考えた、私のいわゆる場所とはかかるものを意味するにほかならない、プラトン学派におけるイデアの場所という語に基づいたものである」(Ⅳ・三一五)。

〔九〕

場所の概念理解のための秘鑰、それはやはり意識の問題と云ってよいであろう。意識をどう把えるか・どう体得するか、である。西田はこれを「意識の意識」と掴んだのであった。そしてその意識はいわゆる意識ではなく、「意識する意識」、真に生ける実在としての「意識」であった。

云うまでもなく、すべての意識現象が認識現象であるわけではない。意識の働きがすべて認知する働きをなす訳ではない。しかし逆にすべての認識現象は高度な意識活動と云ってよい。真理の発見・その判定、善悪の判断、善の実現、美の創造・その鑑賞、これらはすべて意識のなせる業である。否、我々の存在すらこれに負う。我々が先ず存在して意識なるものを有しているのではない。そうではなく、逆に意識が我々をして我々たらしめ、我々の生全般を成り立たしめ、我々の経験一般を可能ならしめている。それゆえ意識は先験的なるものと云ってよいであろう。すなわち、意識はつねにすべての経験・一切の認識の手前にあってこれを根底から構成するものであり、可能にするものであるから、それはもはや作用というよりは一種の状態であり、様態であり、存在である。それはすべての認識現象、あらゆる行為の手前・その根底にあってこれを生起せしめ、現成せしめる根源であるから、一切の生がこれに「於てある」場所といえるであろう。このような事態こそ、やがて「無」といわれて徹底化されるが、それはいかにしてか。

一般的に云って、或事を認知するということは或る対象的事象を超えることである。対象からの超越なくして真の理解はあり得ない。しかし、こと、意識の場合にはそこに超え難き一つの隘路が見い出されるのである。すなわち、知るということを問うこと・認識如何を究明することと、それは実は一つの意識の働きであって、意識は同じ次元の意識によってしか理解されないのである。意識は同じ意識によってしか捉えられない。しかも、そこには認識一般にみられる知るということの対象からの超越はあり得ないのである。最大の難関はここにある。なぜなら、意識如何を問うた瞬間、意識は認識主観それ自体へと転成し、問われた意識はすでに生ける意識ではなく、対象化された意識に転じてしまうからである。単なる意識の影に堕してしまうからである。いつでも意識する意識は認識如何を問うそのたびごとに認識主観それ自体へと転化し、問いの間をすり抜けてしまう。そこには認識一般にみられる対象からの超越はあり得ない。結局、「意識する意識」すなわち真の認識主観は決して捕捉されることはない。それは認識を形成する意識面には決して映されることがないのである。

通常、主観・客観相対の場に立脚している限り、このような事態は掩蔽されて気付かれることはない。この常識の場においては自己が主観であり、自己以外のものが客観であって、主客いずれも意識面に映されたものなのである。すべて考えられうる一切のもの、認知されうる一切のものとは意識面に映されたものだけであって、いわゆる主観もそこに映写されたものに過ぎない。したがって写された一種の客観に過ぎない。にもかかわらず、それが主観とされているのが通常の場である。真の認識主観は「意識する意識」としてもっぱら映す働きそのものであるからつねに意識面の此岸にある。意識面の此方にあってよく他を映し、己れ自身は決してこれに映されることはない。真の意識は「全然己を空うして、すべてのものを映す」働きであるから、それ自体は、本来、名無きものである。端的に「無」である。有無対立の無ではなくこれを超える「絶対無」である。それゆえにこそよく他を包摂しうるのである。西田は言う――「無より有を生ずる、無にして有を含むということが意識の本質である」（Ⅳ・二三七）。「真の意識の立場は最後の無の立場でなければならぬ。意識の底には、これを繋ぐ他の者があってはならぬ、かかるものがあらば意識ではない」（同上）。

結局、西田の掴んだ「意識する意識」は他からなんらの規定を受けるものではない。それゆえ「意識」ですらない。あえて言えば「無」という外はない――意識の「根柢には永遠に移らざるものがなければならぬ」、「意識の根柢には唯、永遠の無あるのみである」（Ⅳ・二三八）。これゆえにこそ意識はよく認識主観となりうるのである。

そして、西田は上述の意識面の此岸に有るという形ではなく、無いという形であるそのような認識主観を「場所」と名付けたのであった。こう述べている――「真の認識主観は私の所謂超越的場所というようなものでなければならぬ、すべてを包むものでなければならぬ。所謂主客の対立も之に於てあるものでなければならぬ」。「……真に具体的なるものは直覚的として真の無の場所に於てあるのである。真の認識主観というのは、かかる意識の場所というようなものでなければならない」（Ⅳ・三一九）。

結局、「場所」とは実在次元における「真の認識主観」のことであり、「意識する意識」の面的拡がりのことである。西田の場所の考案の手懸はアリストテレスによって与えられた。西田は彼の実在からギリシャの存在観に迫ったのである。

ここで、西田の「場所」の判断論理的意義を明確にすべく、論理の歴史的背景を概観してみよう。

ギリシアにおいては一般に存在は判断において把握された（④）。それは主語と述語との関係において捉えられ、しばしば存在は繋辞の「ある」と同義に理解されえた。存在を判断において把握するということ、それは言語を通して存在を把握するということである。存在把握の仕方が言語的判断であるということである。それゆえ存在を可能ならしめるものこそ言語による定義に外ならない。定義され得ないものは存在を持ち得ないと称された。

これはポリスにおけるギリシア人の公共的な思惟の性格を示すものと云ってよい。なぜなら、ギリシア人にあっての思惟は内心における思惟ではなく、常に言葉による・言語による共同体的対話的な思惟だからである（⑤）。アゴラとシュムポジオンにおける議論・討論・弁論・対話・会話・談論こそがポリスにおけるギリシア人の思惟の地盤であった。つまり、ギリシア人の思惟は言葉を持つ思惟であり、修道院や書斎ではない公共の場における言葉の表出において成立する思惟なのである。

このようなポリス的思惟がやがて哲学において典型化された。ソクラテスの「対話法」からプラトンの「弁証法」を経て、アリストテレスの「論証法」に至る思想の流れがそれである。そしてこのアリストテレスにあって、真の実在すなわち第一本体とは主語となって述語とならないものであった。存在が判断において把握され、真正な存在は主語となって述語とならない個物とされたのである。主語の方向にそれ自身で存在する実体が求められたのである。

これに対して西田が実在を求めた方向はアリストテレスとは逆の方向すなわち述語の方面であった。認識の形成を意識の働きと解し、意識すなわち主観を述語面に生成すると見、述語による主語の包摂的把握こそ判断の形成に外ならぬと宣揚したのである。ギリシア人の思惟、それは内面的意識における思惟ではなかった。天体の観測、自然の実験、観察、分析等を遂行する近代の意識における思惟ではなく、公共の場で表出・言表される言葉による思惟であった。ギリシア語にはSelbstbewuβtsein に当る言葉はなかったといわれる。このことはギリシア人が意識を深くは自覚していなかったということであろう。それゆえ彼等は認識の成立を・真理の把握を意識の働きとは考えなかった。判断こそが存在把握の形式なのである。言葉を通しての理解が存在把握の仕方なのである。〝言葉は存在の住み家〟なのである。そしてこの論理にあって主語と述語との関係は実体者における所有関係であった。それゆえその認識のあり方は「物の本性は何であるか」を問うことによって導かれるのであって、実体者の所有する本性ないし本質が言語によって演繹されるだけなのである。かくしてその認識法はもっぱら言語的弁証的演繹であった。何等新しい未知なるものの発見ではなく、既存の潜在的なるものの論証であった。定義と論証とがギリシアの論理学の根本問題であった。本来、人間の「言葉」を意味したロゴスがやがて言語を通して把握されるコスモスの「法則」を意味し得たことを想起すべきである。アリストテレスの「個体は主語となって述語にならないもの」との定義は、「物の認識は物の性質の認識」であり、「物の性質は主体としての物の所有として理解されている」ギリシア的思惟のあり方を背景にして初めて所を得たものであろう。

　これに対し、西田の論理は述語の論理であり、何よりもそれはギリシャに欠けていた認知の働きをなす意識の論理であった。それは真実在如何を問う認識論的性格の近代哲学も踏まえてさらに徹底深化した「意識する意識」の論理であった。

近代ヨーロッパにおける存在把握の仕方は言語的判断ではなかった。それは言語的な分析判断ではなく、カントの解明した「綜合判断」なのである。しかしそれは単なる判断ではなく、判断の外に出ることである。「綜合判断においては、我々は概念の外に出なければならない。主語と述語とを結合する第三者に関係せねばならない。すなわち対象に関係せねばならない。換言すれば、経験に由らねばならない」。その経験が立ち向うところのものが客観としての自然に外ならない。

客観としての自然概念は近代に入って確立された。自然は主観に対立する客観となった。ギリシアにあっての自然・ピュシスは一般に生まれたもの、成長するもの、それ自身においてあるものを意味した。それは近代にあってのように精神に・人間的存在に対立するものではなく、それ自体精神を持ち、生命を持った能産的自然であった。これに対し、世界が「恩寵」の世界と「自然」の世界に峻別されたのは中世時代においてであった。しかしそれは厳密な意味の対立ではなく、位階的区別であった。けだし、キリスト教的世界観の着色をうけた自然は―ナトゥラは被造物となり、その自然性を保持しながら恩寵の世界に従属、世界の目的論的調和を形成していたからである。

自然が客観として人間存在に・主観に対立したのはまさに近代においてであった。ここでは自然は外的なるもので、内的なるもの精神に対立する物体となった。自然が客観となることは同時に精神が主観すなわち意識となることである。主観はあらゆる存在を対象的存在とするものであるがゆえに自己自身は対象となりえぬ存在すなわち意識なのである。カントの「意識一般」はそれ自身であくまで対象化され得ず、かえって自然界のすべての存在を対象とするところの主観である。このような主観に対立する客観が一般に自然と呼ばれたのである。

結局、カントにおいて初めて　自然的存在は意識一般に対立する対象となった。意識一般に対して一切のものが外化され客観となった。しかしながら、この立場における意識は「意識せられた意識」であり、考えられた意識であった。単に形式的な意識であり、規範的意識である。「実在としての意識ではない、働く意識ではない」のである。

これに対して、西田の掴んだ意識は「意識の意識」、「意識する意識」であった。なんら規範的意識でなく、現存する・生ける意識であった。それゆえこの実在としての意識は「所謂意識」をも内に包摂し、これをよく見通しうるものなのである。「意識の範囲として限定せられたものは、意識せられたもので意識するものではない、真に意識するものは所謂意識として限定せられないものを内に包むものでなければならない」。

カントの意識一般は客観に対立するものであり、客観から独立した主観であるから、その限りで意識の範囲は「限定せられたもの」と云ってよい。何よりもそれは自己の外なる客観的存在を対象とし、自然的対象を物体化するものなるがゆえに、自己自身を意識し得ない。意識一般の認識対象の範囲は自己の外なる客観として見得る限りのものすべてである（人間も客観とみられる限り動物であり、物体であり、機械である）から、自己自身を顧み、反省することができない。結局、その次元では西田の云う「自覚」は成立し得ない。

西田の「意識する意識」はこのようないわゆる意識の次元を超克したものであった。それはいわゆる意識のみならず「自覚」をも包含する次元であった。それはもはや「意識」あるいは「自覚」とすら限定し得ないものなのである。限定されずしてかえって限定するもの、それは端的に超意識であり、非意識である。超自覚であり、非自覚である。絶対の無である。そして、これが認識一切の根源であり、あらゆる認知の源泉なのであるから、これを判断の形式にあてはめてみれば、限定されない述語の方向に顕現するものと言う外はない。なぜなら、判断の原型ともいうべき包摂判断は特殊を一般によって包摂し、特殊を一般によって陳述することによって成立するのであるから、一切の認識の根源たる意識の場は主語ではなく述語の方面でなければならない。述語面でなければならない。西田はこう述べている――「従来の哲学は意識の立場について十分に考えられていない。判断の立場から意識を考へるならば、述語の方向に求めるのほかはない。即ち包摂的一般者の方向に求めるのほかはない」(Ⅳ・二六九)。「アリストテレスは唯主語の方向にのみ、判断の基礎となる超越的なるものを求めたのであるが、真に判断の基礎となる超越的なるものは主語の方向にあるのではなく、寧ろ述語の方向にあるのである」(Ⅻ・13)。当然、「判断の基礎となる超越的なもの」とは「意識する意識」の謂である。曰く――「判断の立場から意識を定義するならば、何処までも述語となつて主語とならないものということができる。意識の範疇は述語性にあるのである」(Ⅳ・二七八)。

〔十〕

最後に考えるべきことは、実在と場所とに関することである。これまで述べて来たところから、結局、場所とは真実在の次元を認識論および論理的立場から捉えた概念に外ならないと言えるであろう。なぜなら、実在は主客未分・主客合一の事態の謂であるから、主客が共にそこにおいて生成・成立し、交叉して認知が形成される場所はこの実在と相覆うものだからである。

そして究極の問題は、西田が実在の次元に立脚しえたということ・すなわち論理的には場所の概念に想到してこれを概念化しえたということ、そのことがいったい何を意味するのかである。主客相対の場を超えた実在の場に立ちえたということの意義如何である。

率直に云って、このことは西田個人の参禅体験を通しての開悟と云った境涯を示唆するであろう。禅でいわれる「般若の智」の体得といった事態を推知せしめるであろう。なぜなら、いわゆる禅的覚悟・覚醒とは実在的には意識の場を突破して真の自己を把得することなのであるから。自覚の深化徹底を通し無明といわれる事態から解脱することなのであるから。

通例、主客対立の場に立脚している限り実在への道は閉塞されている。これへの通路は掩蔽されている。けだし、主客対立の場はいわゆる意識の場に外ならないから、この意識の場を突破しない限り実在への道は開拓されないのである。この次元は自己の内から外なる物を意識を介在せしめて見る立場であり、内なる自己から表象あるいは観念を通して外なる事象に関与する立場である。そこではどこまでも自己が中心に置かれ、自己が意識に囲繞されて「自我」すなわち「意識的自己」というあり方をしているから、実在への経路は自己意識の・つまり「自我」の突破以外にはあり得ない。自意識という障壁の破壊以外にあり得ない。そしてその方途は単なる哲学的智解では不可能であり、理論的な理解では成就されえない。自己意識の突破・自我の破砕であるから自己の実存的転換・自己の根本的な変革以外にない。結局・自己本来の面目を各自自証する以外にない。西田にあってそれは「無字を許さる」といった事態であった。見性体験である。

古来、禅では、火は火を焼かず、水は水を洗わず、眼は眼を見ず、などといわれている。これは実在の真相・実在の実相を示したものであろう。眼は眼を見ず――「不見の見」といわれる事態、それは見が見として現成しているその只中に不見があるということである⑥。見と不見とが二つあるのではない。見は不見と一つになってのみ見として成立しているのである。これが実在の場における見の真相である。しかし、この事態は単に見るという動作だけのことではない。一切の意識的動作が本源的には「無作の作」なのである。あらゆる意識はその意識のもとに非意識がある。意識のもとは意識ですらなく、超意識であり、非意識なのである。端的に云って「絶対無」である。西田の「意識する意識」とはこの次元で言われたものに外ならない。そしてこのように意識を把得しえたということはいわゆる意識の場が突破され、実在の場への超入が生起したからである。実在自身の自覚として西田個人において体得されたからである。そこでの自己は、「自己は自己だから自己である」といった「自己同一」ではなく、かえって「自己は自己でないから自己である」という「絶対矛盾的自己同一」なのである。

かくて、この境位は哲学以前である。しかし西田はよく哲学以前の場に立脚し得たがゆえにかえって哲学以後すなわち従前の認識論の不徹底を批判し、場所の概念を創見し得たのであった。西田哲学の独自性、それは禅以後の還相の哲学のゆえであろう。

実際、西田は『働くものから見るものへ』（IV）の「序」において、「併し私は『自覚における直観と反省』を書いた時から、意志の根底に直観を考へて居た、働くことは見ることであると云ふ様な…考を有つて居た。絶対意志といふ如きものを究極の立場と考へたのは、之に由るのである」とし、『芸術と道徳』以後「宗教について考へ見ようと思ふに至つて、益かゝる問題に思索を向ける様になつた」と述べている。我々はすでに本書・第三章で、「価値と存在」・「意味と事実」などの区別の根柢に「絶対自由の意志」があることを追跡し、この「絶対意志」が宗教的なものであることを確認した。このように、当時の西田は、彼の「実在」の次元すなわち「宗教的次元」からすべてを考察、あらゆる存在は宗教的なるものを根底として成り立っている、と主張したのである。したがって論文・「働くもの」も、「場所」も宗教的次元に定位し、宗教的なる「見るものなくして見るもの」から構想された、と云えうるのである。事実、同じ「序」の中で彼は「フイヒテの如き主意主義から一種の直観主義に転じたのである」と記して宗教的次元に立脚することを明言、「直観」とは「有るもの働くものすべてを、自ら無にして自己の中の自己を映すものの影と見る」こと・「すべてのものの根柢に見るものなくして見るものといふ如きものを考へ」ること、としている。つまり、「直観」とは禅の云う「不見の見」のように、「すべてのもの」が成り立つためにはそこに「見るもの」がなければならないが、その「見るもの」それ自体は自己自身を見ない「無」であるから、逆に他の「すべてのもの」を見ることが出来るがゆえに、「見ること」の成立根拠は「自ら無にして自己の中に自己を映す」こと・つまり「見るものなくしてみること」であると断言したのである。それゆえ「場所」はいわば東洋的な「無の場所」であって、そこには西洋論理——すなわち経験に訴えずに真実在如何を認識論的に問うことのなかったギリシャ以来の形式的な「主語的論理」、および、「近代主観性哲学」の立場に立脚して自然的実在如何を主客相対の経験的立場から認識論的に問うたカントの「先験論理」――を彼の「自覚」の概念によって超克、さらにはこの同じ「自覚」によって社会歴史的実在を問う精神科学の可能根拠を明らかにし、最後にこれら一切を「絶対無の自覚」たる「無の場所」によって基礎づけようとしたのである。それは「久しく私の考へに横たわつていたもの」であって、東洋文化の根柢に潜む「形なきものの形を見、声なきものの声を聞く」境位を論理的に表現したものなのである。「場所」の概念の広大深遠な意義を感得すべきであろう。

（一九九三年）

註

①下村寅太郎『著作集1』二四四―二四五および『空間論』（哲学講座Ⅰ『哲学の立場』）八四―八八頁
②中村雄二郎「場所論への再接近」（『西田哲学への問い』所収）三一八―三一九頁
③E・カッシーラー『哲学と精神科学』（大庭健訳）九四―九六頁
④下村寅太郎『著作集2』三四八―三四九頁
⑤下村寅太郎『著作集1』二一五―二二〇頁
⑥西谷啓治『宗教とは何か』一七二頁

第五章　「自覚」……その認識構造と論理形式

〔一〕

京都帝国大学助教授の地位を得て学究生活に入った西田が、その当初取り組んだ哲学的課題は物を知るとはいかなることか、ということであった。物を知覚し、認識するということは人をして人間たらしめる最も基本的な意識活動であるが、西田はこの事態をその根本から究明しようとしたのである。そしてその究明の対象は単に日常の生活圏における知るということだけではなく、厳密な学的認識・知識をも、さらには宗教的覚醒をも含むものであった。

我々が物事を知るという場合、それには日常の経験を通して知るという知り方もあり、実験や観察を通して自然現象を帰納的に認識する仕方もあるし、調査や統計をとって人為的現象を折出する仕方もある。あるいは論理の筋道を辿って演繹的に結論を導出するという知り方もあれば、直観的に物の真髄を一挙に体得するという知り方もある。さらには、宗教的に自己が何であり、何のために生きるのかという知り方もある。西田はこのような種々の知の創出・認識の成立をその本源に立ち戻って追求しようとしたのである。多様な世界において成り立っている様々な認知のあり方を一つの統一的な根本形式に還元し、同時にそれぞれの認識に所を得た論理づけをなそうと企図したのである。そしてその普遍的統一的認識形式こそを「自覚」と名付けたのであった。すなわち「自覚」の概念によって広義の知るということ・認識するということを全一的に論理化しようとしたのであった。論文「直覚的知識」の附論「本論の要旨」ではこう述べている――「此論文に於てはすべての知識は自覚の意義を有し、知的自己の自覚に基づくものと考へたのである。所謂先験的知識も経験的知識も、乃至知覚といふ如きも、皆知的自覚の意義に於て見ようと試みたのである」(Ⅴ・二五一)。すべての認識・一切の知識は「自覚」に基づき、「自覚」こそがあらゆる認知の源泉である、と言うのである。物を知るという種々のあり方を「自覚」という根本形式によって抑えたのである。問題は、西田がなぜに「自覚」の概念を認識論の基礎に措定したのか、である。認識現象の論究に「自覚」の概念をもってしたゆえは一体なぜなのであろうか。

それは彼がいわゆる主観・客観相対の関係から認識の成立を説く旧来の考え方に肯んずることができなかったからなのである。すなわちこれまでの多くの認識論は主観・客観相対の立場から認識現象を論じて来たのであるが、西田はこの論理構成を「独断的立場」と批判する。なぜなら、主観・客観相対の立場は根源探究を旨とする哲学がその基盤を置く磐石な堡塁ではなく、なんら究極的・絶対的な次元ではないからである。西田の立場から見れば主客未分・主客合一の実在の事態こそが哲学の立脚すべき根源であって、主観・客観は真正なる実在の分化発展したものに過ぎず、決して本源的なものではない。主観・客観は過程的なもの・派生的なものでしかないのであるから、これを自明の前提とする認識論に賛同することはできなかったのである。論文・「所謂認識対象界の論理的構造」の冠頭部においてこう述べている――「知るといふことは、認識論の拠つて立つ根本概念でなければならぬ。知るとは、如何なることを意味するか。普通には、知るものと知られるものが対立し、知るといふのは一種の作用の如くに考へられる。併し働くといふことは知るといふことではない、我々は働くものをも知るのである。……知るものがカント哲学に於ての様に純なる論理的意義にまで純化せられ、知るといふことは形式によつて与えられた質料を綜合統一することであると考へられても、尚主客の対立とか作用とかいふ意義が全然除去されたとは云ひ得ない。我々は此等の独断的立場の残壘を棄てて、尚一度その出発点に還って深く考へて見なければならぬ」（Ⅴ・八）。

要旨は、これまでの認識論は、通例、「知るもの」＝主観と「知られるもの」＝客観との対立から出発し、認識することをもって主観の客観への働きかけないしその作用と解しているが、それはまだ知るということを真に解明したことにはならない。知るというのは単なる作用・働きなのではなく、我々はその「働くものをも知る」存在なのであるから、今、ここに、再度知るということ・認識するということを根本から究明しなければならない、という意味である。

実際、主観・客観対立の場からする認識現象の解明には一つの限界があるであろう。そこには克服されねばならない問題点が潜伏しているであろう。

端的に云って、その立場における主観とは「知るもの」の謂であり、客観に働きかけてそれが何であるかを認識する当の主体そのものを意味するであろう。しかしながら、そのような主観の把握が単に言葉を通路としてのみの表面的知解に停まるならば、主観は「知るもの」ではなく、「知られたもの」・一種の客観の類にしか過ぎないであろう。けだし、主観なるものはいわば主客未分の意識されざる認識活動それ自体が反省されて初めて「主観」として取り出され、概念化されたのであるから、その限りでまさに客観化されたもの・「知られたもの」なのである。つまり、「主観」なる術語が示すものは真に知るものとしての主観それ自体ではなく、これによって対象化されたもの・客体化されたものなのである。いわゆる「主観」は真の主観ではなく、認識する真の主体そのものではない。この洞察なくして表象を介した主客相対の立場からの認識論立論は不徹底との謗りを免れ得ないであろう。西田が「独断的立場」と批判する所以はまさにこの点なのである。それゆえ「我々は此等の独断的立場の残塁を棄てて、尚一度その出発点に還つて深く考へて見なければならぬ」と認識論の再構築を決意したのであった。

　では、西田の求めた哲学の「出発点」・その哲学的據り所は那辺にあるのであろうか。認識論が立脚すべきはいかなる境位なのであろうか。言うまでもなく、それこそが主客未分の「純粋経験」の場・主客合一の「実在」の場であった。若き日に確固として定位した「主客の未だ分れざる独立自全の真実在」の場であった。それは哲学以前の生活世界としての根源なのである。哲学は一面において反省の学・批判の学であるが、その立場は哲学以前の経験的事象としての根源・哲学以外の日常生活の根源にまで遡源し、ここに定位しなければ真の反省・真の批判は成り立たない。いわば理から事ではなく、事から理への道である。

〔二〕

西田哲学の終生の課題、それは一言でいえば、真実在如何の徹底的究明と云ってよい。社会・歴史的実在、美的芸術的実在、生命的実在、倫理的・宗教的実在など、総じてそれぞれの分野・それぞれの世界における真実在の何たるかが真摯・一途に追求され尋究された。そしてそれは単なる観念論的立場からでもなく、また、唯物論的立場からでもない、まさに真実在の立場そのものから究明されたのである。論理主義や心理主義など、一定の固定した立場からではなく、そのような立場に立脚する以前・その手前に位置する事象そのものとしての実在の境位から検討され、探究されたのである。そしてそれは真実在が外ならぬ実在の次元によってしか開示されえないからなのである。真実在はこれを究明する者自身の実在の場においてしか解明されえない。表象を介した言葉のみを通しての単なる知解は実在を真実在たらしめず、真実在への道に隔壁を置く。

先に述べた旧来の認識論への批判も、ひっきょう、かかる究極の実在の立場からなされたものなのである。すなわち西田にあっては主観・客観相対の場が先ず認識論的考察の大前提となるのではなく、主観・客観定立のその手前・その此岸こそが究明の出発点なのである。主観・客観が共にそこにおいて淵源し、そこから生成由来する実在の場、それこそまさに哲学が根拠とすべき次元なのである。それは『善の研究』以来西田が一貫して定位して来た境位なのであった。

そこで我々はこの事情を再確認すべく、暫時、西田哲学の出発点である『善の研究』の根本思潮に立ち戻ってみよう。そこでは先ず哲学の據るべき立場が次のように述べられている——「今若し真の実在を理解し、天地人生の真面目を知らうと思ふたならば、疑ひうるだけ疑つて、凡ての人工的仮定を去り、疑ふにももはや疑ひ様のない、真接の知識を本として出立せねばならぬ」（I・四七）。

哲学は古代ギリシア以来根源探究の学であった。それゆえその根源探究は派生的・二次的な主観・客観相対の立場に停まるべきではないのである。その場に立籠る限り世界の根源的地平は開示されないのであるから、主客対立の場を超克し、これ以前の次元に参入しなければならない。そして西田の場合、究極の根源的なるものは実在の境位であり、「疑ふにももはや疑ひ様のない、真接の知識」であった。「凡ての人工的仮定」を棄却した「純粋経験」であり、「直接経験」であった。こう述べている――「我々がまだ思惟の細工を加へない真接の実在とは如何なる者であるか。即ち真に純粋経験の事実といふのは如何なる者であるか。此時にはまだ主客の対立なく、知情意の分離なく、単に独立自全の純活動あるのみである」（I・五八）。「純粋経験に於ては未だ知情意の分離なく、唯一の活動である様に、又未だ主観客観の対立もない。主観客観の対立は我々の思惟の要求より出でくるので、直接経験の事実ではない。直接経験の上に於ては唯独立自全の一事実あるのみである。見る主観もなければ見らるゝ客観もない。恰も我々が美妙なる音楽に心を奪はれ、物我相忘れ、天地唯嚠喨たる一楽声のみなるが如く、此刹那所謂真実在が現前して居る」（I・五九）。

主観客観の対立は「我々の思惟の要求より出でくる」ことなのであるから、その場に立脚することは主客が共にそこに淵源し、そこから派生由来する実在の場を遊離し隔離していることになる。それは根源たる実在の境位から垂離した次元なのであるから「独立自全の純活動」に直達せず、これを外から傍観するに止まる。悪しき意味の観想に止まる。したがってこの次元からたとえ「知るもの」を主観と把握したとしても、云うところのその主観は「知られたもの」であり、一種の客観の類でしかない。それは真の認識する主体そのものを具現してはいない。生ける主観を体現・活写してはいない。主観の主観たる所以はそれがあくまで客観と異なり、つねにその手前にあってかえって客観を構成・成立せしめる働きそのものなのであるから、絶対に客体にはなり得ず、客観化され対象視されることはない。よって「主観」とすら呼称されることはない。真の主観は「主観」ではない。結局、実在の場にあっての真の主観とは「主観」ならざる主観なのである。それはいつでもつねに他に開かれてこれを知覚・認識し、客体を客体として現成せしめる当の働きそれ自体なのであるから、反省され顧みられることもない。ゆえにそれは本来名なきものである。有ではなく絶対の無である。にもかかわらず、通常、認識・知識を論ずる際に言われる「主観」は決して上述のような真の主観ではない。それはすでに対象化され、観念化された「主観」であって、客観的事物一般と対置され並置されたものに過ぎない。無ではなく有化されている。つねに認知しつつある働きそれ自体ではなく、「もの」であり、〝独立した実在〟なのである。西田は次のように喝破している——「普通には主観客観と別々に独立しうる実在であるかの様に思ひ、此の二者の作用に由りて意識現象を生ずる様に考へて居る。従つて精神と物体との両実在があると考へて居るが、これは凡て誤りである。主観客観とは一の事実を考察する見方の相違である。精神物体の区別も此の見方より生ずるのであつて、事実其者の区別でない」（Ⅰ・六〇）。

西田哲学を貫徹している思惟の基調はまさにこのような実在観なのであった。それは若き日の一時期・一時の思潮といった底のものでなく、彼の思想的生涯を終始一貫して流れているものなのである。「西田哲学」という雄大深遠な哲学体系はすべて論文よりなるものであるが、それは青年の日に体得した実在観を西欧哲学との対峙を通し、逐次、洗練純化し、深化徹底したものと言って大過ないであろう。それゆえ、如上の実在観が、アリストテレス、カント、フッサールなどの論理峻厳な西洋哲学との対決を迫り、これに抗して独自の立場を構築せんとしていた『一般者の自覚的体系』執筆当時の西田にも色濃く流れていたことは当然のことであった。我々は論文・「所謂認識対象界の論理構造」の左記の引用文に、その実在観と認識との関係を容易に察知することができるであろう。そこではこう言われている「私が或物を見て居る時、私といふものがないとは云はれない。併し私といふものはまだ意識せられて居ない。直に之を反省して私が何々を見て居たといふ時、私といふものが意識せられるが、その私といふのは知られた私で知る私ではない。無論、知られた私といつても、知る私の対象化せられたものとして、知られたものと同列的とは云はれない、他を限定する意味を有つていなければならぬ。併し後の私は前の私と私ならざるものを知つて居るのである。真に知るものは両者を包んだものといふことができる」(V・九)。

旧来の認識論が意味する「主観」とは、文中の「或物を見て居る私」のことであろう。しかし先にも指摘したように、「主観」と概念化されることそのことすら「思惟の要求より出でくる」反省の場においてのことであって、それはすでに本源的な実在の場を乖離しているのであるから、この術語の意味するものは「見て居る私」ではなく、たかだか「知る私の対象化せられたもの」でしかない。それゆえ、いわゆる「主観」なる用語を以て実在の次元における「或物を見て居る私」と解することは錯誤であり、「独断的仮定」に陥っていることを証している。

かくて問題の解明は、主もなく客もない事実そのままがリアルに現前している実在の境位を主観・客観の基本的概念によらずして、いかに認識論へと導くべきか、ということになる。主客相対の場を克服した実在の次元から、物を知ることがいかなる事態なのかを闡明にすることにある。そして西田はこれを「自覚」と概念化したのであった。主客が相共に滅没し、事象そのものが露堂々と現成している実在の場にあっては、確かに意識された私というものはなく、意識された事物というものもないであろう。しかしながら、それだからといって「私といふものがないとは云はれない」のである。意識されざる私は厳然としてつねにすでに臨場している。そして外ならぬこのまだ「意識せられて居ない」潜在的な私が「直に之を反省して私が何々を見て居た」という具合に、対象的「事物」が何であるかの認知に至るのであるから、この事態を適切に認識論的用語に表現するためには、潜在的なこの私の「自覚」という以外にないであろう。つまり認識は潜在的客観と一体をなすこの意識せざる私を中心として展開され、「意識せられて居ない私」の分化発展が明確な形をとって認知の形成に至るのであるから、この態様を適確に概念化するためには「自覚」と把える以外にないであろう。かつては実在の場が「純粋経験」ないし「直接経験」といわれたが、それは「経験」の真の主体たる私がすでにその場に潜在的に臨現していたからに外ならない。そしてこの私が直ちに反省分析して或物の如何なるかを知覚・認識し、知識を形成するに至るのであるから、この事態・このプロセスを論理的に正確に表現するためには「自覚」をもってする以外にない。先の文中の「後の私は前の私と私ならざるものを知つて居るのである」という意識の自己帰環的事態こそが認識の本当のあり方を表白するものであって、西田の「自覚」の概念はこれを如実に表現したものに外ならない。つまり、実在の境位から見た認識現象は「意識せられて居ない私」が「直に之を反省して私が何々を見て居た」というような自己反照・自己反省の過程をとり、「後の私は前の私と私ならざるものを知って居る」とされるような自己還帰的道程を辿るのであるから、この事態・このプロセスを概念化するためには「自覚」とする以外にはないのである。それは認識現象を既定の主客の枠組に沿って外から管見し、解釈することではない。そうではなく、認識現象そのものの根源からの内的表出であり、認知活動そのものの根底からの自己反照なのである。認知のあり方を傍から観想することではなく、認知の主体である潜在的自己自身が告白し、証言することなのである。

〔三〕

さて、認知の成立を「自覚」として捉えたということ、そのことは学説的にはどちらかと言えば、いわゆる一種の観念論的立場であることを証左するであろう(①)。なぜなら認識すなわち自覚は「意識されざる私」の自己反照であり、潜在的主観の自己省察という動態そのものなのであるから、認識・自覚の源底には意識されざる或物すなわち潜在的客観がつねにすでに「意識されざる私」の視界内にあることを示している。対象的客観がすでに主観の視圏に内在していることを証している。従来、多くの論者は認識をもって内なる主観の外なる客観への作用と解していたから、そこに了解されていた客観は主観とは無関係に独立した存在・一つの実体のようなものであった。「認識の対象が認識主観の外に独立に存在する」と主張するいわゆる「実在論」がそれである。しかし、自覚にあっての客観は主観によってすでに然あらしめられているのである。主観の全き外なのではなく、云わば主観の圏内・主観の視界内に包摂されているのである。この圏内においては物が単にあるのではなく、「意識されざる私」によって物が物として、物たらしめられる生成の内にあるのである。つまり客観それ自体が孤絶してある訳ではなく、客観は主観あって初めて客観として成立し、客観として生成するのである。したがってその事態は、「認識の対象が主観に依存している」のであるから一応のところは一種の「観念論」的立場といってよい。曰く――「我々が物を知るといふ場合、知るものと知られるものが対立する、即ち意識内といふものが限定せられてその外といふものが考へられ、物は意識の外に於てあると考へられているのである。併し意識の外といふも、或意味に於て知られたものでなければならぬ。非我も或意味に於て我に於てなければならない。全然、我の外にあるものに対しては知るといふことはなく、又すべて我の内にあるもののみならば、知るといふことはない。自己が自己の中に自己を映すことによつて自己の内容を限定するといふことが知るといふことの根本形式である」（V・九～十）。

物を知るとは我が他を知ることであるが、西田にあってのそれは自己の全く外なる他ではなく、まさに主客合一の自己の内における他を知ることなのである。実在の次元において認識現象が問題になる限り他はすでに自己の圏内に取り込まれているのである。つまり認識の対象は完全な他ではなく、云わば、我との関連ある〝他我〟なのである。全体的〝他我〟の「他」・「我」への分節こそが認識の成立なのであって、それだからこそいわば〝大我〟なるものの自覚なのである。認識現象にあっては、「他」は「我」あっての「他」なのであるから、純然たる「他」ではなく、認識の基盤・その源底はいつでも〝他我〟と言うべき事態なのである。文中の「自己が自己の中に自己を映す」ということがそれであって、これすなわち「自覚」に外ならない。したがって自覚は単なる認識の形式なのではなく、それは同時にその内容をも成すのである。映すものも、映されるものも同じ自己なのである。カントの説く所によれば、認識は形式と内容との先験的統合であり、感性を通して外から与えられた内容を直感という形式によって統一することなのであった。しかるに自覚を高唱する西田にあっては、認識における形式と内容とは一体をなしているのである。内容は外からではなく、いわば真の自己から与えられるのである。端的に云って、「自覚とは知るものが知るもの自身を知ること」であり、知るものが己自身を知ることであるが、そこでは知る我＝形式と知られる我＝内容とが潜在的に一体をなしているのである。主客・自他を共に含むいわば「意識の野」ともいうべき〝大我〟を折出・省察することによって認知に至るのであるから、知る我と知られる我とが一体なのである。西田はそのような自我のあり方・自覚の様態こそが認識の源底であると見たから、この点でカントの立場とは一線を画し、フィヒテの傘下に入ることになった。西田の述懐する如く、彼の自覚の概念はフィヒテのそれに負うものであった。曰く――「嘗てベルグソンのような立場とリッケルトのような立場との統一に苦心した私はそれをフィヒテの事行に求めた。数年前までは、私は尚フィヒテの旗印の下に立つてゐたものと云つてよい」(②)。結局、西田をして「フィヒテの旗印の下に立」たしめたものはやはりその実在観なのであった。すでにみた主観・客観合一の実在こそが両哲学の接合点なのである。

　つまり西田によれば、カントは「知識の客観性を証明すること」および「その限界を定めること」に従事したからその哲学は「認識論に止つて実在の問題には及ばなかつた」という。すなわちカントは「認識（知識）は形式と材料とから成り立つといひ、そして形式は先天的な超個人的自我に具つてゐると説いてゐる」のであるが、「知識の材料となるものは一体何処から与へられるのかといふ問題には未だ答へてゐない。即ち物自体（Ding an sich）といふ頗る厄介な問題を残して」しまったというのである（XIV・八八）。事実、以後のドイツ観念論の一側面はこの「物自体」の概念を廻って展開され、「物自体」を排斥した代りに先験的統覚を形而上学的な精神的原理の位置に高めて、そこから一切を演繹せんとする大胆な試み、と見ることができるという（③）。そして西田は、フィヒテその人がこの「物自体」の問題を「事行」という概念によって解決を図った、と理解したのであった。すなわちフィヒテはカントの「物自体」の解釈に関して、認識は我々の感性がこれによって触発されることによって生じるとする「原因結果の如く解する」のではなく、自覚の事行的あり方すなわち「知識構成の無限の行先」と解釈したという。フィヒテの「事行」とは「働きと結果とは同一になる」ことであり、知るものと知られるものとが一つになっている自覚のあり方を指称するが、このように「知るものと知らるゝものとが一つである」自覚の無限な行程、これこそが「物自体」なのだと理解したのであった。

我々の当面の任務は、カントの「物自体」とフィヒテの「事行」の関係そのものを彼等の学説に即して究明することではなく、西田自身が両者の関係を踏まえた上でフィヒテの「事行」を自己の自覚の概念形成に如何に活用したかを探ることであるから、両者に関するこれ以上の学説史的論究は回避するが、要は、西田がカントを超えて「事行」という概念によって知識・認識の形成を問題にしたのはフィヒテなのだ、と理解した点にある。それが西田をしてフィヒテの傘下に立たしめた所以なのである。カントとフィヒテについてこう述べている――「従来カントの物自体が困難な問題とされたのは、知るものと知られるものとは別々のものであるといふ考を我々の考から除き去ることが出来なかつたといふことに原因する。真に我といふものを考へるならば、その我は内と外とが一つである。即ち主観と客観とが一であると考へられねばならぬ。自覚に於ては形式が同時に内容である。故にカントの云ふ形式内容の問題も自覚に於て真の我に於て一つであるといふことができる。知るものと知られるものとは円をなして居るのである」（XIV・九四）。

先に我々は文中に云われている「主観と客観とが一である」事態すなわち主客合一の事態を西田のいう実在の境位と解したのであったが、今、ここに至って、それがそのままフィヒテの「事行」にも相当するものであることがわかるのである。

事実、フィヒテの自覚、それは先ず「我あり」ということから出発したから、その知識論は単に認識論に立籠ることなく、実在の問題にも触れることになった。すなわち彼の「事行」という考えは、〝我がある〟というそのことが同時にそのままで「我あり」という「知」の上に成り立っているということである。〝我あり〟という事実は外ならぬ「我あり」という認識において初めて顕現化され、そこにおいてのみ自己が実現されているのであって、いやしくも我々が意識的存在である限りはこれを措いて外に我のありようがないのである。我々は現に実存している。これは紛れもない厳然たる事実である。しかしながらその事実も実は「我あり」という「知」によって初めて明らかにされ、反省によって初めてその実存性が賦与されるのであって、この「知」・この反省を措いて外に〝我あり〟という事実は成り立ち得ない。意識的存在たる我々において、〝我あり〟という事実は意識を離れた事そのものとして成り立つのではなく、「我あり」という「知」・「我あり」という

「識」を基盤としてしか存立しえないのである。単なる事物存在とは異なる自我にあっては自我なるものが初めから先行的に存在するのではなく、自己を意識する働きがあって初めて自己の実存が産出されるのである。フィヒテは言う――我以外の他の物を思惟するのとは異なつて自己を思惟する場合、「君は君に取つて単に思惟する者であるばかりでなく同時に思惟されたものでもある。思惟するものと思惟されるものとはこの際一つでなければならぬ。思惟に於ける君の働きは君自身即ち思惟する者へ還らなければならぬ。それ故に――自我の概念或いはその思惟は自我自身の自己へ向つての働きに於て成立する、また逆に自己自身へ向つてのかくのような働きは自我の思惟を与え、それ以外の何等の思惟をも全然与えない」（④）。

知ることすなわち「思惟」は「一つの働き（Handlung）である」が、自我においてはその働きが「我あり」の事実（Tat）そのものを成立せしめるのである。自我なるものが先ずあるのではない。思惟する働きそのものが自我であって、自己の存在はこれによって初めて産出されるのである。自我は思惟する働きそのものであり、また、思惟による自己の形成・自己実現である。それは思惟の源底であり、また、その結実なのである。結局、己が己を知るという自我のあり方こそが因が果であり、果が因であるような「事行（Tathandlung）」のあり方を示したものと云ってよい。事物の存在とは異なる自我のあり方は単にあるのではなく、思惟することによってのみ自己自身が成立し、その限りでのみ存在するような在り方なのである。「自己」が自覚するのではなく、「自覚」において自己もまた成立するのである（⑤）。「自我は自己自身を定立するものであつてそれ以上の何ものでもなく、自己自身を定立するものは自我であつてそれ以上の何ものでもない」（⑥）。

贅言するまでもなく、こう云った事行的自己意識においては「思惟するものと思惟されるものとはこの際一つ」になっているのである。思惟する主観と思惟される客観とが一体をなしている。カントの認識論にあって別物とされていた主観・客観は、フィヒテにあっては外ならぬこの「自我」において「主観的なるものと客観的なるものとは不可分離的に合一されて居り、絶対的に一」なのである。そして彼はこのような「直接意識」を「直観」と名付けたが、それが「単なる主観として考察されるべきでなく・・・主観—客観（Subjekt - Objekt）として考察されるべき」ものであること、言うまでもない。

さて、フィヒテは認識を形成し知識を成立せしめるものこそは、外ならぬこの「直観」すなわち自我の事行的あり方なのだ、と説いたのであった。すなわち自我という事行的あり方が一切の知識・すべての認識の源底なのだというのである。しからば、果して自我は如何にして認知の形成へと働くのであろうか。認知の形成に自我はいかなる役割を果すのであろうか。

「人間的知識の絶対的に第一なる、端的に無制約なる根本命題」は、「AはAである（一応A＝Aの形式で示す）」という「自己同一律」であろう。知識といわれるものはすべて普遍性と必然性とを内包しなければならないが、これらの構成原理の一つが「自己同一律」であること、詳述するまでもない。

ところで、形式論理ではなくして、真実を求める認識論の上では「AはAである」という「自己同一律」が成立するためには、それと同時に「Aなるものが在る」ということが是認されなければならない。なぜなら、演繹法に基づく形式論理では「A＝A」の「自己同一律」そのものが問題にしていることはＡなるものが果して存在しているか否かではなく・すなわち命題の存立要件ではなく、「Ａ＝Ａ」という「単にその形式のみ」の整合性なのである。しかしながら、真実在如何を問う認識論の分野でこの根本命題成立のための第一の要件は、先ず以て「Ａなるものが在る」という確証なのである。そうだとすれば「Ａ＝Ａ」の命題が意味するものは表面的にはＡの自己同一性であるが、その裏面には「もしＡが在るならば、それならばＡは在る」という存在の問題に外ならない。つまり、「Ａ＝Ａ」の『自己同一律』存立の根底には「もし」における A も、「それならば」におけるＡも共に存在し、しかも同時にこれらが同じＡなのだと確認するものがなければならない。「もし」と「それならば」との間にある「必然的連関Ｘ」を承認するものがなければならない。言うまでもなく、それこそが「自我」（Ich）なのである。「少なくともＸは自我の内に在り且つ自我に依って定立されてゐる」⑦。結局、「Ａ＝Ａ」の根底には「Ich＝Ich」が働いていることになる。命題の主語のＡも、述語のＡも共に存在し、しかも両者は別物ではなく・同じものなのだと確認して「Ａ＝Ａ」と断案するもの、それこそが自我の働きなのである。それは「吾々の意識の経験的諸規定の中には現はれもせずまた現はれ得るものでもなく、却ってあらゆる意識の根底に横たはり、これ在るに依つてのみ意識を可能ならしめるような」ものであって⑧、これすなわち「事行」的なあり方をなす自我に外ならない。

　西田の自覚の概念は右のようなフィヒテの事行の観念を受容したものであった。物を知るということ、そのことの根本は形式的に云えば「自我が自我を知る」ということなのである。「知るものが知るもの自身を知ること」なのである。もちろん、知識の内容となるものは客観的対象物であるが、しかしその対象物を内に包んで対象物を成立せしめ、その如何なるかを観察し、調査し、実験・検査して一定の内容を導き出すのはこの自我なのである。物を樹立する認知は我々の意識のなせる業なのである。そこには自我の操作が働いている。対象物は自己の外ではなくすでに自己の内に包まれているから、自己によるその認知こそは自覚なのである。我々は意識を有する自我としての存在であるが、そのことは我々が客観的世界に対して一つの窓を持って臨んでいるということである。そして我々が物を知ることが可能なのはその窓を通してなのであって、その窓を抜きにしてはそもそもそれ自体も、客観的世界それ自体も成立せず・認知されえない。つまり、厳密に云えば、窓はその外に「世界」がある固定枠ある窓ではなく、窓が「世界」を開き、窓がそのまま「世界」なのである。我々が意識という角度を有するがゆえに客観界が開かれ、物の成立・その認知に至りうるのであるから、その限りで物は云わば自我に包摂され、自我の圏域に内在していることになる。よってこれを自覚と抑えたことは決して不当ではないであろう。このように、自覚の概念は人間存在と認識形成とのあり方を適確に捉えたものと云ってよいであろう。

しかしながら西田の場合、フィヒテと異にして、この自覚の概念はさらに徹底して究明されたのであった。すなわちすでに見たように、西田は主客未分・主客合一の実在の境位における認知を「自覚」と概念化したのであるが、ここにいささか問題が残ったのである。その謂は、自覚の概念は、言葉の上で実在の次元における覚の主体を「自己」と捉えたのであるから、その限りで認知のあり方を主観の側に偏頗して捉えている、ということである。主客未分・主客合一の境位における認識現象が、多少なりとも主観の側に歪めて捉えられているとの意味である。それゆえに、西田は新たに「場所」の概念を提唱したのであった。つまり、彼は主観・客観が共に公平に平等にそこにおいて成立・交叉し、そのことによって知識・認識が成立する地平を「自覚」に代えて「場所」と概念化したのであった。実在の境位を認識論的観点から「場所」と命名したのである。場所における、場所自身の自覚こそが真の認識なのである。

　云うまでもなく、客観的真理を獲得するためには主観は客観に従わねばならない。真正な真理は単なる主観による推理でも、想像でもなく、また、独断や偏見、臆見でもない。したがってあるべき認知は主観は客観に即し、客観は主観に依拠したものでなければならない。西田は単なる主観の客観への働きかけ・主観の客観への作用を以て認識の成立とは見ず、むしろ主観・客観それ自体の相互の成立、そしてその交叉相属こそが認知の創成と解したから、主観・客観それ自体が共にそこにおいて公平に生成し、交叉相依する地平を「場所」と名付け、ここに認識論の源底を置いたのであった。つまり厳密に云えば、真の認識なるものは単なる主観の認知なのではなく、主客が共にそこに於てある場所それ自体の反照的認知なのである。〝場所それ自身の自覚〟ともいうべき事柄なのである。

　西田が明言している訳ではないが、「場所」の概念は、主観・客観対立の場を超克すべく概念化された「自覚」が単なる「主観的自己の自覚」と誤解されるのを避けるために、主客の根底なる実在の次元から構想されたもの、と思われるのである。そして「場所」を介し主客対立の場から真実在の境位へという方途は単に認識論的立場からだけではなく、論理的立場からも検討されることになった。主観・客観対立の場における判断論理ではなく、これを遡源・超克した実在の場からの「場所の論理」すなわち「叡智的世界」の論理が構想されることになるのである。

〔四〕

物を知ることを自覚すなわち自我の事行的あり方であると捉えた西田が、次に究明したことはこれを判断論的な立場から論理化することであった。認識作用としての自覚を論理的な立場から解明しようとしたのである。なぜなら、正しき認識の形成・真正な知識の成立とは、結局、判断の形をとり、命題の樹立を伴うからである。否、判断の成立・命題の生成こそがまさに認識・知識の創出だからである。認知の成立は、たとえそれが演繹的なものであれ、はたまた、帰納的なものであれ、そのいずれもが判断の形成・断案の導出に負う。かくて自覚なるものを論理的に解明することが次の課題となった。自覚が心理的立場からではなく、論理の立場から検討に付されたのである。では果たして、自覚という認識作用はいかなる論理形式を構成するのであろうか。

云うまでもなく、判断は主語―述語関係の形成である。判断は主語なるものの如何なるかについて述べ、立言することから形成される。それゆえこれを構造的に捉えるならば、主語が述語に「於てある」ということであり、主語が述語によって包摂される、ということである。主語についての関説・言明は、これを述語が包摂することによって可能となる。これを別言すれば特殊が一般に「於てある」ということであり、特殊が一般によって包摂されるということである。曰く――「苟も判断的知識が成立する以上、主語なるものについて述語することが可能でなければならぬ。判断するといふことは主語が述語に於てあるといふことを意味する。特殊が一般に於てあることを意味する」(V・十二)。「判断を一般者の自己限定によつて成立すると考へ得るとするならば、判断の成立する根底に一般者といふものがなければならない。私の一般者といふのはその自己限定として判断の成立するものを云ふのである」(V・三五三)。判断が主語—述語関係の樹立であり、主語が述語によって包摂・陳述されることであるならば、それは述語による主語の限定といってよいであろう。述語をもって主語を言明・立言するのであるから、一般者による特殊者の限定、これこそが判断の形成と云ってよいであろう。したがって問題は、判断における一般者とはいかなるものであり、それはまた自覚といかなる関係にあるのか、である。特殊者を限定する「判断的一般者」と認識作用としての「自覚」とはどんな関係にあるのであろうか。

すでに見たように西田はすべての知識・認識はその一切が自覚に基づくものと解したから、認知を創出する判断において一般者にあたるものはまさに自覚以外の何物でもない。自覚こそが判断形成における一般者なのである。認識活動の自覚が同時に論理の上での判断的一般者という意味である。自覚と論理の関係究明に没頭したこの時期の諸論文が後でまとめられ、『一般者の自覚的体系』と銘された所以はまさにここにある。西田はこう述べている——「論理的限定と自覚的限定との内面関係を明にし、自覚的限定の論理的意義を明にしようと考へた私は、初め判断的一般者の自己限定から出立した」。「併し私の一般者の自己限定といふのは、本来自覚的限定の意味を有つものである」。「私の一般者の自己限定といふのは広義に於ての認識論的形式を意味するのである。私は私の一般者の自己限定といふものを最も深い且つ包括的な認識形式と考へるのである。従来認識的形式と考へられるものは自覚との関係が明でない。主観の底に作用的なものが残されていると思ふ。私は論理的形式を自覚的形式と見ると共に、自覚の形式を論理的形式と見るのである」(V・四二八～九)。

要するに、西田にあっては自覚は単に認識作用のみではなく、それは同時に論理的形式なのである。物を知ること・認識することが自覚なのであるから、その自覚は同時に判断の形成でもある。つまり、認識作用としての自覚と論理的判断形式としての自覚は同じものなのである。自覚は認識活動のあり方であり、同時にまた、判断形成のあり方なのである。それゆえ西田の哲学的課題は、主客対立を遡源的に超克した実在の境位から認識論を構想したのと同様、その同じ実在の次元に立脚して論理の形成如何を究明することであった。主客相対を克服した自覚の立場から論理の形成を討究することであった。引用文にある、「従来認識的形式と考へられるものは自覚との関係が明でない」と評する理由である。いわゆる主観・客観は実在の分化せるもの・分派せるものであった。それゆえ判断論理の究明も派生的な主客相対の場に止まることは許されないのである。主客相対の場は絶対的な実在の境位へと克服されねばならない。このことは単に認識論の分野にだけではなく、論理学の立場にも要求されねばならない。西田が尋究する方途はまさにこの方向なのである。

言うまでもなく、論理学は古代ギリシアにおいて成立した。人間が物を考え、思惟する限り、いつ、いかなる時代においてもある種の論理は存在するであろう。古今東西を問わず、人間が「考える葦」である限り、精粗深浅の差はあれ、そこには論理がある。しかしギリシア人はその論理を反省考察し、これを「学」の域にまで高めたのであった。アリストテレスその人こそは論理学の大成者であった。

アリストテレスによって完成された論理は一般に「形式論理学」といわれている。そのゆえは、この学問が考察・対象とするものが、もしAが真ならば、それならばBは真であるとして述語を導き出す場合の、その断案導出の仕方・その導き方の形式のみに関わるからである。それはもっぱら考え方や推理法の正しさに関与するものであって、前提となるAの存在の真偽や得られた経験的知識の真偽を問うものではないからである⑨。それは、ただ、思惟のメカニズム、推理・推論の仕方の整合性・合理性を問うものでしかなかった。そしてアリストテレスは、判断的知識を成立せしめるものを「主語となつて述語とならない」個物と解したのであった。判断的知識の基礎・概念的知識の基盤を個物に置いたとの謂である。客観的知識の基礎は個物にこそある。

しかし問題となるのはこの点に関してである。西田は簡明にこう指摘する――「アリストテレスの個別者は述語にならぬ。物を普遍者の中に規定しようとすれば個別者が入つて来ない。然るに我々は普遍者の中に規定しなければ知識を構成することが出来ない」（XIV・三三三）。つまり、判断的知識は一般者・普遍者による事物の限定なのであるが、アリストテレスではその事物の範疇には「主語となつて述語とならない」個物は入ってこないのである。一般者・普遍者による特殊者の限定が判断の形成なのであるが、彼の考えではそこに個物の入り込む余地がないのである。なぜなら、個物とは「主語となって述語にならない」ものだからである。普遍者による限定は特殊者には到るも、これを超えた個物それ自体には到達しえない。しかしながら、個物なるものがなんらかの形で限定され、規定されなければ判断は構成されず、概念的知識は成立しない。もとより帰納法的学問も構築されようがない。そこで西田はかかる個物をも包摂し限定しうるような論理的形式を考案しようと邁進したのであった。彼の主客対立の場を超えた自覚の立場から個物を限定し、これを述語しうる判断的形式如何が模索され、探究されたのである。そしてそれこそが述語的論理主義の立場に立つ「自覚的一般者」の論理であり、ひいては「場所」あるいは「絶対無」の論理といわれるものなのである。果してそれはどのような論理であり、また、自覚とはどのような関わりを持つのであろうか。

アリストテレスにあっては外ならぬ判断の主語こそが述語を限定するものであった。すなわち主語は述語的なるものを含むのであって、まさに主語の中から述語が現われることによって主語のいかなるかが具体化されると考えたのである。主語と述語との関係は実体における所有の関係であった。主語となる実体の所有する本性ないし本質が、述語的なるものとして自らを現わし規定される。述語にあたるものが主語と全く無関係ならば、その外に立って主語を規定しうるはずはない。また、もし述語にあたるものがことごとく主語の中に含意されているならば、述語として主語の外に現われようがない。これがいわゆる主語的論理といわれる立場であって、それは「主語の中にありながら主語の外に出、外に出ながらしかも主語の中に帰ってくる」ような論理構造なのである⑩。主語が述語へと無矛盾的に自らを展開しながらどこまでも主語たる意義を有し、自己を保持している判断の形式、このようなアリストテレスの論理は、ひっきょう、生成発展する実体のあり方を捉えた論理に外ならない。つまり、それは形相と資料とからなる実体の論理なのである。それは実体すなわち個物としての主語の述語面への無矛盾的な自己展開なのである。

これに対する「場所の論理」、これこそは西田が上述のアリストテレスの主語的論理に対恃して高く掲げた述語的論理なのである。一般に判断は述語による主語の包摂であるから、西田は判断において規定し限定するものは主語ではなく、これを包摂する述語なのであると理解したのである。判断においては外ならぬ述語こそが主語について説明・叙述し、言表する。曰く――「主語的なるものが述語面に於てあり、判断によつて両者が結合せられる、述語面の主語的限定が判断となるのである。述語面自身の主語的限定の形式が所謂範疇であつて、之によつて種々なる判断が成立するのである」(V・三二)。「判断が成立するといふのは主語が述語に於てあることを意味するのである。主語的なるものが、直接に超越的述語面によつて限定せらるゝかぎり、真の判断が成立する、述語面が主語的に自己自身を限定すると云ふことができる。私の判断的一般者といふのは、かゝるものを意味するのである」(V・四二)。

「述語面の主語的限定」、これが西田の主張する判断樹立の形式なのである。では、このような述語的論理と実在如何を認識論的に問う自覚とはどのような関係に立つのであろうか。西田は、認識活動一般を広く自覚と概念化したが、その自覚と述語的論理という判断論とはどのような関係にあるのであろうか。

ところで認識作用としての自覚、それは詮じつめれば意識活動の一つのあり方といってよいであろう。意識の自己認識のあり方が自覚であり、意識の自省・意識の事行的あり方が自覚なのであるから、自覚と論理の関係は意識と判断の関係に還元して考えることができるであろう。実際、西田も「意識の根本的構造は自覚的でなければならない。知るものなくして意識といふものはない、縦、自覚なき意識と考へられるものであつても、自覚的意識に属するものとして意識と考へられるのである」（V・三五五）と述べ、論理を意識の観点から考察するのである。かくて問題は、いったい、自覚をなす意識なるものが判断の形成・主語—述語の結合にどのように関与するのか、ということになる。事物・事象の認知に働く自覚的意識は判断における主語—述語関係の樹立にどう関わり、どのような形式において自己の実現を図るのであろうか。

再三言うように、判断は主語に関して立言し陳述することによって成立するのであるから、知る主体としての意識が主に働くのは主語の方向であるよりもむしろ述語の方面であろう。判断の構造は主語が述語に「於てある」ということであり、認識活動が逐次展開されて述語による主語の包摂をもって判断形成に至るのであるから、「知るもの」としての意識は包摂される主語側にではなく、包摂する側・述語する側においてこそ機能する。意識の働く場所・それは主語を限定する述語面であり、主語を包容し、これを関説・言明する述語面である。曰く——「併し判断の主語と述語の関係を、何処までも主語的方向に進め行くと考へ得ると共に、何処までも述語的方向にこれを包むものを考へることができる。主語となつて述語にならないものに対し、主語とならない超越的述語面ともいふべきものが我々の意識面と考へられるのである。即ち知るものである。要するに、具体的一般者の超越的述語面といふものが意識面と考へられるのである」（V・十三）。「知るもの」、それはすなわち認識作用に働く意識であるが、この働きを論理的立場に移行して折出してみれば、主語を包摂・限定する述語面に外ならないのである。判断における述語面こそが「知るもの」としての意識の働く場所なのである。或物を知るということはその物を意識することであるが、「或物が私に意識せられて居るといふこと」は論理的には「超越的述語面に於てあるといふことを意味する」のであって、「意識は何処までも超越的述語面」なのである。もちろん、ここで云われている意識は以前にすでに触れた「意識する意識」であって、「意識された意識」ではない。なぜなら「意識された意識」はすでに「意識」として判断された意識であるから、判断形成の際に働く生きた「超越的述語面」にはなれないからである。

結局、西田の確立せんと意図した立場は、「併し判断は主語によって成立するのではなく、述語的一般者の自己限定によつて成立するのである」とする述語的論理主義であった。そして述語的論理主義を標榜するゆえは、認識作用における知るものとしての意識が判断形成の上で主語面にではなく、まさに述語面において働くからに外ならない。判断の形成・断案の導出は意識が働く述語面を中心として展開されるからに外ならない。つまり、「知るもの」として意識が働く認識のあり方を論理的判断形式の立場から観れば、それは主語面ではなく、まさに主語を包摂限定する述語面なのである。「……我々が意識するものとか知るものとかいふものを考へることができるのは、主語的本体としてではなく、又何等かの因果関係に於て働くものとしてでもなく、唯、超越的述語面としてのみ考へ得るのである」（V・十五）。認識に働く「意識する意識」は論理的には「超越的述語面」なのである。

以上、我々は判断の形成を真の意識すなわち「意識する意識」の観点から見たのであるが、実はそのことはそのままで「自覚」なのである。主語を立て、述語を発見し、これらを結合して断案に導くこと、それは結局は意識の働きであるが、この意識の働き方を論理的立場から見れば広義の「自覚的一般者」の自己展開であり、自己限定なのである。判断の主体は「意識された」個物ではなく、その手前にあって個物を包摂する「意識する意識」としての「自覚的一般者」なのである。

再度、以上のところを要約すれば、一切の認識活動・すべての認知活動は意識の働きに負う。それゆえこの意識がなす認識活動を論理の立場から見れば、判断の形成は一般者による特殊者の包摂なのであるから、意識こそがまさに判断的一般者に外ならない。広義の判断的一般者、これこそがすべての判断形成の基礎であり、なべての断案導出の基底なのである。そしてそれは特殊者をも導き出し、主語をも誘導し限定する。つまり判断的一般者は、実在が主観・客観に分化発展することによって認知が成立するように、主語・述語へと分節することによって判断の形成を導くのである。主語なるものも潜在的な一般者それ自身のうちから派生し、分節したものに外ならない。アリストテレスによって実体とされた個物・主語、それらはなんら究極的・根源的なものではなく副次的・過程的なものに過ぎない。認識論的に〝初めに意識ありき〟であるとすれば、論理的には〝初めに一般者ありき〟なのである。もちろんその一般者が「意識する意識」であることは云うを俟たない。「一般者」とは「意識する意識」の論理学的名称と云ってよい。つまり、意識すなわち一般者が一般者自身を反省・反照して特殊者や主語を分節し、これを限定していくことによって判断の樹立に至るのである。このことは、一般者が主語へと分裂すると共に述語へと分裂し、分裂することによってまだ不明瞭な認知が明確な完成された断案に統一されることを意味する。一般者は己れ自身を主語・述語に分裂し、分裂することによって主語の何たるかを開説・述語し、よってもって認知の内容を明澄な判断の形に統一する。それは一般者が特殊化することであり、主語を求めることである。「一般者が自己自身を限定するといふことは、何等かの意味に於て自己自身の中に主語的統一を見ることである」(Ｖ・二八)。述語を中心にして見れば、「述語面が己自身を限定するといふことは、自己の内に主語的なるものを見ることである。述語的なるものはいつも主語的に自己を限定するのである」(Ｖ・三五)。敷衍すれば、例えば「ＡはＡである」という判断においては一般者が主語になるべき「Ａ」と述語になるべき「Ａ」とに自己分裂し、両者を比較考量して主語側の「Ａ」と述語側の「Ａ」とは実は異なるものではなく、同一なるものであると確認・判断し、改めて主語の「Ａ」と述語の「Ａ」とを定立して「ＡはＡである」と立言して結合・統一しているのである。ここに働く一般者は自己自身を知るべく主語・述語に自己を分裂させ、そうすることによって逆に両者を媒介し統一しているのである。分裂することによって媒介を可能にし、この媒介を通して「ＡはＡである」として主語—述語を統合している。このように主語にも述語にも、相通づるような一般者こそは「具体的一般者」すなわち自覚に外ならない。西田の一般者はアリストテレスのような抽象的一般者ではなく、ヘーゲルと同じような具体的一般者なのである。曰く——「一般者の自己限定といふことは述語的なるものが自己自身を限定することである。……自己自身の中に媒介を含むもの(具体的一般者)に於ては、主語的方向に於て超越的なるものが考へられると共に述語的方向に於ても超越的なるものが考へられねばならぬ。而してそれは述語的一般者の直接なる自己限定として、主語的方向に考へられた自己同一なるものは、之に於てあり、これによつて限定せられるものでなければならぬ。自覚的自己同一といふのは、かかる意味に於ての自己同一でなければならぬ」(Ｖ・六八)。

結局、一般者とは判断形成の潜在的な主体そのもののことであり、断案導出の働きそのものの謂である。それは己れ自身を分割して一方では主語となり、同時にまた他方では述語ともなって主語―述語関係を形成するのである。しかしそれだからと言って、一般者それ自身は主語それ自体ではなく、また、述語それ自体でもない。主語は確かに一般者であり、また、述語も同様に一般者ではあるが、しかし一般者それ自体は主語でもなければ、述語でもない。一般者自身は己を主語・述語に表出し表現するものではあっても、主語即一般者、述語即一般者ではない。一般者は主語・述語を超越し、超越することにおいて逆にその絶対此岸から主語・述語を定立しているのである。それは主語・述語において己自身を表出し、表出することにおいてかえって己自身を隠している。隠れることによって自己を主語・述語として表現している。一般者それ自体は認識の対象になることはなく表象されることはない。このように主語・述語の超越的裏面ないし根底をなす一般者、それはもはや有ではなく、有無をも超えた絶対無なのである。絶対無の自己限定が判断なのである。そして究明してきた広義の「自覚的一般者」とはまさにこのような在り方をなす一般者に外ならない。

さて、上述のような一般者の働きは、我々が既に㈠に述べた自我の事行的あり方と相覆うものであることは論を挨たないであろう。認識においては、知るものとしての自我はまた知られるものであり、知られるものとしての自我はまた知るものであった。知るものは知られるものを通してしか自己を表白し得ず、また、その限りにおいてしか知られない。真に知るものそれ自体は対象化されえず、したがって決して知られない。知るものは知られないことすなわち自己を隠すことにおいてしか自己を表現できず、その限りでしか知られない。このような認識活動における自我の事行的あり方すなわち「自覚」のあり方こそが論理的な立場から観れば判断形式における「一般者」なのである。それゆえにこそ「自覚的一般者」なのである。判断形成すなわち概念的知識の獲得とはまさにこのような「自覚的一般者」の自己限定に外ならない。「知るものとは、知ることによつて自己自身を限定することである。知るものを自己の限定として之を包む一般者は知るものを知る自覚的一般者でなければならぬ」（V・一二三）。

〔五〕

西田はすべての知識・認識はその一切が広義の自覚に基づくものと理解したのであった。自覚こそがあらゆる認知の源泉なのである。否、知覚・認識し、判断を形成して新たな知識を獲得する一連の活動こそがそのままで体系的な自覚なのである。

問題は、判断的知識なるものが形式上広義の自覚的一般者による自己限定によって成立するとしても、そのことがどのような限定の仕方をなすかである。自覚的一般者の限定はどのような判断のあり方になるのであるか。西田は多様な判断的知識は自然界・意識界・叡智界のいずれかに所属するものとし、これに応じて広義の自覚的一般者による自己限定のあり方を次の三種の段階に区分したのであった。即ち、「自然界」が成立する「判断的一般者」による限定、「意識界」が成立する狭義の「自覚的一般者」による限定、そして「叡智界」が成立する「知的直観の一般者」による限定、これである。曰く――「判断的知識が一般者の自己限定であるとするならば、我々が何物かを考へるには、一般者が自己の中に自己自身を限定するといふことがなければならぬ。私は一般者に三段階を区別することによつて、三種の世界といふようなものが考へられると思ふ。判断的一般者に於てあり、之に限定せられるものが広義に於て自然界と考へることができ、判断的一般者を包む一般者、即ち判断的一般者の述語面の底に超越するものを包む一般者（即ち自覚的一般者）に於てあり、之に於て限定されるものを意識界と考へることができる。更にかかる一般者を包む一般者、即ち我々の意識的自己の底に超越するものを包む一般者に於てあり、之に於て限定せられるものが叡智的世界と考へられるものである」（V・一二三）

趣旨は、種々様々な知識もその判断形成の形式から見ればすべて自覚なのであるが、その認識形式としての自覚のあり方の相違によって論理的には三つの段階に区分しうるとの謂である。自覚のあり方は、これを大別すればその深度に応じて三段階に識別しうる。

そこで我々は以下、この三種の判断のあり方がどのようなものなのか、暫時、管見してみよう。西田の論文はいつもの如くであり、また、具体的な類例を挙げてこと細かく説明してはいないのでその解釈は極めて難解であるが、その真意を辿れば大略以下のようになるであろう。

「判断的一般者の自己限定」――これは通常の認識のあり方を指すものであろう。例えば、我々の眼前にある山は端的に山であり、川はすなわち川である。そこでは山や川の客観的存在は少しも疑われることはなく、認識論的な反省が惹起されることもない。日常の経験において認識するそのままが客観的に存在するとされているのである。花が赤いのは花そのものに赤さが内在しているからであり、葉が緑なのは葉それ自体に緑が内在しているからである。このようにこの次元においては日常の経験的出来事は主観的な認識となんら関係づけられることもなく、事そのものが厳然たる客観的な事実なのである。認識論的反省を以てすれば、山も川も実は「考えられたもの」・主観によって表象されたものであるが、この段階の認知にあってはそのことすら反省されていない。「判断的一般者に於て限定せられるものは、単に考えられたものであつて、考へるものとして考へられたものではない。判断の内容となるものであつて、判断するものではないのである」（Ｖ・一二五）。つまり、この段階における判断においてもっぱら認知の対象となるものはすでに存在している山や川などの客観的事物なのである。山や川の如何なるかが種々の範疇に従って陳述され、立言されて、明晰な判断の形をなして知識として創成する。しかし、この次元にあっては「考へるもの」すなわち判断する当の主体はまだ顧みられ、反省されてはいない。判断の内容を導き出す認識形式として自覚そのものは顧慮されてはいない。いわば自覚が「知的自己」の段階であって、「併し知的自己の意識面に於てあるものは、尚自己自身の内容を限定し、自己の内容を映すものではない。却って自己自身を超越したものの内容を映して居るのである」（Ｖ・一二七）。「判断的一般者」の自己限定においては、山や川はこれに対向している「知的自己」（主観）とは何等の関係のない「超越したもの」（客観それ自体）なのである。その段階では「知的自己」それ自身の内容すなわち「作用自身の内容といふものは入つて来ない。作用其者は反省せられない」のであるから「意識は常に映すといふような意味しか有せ」ず、判断の「内容は自己意識（主観）を超越した物自体（この場合は山や川それ自体）といふようなものでなければならぬ」〈（　）内は筆者挿入〉のである。以上が「判断的一般者」の段階における限定のあり方である。端的に云うならば、「素朴実在論」の立場である。いわゆる模写説である。

次に狭義の「自覚的一般者の自己限定」であるが、この段階における判断形成とは認識論的な省察を踏まえたものであろう。例えば、あれが山であり、これが川であるのは、あれが川でなく山であり、これが山でなく川であると識別するこの私がその手前に現にいるからに外ならない。山は山であり、川は川であるが、そういう事態が成り立つのは、あれを山としこれを川とするこの私の分別する働きがあるからなのである。客観的事物は主観を離れてそれ自体独立して存在する訳ではない。客観が客観であるのはまさにその手前にこれに対向している主観があるからに外ならない。主観あっての客観なのである。かくて、「自覚的一般者」の自己限定とは、認識する側が反省して自己を「主観」として捉え、対象をこれと相関する「客観」と理解する主観・客観相対の次元での判断形成と云ってよいであろう。認識活動における主観・客観対立の場が、論理的には「自覚的一般者」の自己限定といわれたのである。

判断的一般者の自己限定では「判断するもの」すなわち判断の主体はまだ顧みられず、もっぱら超越的な客観的対象それ自体が認知の対象であった。知の内容が主観とは関わりなく専ら客観それ自体から生成してくると解しているのである。そこでは「判断するもの」としての個物は判断を導くものであるからそれ自体は反省されず、したがって「判断的一般者」の範疇に取り込むことはできない。それは「判断的一般者の超越的述語面を超えてあるもの」であり、「判断的一般者の中に於て限定せられないもの」なのである。しかし判断主体としての個物を限定しなければ真正なる判断的知識・概念的知識は構成されない。そこで西田はこの個物を包摂する一般者に想到、その一般者を「自覚的一般者」と命名したのであった。自覚するものが真の個物であるからである。曰く――「私といふのは、時空的に限定せられた個物の底に考へられた個物である。かかる個物が考へられる以上、かかる個物の於てある場所がなければならぬ、かかる個物を限定する一般者がなければならない。……自覚的なるものが之に於てあり、之に於て限定されるの故を以て、私はかかる一般者を自覚的一般者と名づけるのである」（V・一二五）。現実の世界において山を山とし、川を川とするのは「個物」としてのこの「私」である。この「私」があって初めて山は山であり、川は川なのである。そしてこの「私」なるものは論理的に云えば一種の「個物」なのであるが、この「私」を「特殊者」でも「一般者」でもなく、まさに「個物」なのだとして識別する以上は、そこに勝義の判断的一般者が働いていなければならないはずである。それはまさにこの「私」という個物の自己反照・個物の自省によって捕捉されるのであるから、西田はこの判断的一般者を「自覚的一般者」と名付けたのであった。認識論的には、山を山とするこの「私」が主観であり、これに対向する山・川は客観であるが、このような主観・客観相対という認識論的反省を踏まえた段階の判断の論理が「自覚的一般者」の限定といわれたのである。判断の形式を主語―述語関係から考えたアリストテレスとこれを主観・客観の認識から捉えたカントの綜合が意図されているであろう。

ところで問題は、「判断的一般者の自己限定」と「自覚的一般者の自己限定」とはどのような関係にあるのか、である。たしかに両者には段階に相違はあっても両者共に広義の自覚なのであるから同心円的構造をなし、これを広義の自覚的体系として一括・統合できるのである。先の引用文において自覚的一般者が「判断的一般者を包む一般者」といわれているのはそのためであるが、両者の関係はどのような事態なのであろうか。例えば「判断的一般者の自己限定」の論理形式が「A＝A」とするならば、「自覚的一般者の自己限定」のそれは「我あってのA＝A」ということになるであろう。小論の㈠において、我々はすでにフィヒテの事行に触れたが、認識活動における自我の事行的あり方が論理の立場から観れば「自覚的一般者」の自己限定なのであるから、「判断的一般者」による「A＝A」の判断は「自我あってのA＝A」という「自覚的一般者」に包摂され、その基礎の上に成り立っていると言いうるのである。判断「A＝A」はただその形式のみを表現しているに止まるが、この根底において「A＝A」を成立せしめている自我の作用をも自省した場合、それは「自覚的一般者」の限定ということになるのである。実際、西田は「フィヒテの哲学」と題した講演でこう述べている――「フィヒテの立場は自然の中のものでも将又精神界のものでも自覚の上から見ればよいといふことになるのである。例へば、そこに松の木が立つてゐると見ることも、これを自覚と見ればよいのである。松の木が立つてゐるといふことがわかるのは私が私であるからである。若し私が私ではなかつたならどうして松が松である、松の木が立つてゐると云ひ得よう。机にしろ、コップにしろ、すべては自己の自覚から夫々のものとして見ることが出来るのである。それ故に知るといふことは自分自身の発展である」（XIV・九四）。

認識論的反省のない日常生活の知覚においては、端的に机は机であり、コップはコップである。それは論理的には「判断的一般者」の限定と称しうる。そしてそこに認識論的反省が介在して自己なるものの働きを自覚すれば、机・コップは「自己の自覚から夫々のもの」すなわち〝自己あっての机〟・〝自己あってのコップ〟であるから、その次元はすでに「自覚的一般者」の限定と言いうるのである。結局、判断「A＝A」をその根底から成立せしめるもの・これを裏付けるものの自省の段階が「自覚的一般者」の限定なのである。対自態における判断である。

問題は、今まで概言してきた述語的論理主義に立つ「自覚的一般者」の自己限定とアリストテレスの主語的論理との関係如何である。西田の、狭義の「自覚的一般者」の自己限定はアリストテレスのいう個物を真底捕捉しうるのであろうか。

アリストテレスにあっては、個物は「主語になつて述語にならない」ものであった。個物は論理的には主語となるものではあっても述語にならないものとされたのである。しかし我々は現実の世界において個物なるものを確かに考え、これについて種々立言し陳述することができるのである。そうである以上、そこに個物なるものがなんらかの論理的限定を受けているといわざるを得ない。つまり、その場に認識論的限定が介在しているから個物は「個物」として識別し得るのである。西田はこう述べている――「併し苟も主語的なるものが主語として述語可能と考へられるかぎり、それは一般的なるものと云はざるを得ない。個物といへどもそれが主語として考へられるかぎり、斯く云はざるを得ない。それが一般者によつて限定せられたものと考へられるかぎり、それについて述語し得るのである」（V・四一九―二〇）。

たしかに個物なるものを判断論理的に定義するとすれば、「主語になつて述語にならないもの」ということになるであろう。この定義の内容それ自体は決して誤りではないであろう。しかし銘記すべきは、「個物は主語になつて述語にならない」というこの定義も一つの厳然たる判断である、ということである。他の定義一般と同様、この個物の定義も一つの完全な判断に外ならない。ところでアリストテレスの主語的論理という立場では、判断における主語―述語関係は外ならぬ主語自身が分派して述語を規定するというものであった。述語は主語それ自体の中から派生し、展開して主語の外に分節するのである。主語の持つ本性ないし本質や属性が述語として現われ出るのである。主語的論理の主張は、主語こそが己のうちに有する本性・属性を述語として主語の外に展開・表現する、と言うのである。

ところで、この主語的論理主義は先の個物の定義に矛盾するであろう。すなわちその定義によれば個物は「主語となつて述語にならない」ものであつたが、この主語的論理主義の判断形成論は、主語すなわち個物は主語の外に分派し、述語となるものであった。外ならぬ主語こそは述語となって自己自身を表出・表現するのである。つまり個物の定義すなわち個物に関する判断の内容と主語的論理主義のいう判断一般の形成形式の論理とが明らかに相反しているのである。「主語となつて述語にならない」という個物についての判断の内容とそのような内容一般を産み出す判断形成の考え方すなわち主語的論理主義の主張が矛盾しているのである。

ここに至って西田はこの矛盾を解決すべく、「主語になつて述語にならない」個物をも判断形成の形式に取り込み、個物を包摂限定しうるような一般者如何を探索・討究したのであった。概念的知識の創成は個物を一般者によって限定することに外ならないと解した西田は、当の個物を包摂し、限定し、これについて言明・立言しうる論理形式如何を究明したのである。そしてその一般者を「自覚的一般者」と命名したのであった。けだし、個物は明らかに類や種と異なっているが、類や種と相違してこれが個物であると認知するのはまさにこの我すなわち自覚的存在者たる「我」に外ならないからである。個物がまさに個物であるのは我の認知に基づくからであって、我の表象を介さなければ個物も個物たりえない。或る事物が類でもなく、また、種でもなく個物そのものであると認知するのはこの我を措いて外にはない。我は判断の形式でもあるが、また同時に〝この机は本製である〟とか、〝このコップは空である〟とかの個物の内容を産み出す作用でもあるのである。したがってこのような我のあり方を論理的に捉えれば、「自覚的一般者」ということ以外にないであろう。この「自覚的一般者」が「個物的なるものをも含む」のである。個物について包摂し、立言するのである。「我といふものを対象的に考へるならば、何処までも個物的なるものである、個別化の無限なる行先とも云ひ得るであろう。……之に反し、知るものとしては、それは何処までも対象的なるものを内に包むものである。所謂個物的なるものをも包むものである」（V・一八九〜一九〇）。「我」は机・コップと同様に一つの個物である。しかしこの事実は〝我は個物である〟という認識の上の事実であり、一つの判断に基づく事実である。西田は、〝我は個物である〟と事実的に論定しているこのものを「自覚的一般者」と呼んだのである。したがって「我」は「個物」であると共に論理的には「自覚的一般者」なのである。但し、「自覚的一般者」もそのように云われているからにはまだ「見られたもの」なのである。

〔六〕

以上、我々は、「判断的一般者による限定」および「自覚的一般者による限定」について概言した。

そしてこれらの段階の一般者による自己限定の仕方にはたしかに相違があることを確認した。いずれも自覚に基づく判断形成ではあるが、そこには明確に即自態あるいは対自態とも見られる認識法の差異のあることが認められるのである。

しかしながらここで大きく顧みるならば、両者に相違があるとは言うものの、二つの立場はいずれもがいわば「対象論理」の立場なのである。西田の立脚する真実在の次元における論理ではなく、表象を介在せしめた次元での論理なのである。その謂は、両者の判断形成の論理はそのいずれもが「真の自己」を捉えていず、そこから考えられ・見られた次元の論理、真実在から乖離し対象的に捉えられた次元での論理である、という意味である。これらの段階における論理はいわば即自・対自態の相違はあれ、両者共に西田の云う「意識する意識」を把得せず、かえってこれによって意識された論理であり、対象化された論理なのである。一体、いかなる意味か。

「判断的一般者による限定」においては、例えば我々を囲繞している山川草木は我々の存在を抜きにしても山川草木である。山川それ自体の存在はいささかも疑われていない。山川は客観的自立的な存在であって、主観とはなんらの関係なく存在する。それは「我々の自己が尚意識的にも自覚せない間は、自己は単に判断的一般者の超越的述語面といふようなものであつて、我々は単に判断的に限定せられる客観界を見て居るのである。それは広義に於ての自然界とも考ふべきものであらう」と云われる事態である（V・一四一〜二）。

これに対し、そこに山があるのはその手前にこれを山とする主観があるからに外ならないとするのが「自覚的一般者による限定」の段階であった。つまり、山の存在はなんら客観的・自立的なものではなく、その客観の存在はこれに対向する此岸の主観に負う、と言うのである。それは主観あっての客観であるから、いわば客観なるものは意識的自我の内に包摂されている。「対象が自己に内在的なること」を意味している。たしかに客観は客観であるが、その客観は意識的自我あっての客観なのであるから、その限りで広義の「意識界」に包容されており、「意識界」の一分野をなすものである。人為の世界はもとより、自然の世界も意識によって映出された対象界なのであるから、その限りで「意識界」と言ってよい。それは、「我々の自己が意識的に自覚した時、自覚的一般者に限定せられた所謂意識界を見る」（V・一四二）とされる事態である。意識を離れては何物も存在しないのである。

さて、この二つの論理的立場は、西田から見れば、結局のところは意識され・考えられた論理であり、「対象論理」なのである。そしてこの次元にあっては、まだ「意識する意識」としての真の自己が体得されていない。西田の高唱する「叡智的自己」「直観的自己」が把得されていない。「判断的一般者」・「自覚的一般者」の奥底に構想された「叡智的一般者」が把得されていない。では「叡智的一般者の自己限定」といわれる段階とは果していかなる論理形式を言うのであろうか。そこにおける判断形成はいかなる認知の形式をとるのであろうか。

「自覚的一般者」の段階においては、山が山であるのは我々の存在すなわち主観に基づくものであった。我々という意識的存在があって初めて山は山なのである。山の存在はもっぱら主観に依拠している。山なるものの存在は、我々の認識論的視線に依存して初めて可能である。そうだとすれば、山なるものは云わば我々の視野にその姿を見せた限りでの山であって、我々からの山への認識論的視線を放擲するならば、山は山でないことになる。山を山とするのはこれを見ている我々なのであるから、我々という主観の立場を脱却し、論理的に山それ自体の立場に立てば、山は山ではないことになる。山は我々の主観的視線にその姿を見せた限りで初めて山なのであるから、山が山であるその本源、山が山である山自体のそのもとは山ではないことになる。「我あっての山」は我がなければ山ではない。然り、山は山それ自体に即けば山ではないのである。山が山であるのは我が山に対向し、また、山が我々に対向してその姿を見せた限りで初めて山なのである。山が山として成り立っているその事態は、まさに我々が山に向い、同時に、それ自体山でない山が我々に向い合い、両者が交叉して初めてそこに山として出現し山となる。このような主観・客観の渾然一体のあり方こそが山の真相なのである。大拙居士の言に倣えば、「山は山に非ず、故に山なり」なのである。「山は山に非ず、故に山なり」という事態、これこそが眼前の山の真の姿なのである。「山は我あっての山」であるから、我のない山それ自体にとっては山ではない。「山は山に非ず」が我を抜きにしたところの山の半面なのである。よってこれを踏まえた「山は山でないがゆえに、山である」が真実在の境位における山のあり方なのである。山があるのではない。山が〃「我」に於いて〃山となるのである。山の存在は我と山との相依相属たる生成なのである。「叡智的一般者による限定」とはまさにこのような透見のあり方を言うに外ならない。すなわち、これまでの「判断的一般者」および「自覚的一般者」の次元における認識のあり方は、そのいずれもが我々の認識論的視線から「山は山である」とのみ山の自己同一性を対象的に捉えただけであって、山それ自体の立場から捉えた「山は山に非ず」といういわば山の即非性を把握してはいない。観点は常に主観の側だけに偏執していて、そこから対象的に観られた「山」の自己同一性しか捕捉していない。それはノエマ化された「山」・対象化された「山」であろうとも、云わば物自体の場における山ではない。西谷啓治の云う「空」の立場における山ではない。この段階の判断は「山は山である」という山の自己同一性しか捉えることができず、山の即非性は透見されてはいないのである。判断形成が我々の意識によって対象化された事象についてしかなされず、かつ、その段階に停っている。山が山となる以前のそのもと、山といういわば潜在的存在が我と山との相互の生成において初めて山として成り立つという事態、これへの洞察がなされていない。主観から観られた山のみが論理の対象なのである。論理の内容は主観によって対象的に観られた面のみに終始している。この段階での論理形成のあり方が「対象論理」なのである。それは決して「叡智的世界」における論理ではない。

〔七〕

かくて最も肝要なことは、「山は山に非ず、故に山なり」という真実の山の捉え方を如何にして開拓するのか、ということである。そういう叡智的認識の場を如何にしたら切り開くことができるのであろうか。我々は、以下、これを具体的・現実的な意識のあり方すなわち「自己意識」ないし「意識的自己」の観点から模索してみよう。認識は意識の優れたあり方であり、そして意識は具体的には個々人の意識なのであるから、判断形成の主体としての「意識的自己」の観点から「叡智的一般者」如何を解明することは当を失したものではないであろう。「叡智的一般者」と判断形成の主体としての「意識的自己」とは、いったいいかなる関係に立つのであろうか。「山は山である」とする立場すなわち「判断的一般者」の立場ないし「山は我あっての山である」とする立場すなわち「自覚的一般者」の立場は、その認識段階に相違はあるもののいずれも我々の「意識的自己」によって対象論理的に捉えられ、いわば自己意識に映された論理であった。そこでは山の自己同一性・「山は山なり」という山の自己同一性しか観られず、「山は山に非ず」とする山の即非性を捕捉することができなかった。一般的に言って、この場では山それ自体に即き、山自体を見るような物の自体性の立場が開かれず、物の即非性が捉えられないのである。なぜなのであろうか。

なぜ我々はもの一般の即非性を把得できないのか、最大の難関はこれである。それは、端的に言って一切の認識のあり方・認知活動のすべてが「自己意識」ないし「意識的自己」を中心として行われているために、意識が自己に纏綿し、これが自我自執となってこの立場から脱却できず、論理的に山それ自体の場に即けず、山が山として現成していくその根底に立脚できないからなのである。すなわち、山に対向している「意識的自己」というあり方が我々の自己のすべてであって、これ以外に自己なるものは存在しえないから、この立場からの認識論的視線しか持ち得ず、論理的に山の背後ないしその根底に廻り込むことができないのである。つまり、意識なるものが自己にまとわりついて自己が「認識主観」となって固定されているため、これが束縛となって山への認識論的通路が一方に偏執した主観側からしか持ちえないのである。「意識的自己」というあり方の真相は意識が「真の自己」を被覆して拘束している事態である。そのため「意識的自己」を粉砕・突破して山自体に即き、物の自体性に立ってその即非性を覚知することができないのである。それゆえ、「叡智的世界」へ参入するためには「意識的自己」のあり方を超克する以外にない。「意識的自己」を突破し、いわゆるすべてを対象化する意識の場を離脱する以外にない。判断の形成に中核をなすのは外ならぬ「意識的自己」になるためにはそれ自身なのであるから、即非性を覚知するような「真の自己」すなわち「叡智的自己」になるためには「意識的自己」のあり方そのものを克服する以外にない。西田はこう述べている――「何物かを考へるといふことが一般者の自己限定であるとするならば、如何なる一般者の自己限定によつて、叡智的世界といふものが考へられるのであるか。私は意識の志向作用といふようなものに基づいても、かかる世界を考へ得ると思ふ。我々の意識作用は一方に於て実在的と考へられると共に志向的である……而してその志向する所のものは、単に意識内容に止まるのではなく、超意識的内容である」(V・一二四)。「超意識的内容を志向するには、我々の自己は所謂意識自己を超越せなければならない」(V・一二四)。「意識的自己」の超克、これこそが「叡智的世界」への参入なのである。「自我」からの脱却、これこそが即非性の現成なのである。そしてそれは、まことに宗教的体験に外ならない。

対象論理の場は認識論的には主観・客観相対の場である。ここでの認識のあり方は内なる主観から外なる客観へというういわば二元論的構造であって、主観が客観を模写すると解すにせよ、はたまた、主観が客観を構成すると説くにせよ、それは内から外への認識論的通路しか持ち得ない⑪。それゆえ物の姿は主観に映じられた限りのものでしかなく、物の自己同一性しか認知されない。主観の視野に入らないいわば物の裏面に廻り込めないから、物の即非性は洞見されない。そこでは意識的自己の対象となった限りでの物の物性・物の自己同一性しか捉えられず、物の即非性は捉えられない。対象論理は半面の論理なのである。結局、対象論理の隘路は認識活動の核心をなす「意識的自己」それ自身にある。すなわち一方的に偏倚した認識論的通路しか持ち得ない「意識的自己」の側にこそある。したがって物の自体性に即き、物の即非性を覚知するためには、その通路を客観の側に廻向しなければならない。「意識的自己」としての主観の視座を棄脚し、客観の背後の側へ認識論的通路を廻さなければならない。それがとりも直さず「意識的自己」を超克して「叡智自己」へ飛躍することであり、主客相対の場を脱底して主客合一の実在の次元を拓くことである。もし「意識的自己」を知・情・意の例にならって「知的自己」・「情意的自己」・「意志的自己」に一応区別できるならば、「意識的自己」の超克は最奥の「意志的自己」を超越することでなければならない。「叡智的世界」に参入し、そこに立脚するためには「意志的自己」を超克しなければならない。それは自覚の徹底であり、自覚の深まりであり、「己事究明」である。西田はこう述べている――「真の自覚とは単なる知的自覚にあるのではなく、意志的自覚にあるのである。働く自己にして始めて内容を有する自己と云ふことができ、意志することは真に自己自身を知ることである」。「それで意識的自己が自己を超越して叡智的存在の世界に入るには自己が自己の意志を超越せねばならない。我々の意志の奥底に於て、意志的矛盾を超越して之を内に包むものが、叡智的世界に於てあるものである。我々はノエシスの方向に超越することによつて、ノエマの方向に超越するのである」（Ｖ・一三三〜四）。

我々が「叡智的世界」に入るためには「意識的自己」を超越しなければならない。「自己が自己の意志を超越せねばならない」。しかし翻ってみれば、「意識的自己」の超克といい、「意志的自己」の超越といい、そうすることはいずれも優れて意識的な営みであり、意志的な行為なのである。「意識的自己」の超出・「意志的自己」の超克、その道は極めて意識的であり、意志的である。それは意識の意識による超越であり、意志の意志による超克である。これは論理的には一種の矛盾であろう。しかしながら、引用文の「我々の意志の奥底に於て、意志的矛盾を超越して之を内に包むもの」に至るためにはこの矛盾の回避ではなく、まさにこの矛盾の突破・貫徹以外にはない。この矛盾を矛盾として引き受け、矛盾の出てくる源底を見極める以外にない。それこそは「ノエシスでの方向に超越することによって、ノエマの方向に超越する」事態である。物の自体性に即き、物の即非性を通して真実在を体得するためにはノエシスの側に位する自覚の深化徹底による以外ない。対象の非対象性・事物の即非性を介しての真実在の体得・体現は、これに対向している我々自身の自覚の深化徹底・「意識的自己」の突破・超越による以外にはないのである。これはまた近代主観性哲学からの脱却をも意味するであろう。

「意識を超越」すること、それは「意識的自己」を超克することである。「意識的自己」は真の自己が意識に覆われ、意識に拘束・束縛されている事態なのであるから、そこからの超越は、ひっきょう、「意識的自己」の徹底的究明以外にない。「真の自己」のあり方の開示以外にない。自己本来のあり方の追求であり〝己事究明〟である。ここはすでに「哲学以前」にして「哲学以後」の宗教的地盤である。

そこで、我々は以前示したように、「自覚的一般者」による認知の形式を我々自身にあてはめ、「真の自己」のあり方を探究してみよう。「自覚的一般者」の自己限定形式を「意識的自己」である我々自身に適用してみようとの謂である。主客相対の場の「自覚的一般者」の段階は実在の境位たる「叡智的一般者」の次元へと克服・高次化されなければならないのであるから、先ず「自覚的一般者」の限定形式によって「意識的自己」はどのよう捕捉されるのかを見極めることが肝要である。すると、「我は我あっての我」ということになる。「山は我あっての山」の事例と同様、「我は我あっての我」という論理になる。我は我であるが、その我は「我」という認識主観あっての我なのである。「我は我あっての我」という論理においては、主体としての真の我は認識主観から管見されているに過ぎないから、いわば主観の「我」という枠内にとじ込められてしまっている。つまり「自覚的一般者」によって限定された我は主観から捉えられた限りでの「我」でしかないのである。本来の我すなわち「真の自己」は主観としての「我」から管見された限りでしかその姿を開示しない。それはノエマ化された我であり、観られた我・考えられた我であろうとも、その手前で働く絶対主体としての見る我・思惟する我ではない。対象論理化された我に外ならず、「真に思惟するもの」では断じてない。西田はこう述べている——「自覚的一般者に於てある自己といへども、尚規範的自己ではない、真に思惟するものとは言はれない。それは却つて思惟せられたもの、対象化せられた自己といふことができる。是故に、叡智的世界といふのは我々を越えた彼方にあるのではなく、我々は直に此世界に於てあるのである。自然界は云ふに及ばず、所謂意識界といへども考へられたものであり、断る意味に於ては却つて超越的と云ふことができる、一種の対象界に過ぎない」（Ｖ・一三六〜七）。

このように「自覚的一般者」の限定による自己把握は「主観的自己」としての「我は我あっての我」というものである。それは我の外なる山に対向した場合の「山は我あっての山」という認知形式と基本的には同じなのである。判断の形成が「意識的自己」を源点として行われているため、認知が我の外の客観的事物に対向した場合も、判断主体の自己自身に向った反省の場合も、そこになんらの相違がないのである。つまりこの「自覚的一般者」の限定に働く主観は、いずれの場合にも「意識的自己」なのであるからそこに差異のあるはずもない。そして、この段階の認識法は確かに「我は我なり」とする我の自己同一性を捉えることができるのであるが、しかし、我の即非性、即ち、「我は我にあらず」という論理を見出すことはできないのである。「山は山に非ず」という先の事例の場合と同様、我の即非性の認知に至らないのである。このように「自覚的一般者」の限定が即非性を洞見しえないということ、それはあたかもローソクの光が客観的事物を照射して暗闇からそれを映し出すと共に事物の背後に陰をつくってしまうことに似ている。つまり、一般に物の認知は、意識という光によって照射された部分だけが可能となるのであって、事物の背後の陰つまり即非性を透見することができないのである。この事態は我自身を認知の対象とした自己反省の場合でも同じである。我が意識的存在であり、かつ、「意識的自己」である限り放光して対象を照射することができるが、それと共に、同時に、そこに陰影を落してしまうのである。我々の自己が意識的存在であるということが、そのままこのような事態を惹起するのである。そして、通常はこの陰影をつくるという事態そのものにすら気付くことはなく、平穏無事に過ごしている。「意識的自己」というあり方は視界の中心たるローソクの光源に位置し、その認識論的視線が光そのものの役割を果して、外界に光明を与えて照射し、物をして物たらしめている存在であるが、通例、この事態にすら気付かない。況やその陰においてをや。

かくして、主客相対の次元を超えた「叡智的世界」に立脚するためには、先ず以て「意識的自己」の超克こそが秘鑰なのである。核心となるのは「意識的自己」の徹底的究明であり、自覚の貫徹である。先の比喩を用えれば、我と事物の位置をそのまま変えずに、今度はローソクの灯を事物の背後に廻すことである（実際は、我自身がローソクであるから、このような事態は成り立たないが、一つの考え方として示す）。すると事物の反対側が光を受けて輝くが、此岸に位置する我々の目にはただ暗き陰影のみが映るだけである。陰影すなわち即非性である。つまり、「我は我あっての我」という認知は「意識的自己」たる自我を脱底・超出することつまりローソクの灯を物の背後に廻わすことによって、「我は我に非ず」という我の即非性の覚知に翻転するのである。意識の場を突破して我の大本・我をして我たらしめているその源底それ自体に即いて大観すれば、「我は我に非ず」なのである。つねに認識主観に一体化している「意識的自己」を脱底して絶対主体としての真の我の自体性そのものに立脚すれば、「我は我に非ず」なのである。自己はいわゆる自己ではないのである。我は非我と一つになっての真の我なのである。「意識的自己」、それは我々の通常のあり方であるが、それは好んで選択した事態ではない。人間であるということがそもそもこの事態に生まれついたということなのである。だからそれはいわば一種の宿命であり、先天的事態なのである。したがって「我は我なり」という我の認知が当然なのである。否、公理ともいえる。実際、多くの者は「自分は自分である」と思っている。このように自己の自己同一性に拘束されていることが、即非性を隠すのである。自我意識がそれを被覆し隠蔽するのである。結局、自我意識は物を照射すると共に隠蔽する。「真の自己」もこの意識に遮蔽され封鎖されて「意識的自己」になっている。しかも「真の自己」を知ろうとすることそのことが意識的な行為であるから、ます〳〵意識をして自己を庇蔽せしめ、二重になって「真の自己」を自縄自縛してしまうのである。

一般に物を知る、認識するということは物を意識面において捉えることである。論理的には述語面的限定を受けることである。そしてそれは自己を認識する「自覚的一般者」の限定の場合でも例外ではない。自己が如何なるものかの認識も意識面を通した認識でしかない。自己は意識面における自己でしかないのである。それが「我は我あっての我」という認知なのである。しかし、果して「真の自己」すなわち本来の自己が自覚的意識面における自己でしかないかどうかは問題である。自己なるものも確かに意識を通してしか捉えられないであろう。自覚的意識面に映写された自己しか我々は認知し得ないであろう。しかしそれは捉えられた自己・「限定せられたもの」でこそあれ、これをその此岸から捉える自己・真に〝限定するもの〟ではない。「真の自己」は捉える自己であって、捉えられた自己は〝「真の自己」の影〟でしかない。西田は喝破する——「斯る意味に於て自覚的一般者は尚限定せられたものと云ふことができる。之を越えたものは、もはや如何なる意味に於ても、判断的に限定することのできるものではない。唯、自覚的一般者の場所を限定面として、その影を映すことによつて、尚、判断的に限定することができ、限定することのできない一般者の自己限定といふようなことを云ひ得るのである。故に真の自己は自己の影を映すことによつて自己自身を限定する、意識的には我々はいつも自己の影を見て居るのである」（V・一三七）。

狭義の自覚を構造的に見るならば、自己を認知する自己は必ず知る主体としての自己であって、それはいつでもノエシス側にのみ位置する。それゆえ客体化されず、対象化されない。ノエマ側に廻ることは断じてない。したがって「自己」とすら命名されない。「真の自己」・本来の自己は「自己」ですらないのである。それは一切のものを対象とし、あらゆるものを認知・命名するものではあるが、自己自身を知り得ない。自己の知の中に不知があるのである。「我は我に非ず」なのである。結局、「真の自己」・本来の自己は「意識的自己」を超越している。ノエマの方向に超越しているのではなく、ノエシスの方向、「意識的自己」の此岸の方向に超越している。それは主客の対立を超えた実在の境位における自己であり、主客合一としての自己である。それが西田の言う「叡智的自己」ないし「知的直観的自己」なのである。曰く――「而して意志を越ゆるといふことは、自己が考えられた自己を越ゆることであり、意識が意識せられた意識を越ゆることであり、それは所謂主客合一の知的直観に至ることであるから、叡智的自己とは直観的に自覚するもの、即ち直ちに自己自身を見るものである」(V・一六六~七)。

「自覚的一般者」の段階は認識論的には主観・客観対立の場であった。それゆえこれの超克としての「叡智的一般者」の次元が主客相対ではなく、「主客合一」の境位であることは言うまでもない。それは「主客合一」の事態であるから、云わば〝客体なき主体〟〝主体なき客体〟である。端的に「場所」である。そしてそれは「物を知る」という観点から云えば、「場所」が場所自身を知ることであるから「自己自身を見るもの」となるのである。「見るものなくして見ること」である。

〔八〕

既述したように、当時の西田の哲学的課題の一つはいわゆる「個物」を一般者に包摂し、これによって新しき判断的知識・概念的知識を獲得しうるような判断的形式を考案することであった。個物を限定し、これを言明・立言しうるような判断的一般者の形式如何を探究することであった。そしてその究明の道程において個物を包摂・限定する一般者を「自覚的一般者」となしたのである。

現実の世界は諸々の個物から成り立っている。個物はあたかも現実の世界を構成する細胞のようなものと云ってよい。それゆえ個物を一般者によって包摂し得なければ現実の経験的世界を把握する学問は成立し得ないであろう。自然科学はもとより、文化・精神科学も、ひいてはいわゆる形而上学も存立し得ないであろう。かくて、個物を規定・限定しうる判断的一般者の形式の発見が急務の課題となった。

さて、ここで考えるべきは一体個物なるものを如何に理解すべきか、ということである。個物とは何かである。そのような個物は具体的な生活世界においては、あの山、この川であり、ソクラテス、プラトンであるような個々別々の存在者であろう。そして我々は現実の生活経験の中で、ことさら、認識論上の障害もなく、あの山、この川、ソクラテス、プラトンなどの個物を考え、これを識別することができるのである。種々の個別的存在者に出会い、これと交わり、生活を共にし、ある場合にはこれを基盤にして諸種の学問を構築しているのである。

このことを論理的立場から顧みるならば、この我々自身こそが外ならぬ個物を包摂しうる「一般者」であるということである。現実の経験の世界において個物を識別・判別し、これを関説・述語している「一般者」なるものは外ならぬこの我々自身なのである。意識的存在である我々は経験の主体であって、認識論的には主観をなすが、これを論理的立場から見るならば判断主体としての「概念的一般者」であり、それも優れて「自覚的一般者」なのである。「……概念的一般者とは元来一種の『私』である。判断とは自覚の一過程に過ぎない。どこまでも超越的述語面といふべき『私』が自己自身を限定する限り、判断的知識が成立するのである」（V・五七）。「我々が何物かを考へると云ふことは、一般者の自己限定といふことを意味するとするならば、意識的実在とは判断的一般者を越えて之を内に包む一般者に於て限定せられるものと云ひ得るであろう。我とはかかる一般者を意味するに外ならない」（V・一九〇）。

ところで、論理の分野での「自覚的一般者」の立場は認識論的には主観・客観相対の立場であった。認識論的反省がみられない「判断的一般者」においては主観・客観関係そのことすらも顧慮されず、論理上の関心の的は主語・述語関係それ自体なのである。この段階で問題になるのは主語に内含されている本性・本質を無矛盾的に述語に導出することである。

これに対し、客観の真理如何を問う認識論的反省の上に立つ「自覚的一般者」においては、主観・客観が対立している——「判断的一般者の限定の過程に於て、主語と述語とが対立し、それが自覚的一般者に於て裏付けられる時、働くものと働かれるものとが対立するが、自覚的一般者に於て斯る対立は知るものと知られるもの即ち所謂主観・客観の対立となる」（V・一三五）。

ところで、我々は以前㈠および㈡において、認識論上、主観・客観相対の場は実在の世界から垂離し遊離した次元であって、それはなんら根源的なもの・究極的なものではないことを確認した。実在の分化発展の一過程に過ぎない主観・客観相対の場は派生的・二次的なものでしかないのである。それゆえこの立場は、主客の根源たる実在の次元へと克服されるべき立場・超克されるべき立場なのである。主客相対の立場は超克されねばならない。

このことは、論理的には、「自覚的一般者」の立場もまた超越されるべき立場であることを示唆している。なぜなら、外ならぬ「自覚的一般者」の論理は認識論的には主客相対の段階にあるから、この場はさらに高次の境位へ、いわば主客合一の次元へ超越されねばならないのである。「叡智的一般者」の世界がその高次の立場であることは云うまでもない。そして「自覚的一般者」において主観として働くものは「意識的自己」そのものであるから、まさにこの「意識的自己」それ自身が実在の境位における自己へと超克されねばならないのである。主観としての「意識的自己」が核心となって物の認知が展開されているのであるから、克服されるべきはこの「意識的自己」それ自身なのである。西田の場合、「意識的自己」の最後の段階は「意志的自己」と捉えられたから、この次元からの飛翔は「意志的自己」の「真の自己」への超克と言われ事態であった。すなわち西田は問う、「我々が自己の意志を超越するとは如何なることを意味するのか」と。そしてこう説くのである。「意志は「その後に現れるものが始に与えられたもの」であるような「合目的的作用」であり、「自己自身の内容を限定する過程と見ることができる」。「斯自己自身の内容を限定するものが我々の自己て我々の意志の奥底に考へられる真の自己とは、我々の意志を超越して之を内に包むのである。かかる意味に於と考へられるものであつた時、かかる限定作用が意志作用と考へられるのである。

我々の意志はかかる自己によつて基礎づけられて居るのである」(Ⅴ・一三四)。

結局、求められるべき道は「意識的自己」から「真の自己」への飛翔・飛躍なのである。「我々の意志の奥底に考えられる真の自己」の発見であり、その体得なのである。すなわち、主客対立の場である「自覚的一般者」の世界、それは、認識論的には主観・客観相対の場がその根底をなす真実在への次元へと克服されねばならないのと同様、これに相応じて論理的には「自覚的一般者」の奥底にあってこれを包み、基礎づけている「叡智的一般者」へと克服されねばならないのである。煩を厭わずに云えば、我々の認識・知識なるものは判断の形成を俟つて完成するのであるから、認識における主客対立の超克は論理的には必然的に「自覚的一般者」の克服を意味しなければならない。真実在を求めての主客対立の克服は、論理的には「自覚的一般者」の「叡智的一般者」への超越を意味するものでなければならない。けだし、主観・客観の対立が解消せられて「真の自己」、そして真実在がリアルに体得・体現されるのは「叡智的世界」においてであるからである。曰く――「自覚的一般者がさらにこれを含むものによつて裏付けられることによつて、之に於てある最後のものが自己自身の中に矛盾を包む意志作用となるのである。是故に、真に意志するものはもはや自覚的一般者に於てあるものではない。所謂意識を超越したものでなければならない。……それは自己自身の中に主観・客観の対立を含むもの、自己自身を見るものでなければならぬ。……それは知的直観的に自己自身を限定するものでなければならぬ」(Ⅴ・一三五)。

結局、「自己自身の内容を限定する」ところの「意志するもの」がまさに「意識を超越したもの」なのである。しかしそれはなお、まだ「主観・客観の対立を含むもの」であるから、主観に即して「知的直観的自己」あるいは「叡智的自己」と命名されたのである。そして引用文の「知的直観的に自己自身を限定する」の意味は、「叡智的一般者」がまさに主客合一せる事態であるから、その限定作用は他を見ることではなく、所詮は「自己自身を見ること」なのである。「判断的一般者においては判断がその限定作用となり、自覚的一般者においては自覚がその限定作用となり、知的直観の一般者においては自己自身を見ることがその限定作用となるのである」（Ｖ・一四〇）。

別言すれば、「自己自身を見る」ことの謂は「ノエシスがノエマを含む」ことであり、「主観の中に客観が没入せられること」である。曰く――「ノエシスがノエマを含み行くといふ方向を進むことによつて、意志を超えた時、超越的対象と考へられたものも自己自身を見るものの内容となる、『在るもの』は自己自身を見るものである。主観の中に客観が没入せられるのである」（Ｖ・一三九）。それゆえ、まだ「我々が対象界を自己に外的と考へる」のであれば、それは「自己が尚叡智的自己に至らず、従つて未だ対象界を包むことができないから」（Ｖ・一九四）なのである。

したがって、先ずは主客合一せる叡智的世界へ飛躍しなければならない。「叡智的自己」「知的直観的自己」を外ならぬこの私において体得・体現しなければならない。

しかしながら、この「叡智的世界」は絶対無比の究極的立場ではない。「……私は知的直観の一般者を以て最後のものと考へるのではない。意識的自己を超越するとは云へ、尚超越的ノエマと超越的ノエシスと対立し、知的直観を以てその限定となす一般者は真に最後の有るものを包むものではない。自己自身を見るものに於て、見るものと見られるものが対立する限り、尚真に自己自身を見るものではない」（Ⅴ・一七二）。

叡智的世界の主体は「叡智的自己」であるが、しかし、これも「叡智的自己」というれっきとした名前と意味を持つ限りはすでにして見られたものであって「自己自身を見るもの」ではない。「真の自己」は認識一切の源底・一切の知見の源点であるから、それはただ、能産的に見ることにのみ終始するものであって命名されうるものではなく、逆に命名する当のそのものであり、判断されるものではなく、かえって判断する当のそのものである。結局、まだ「叡智的自己」という名称を有するということは絶対無たる「真の自己」の底に到達していないことを意味している。「真の自己」を「知識的有」として捕捉していることを証している。それはまだ「真の自己」に直達せず、「真の自己」が「意識的自己」からいわば「有」として傍観され・観想されている段階の痕跡をとどめている。「真の自己」とは「何処までも知識的に有として限定することのできないものであつて、却って知識を限定するもの」であるから、それは一方的・不可逆的に知的名称を産出せるものであって、自己自身は名前を有しない。端的に「無」なのである。有に相対する無なのではなく、有無の次元を超越した「絶対の無」なのである。否、そもそも「絶対無」とすら言えない境位なのであって、その段階は既にいわゆる知の段階を超越した宗教的次元なのである。曰く——「此故に知的直観の一般者といへども尚最後のものではない、更に之を包む一般者即ち絶対無の場所というようなものがなければならない。それが我々の宗教的意識と考へるものである。宗教的意識に於ては我々は心身を脱落して絶対無の意識に合一するのである」（Ⅴ・一七六〜七）。

かくて、西田の自覚の概念は究極的には宗教的覚悟をも意味するものとなった。すなわち、自覚の最終・究極のあり方は判断的知識・概念的知識の創成という知的自覚の段階を超えて絶対無の宗教的次元にまで遡源的に求められたのである。自覚の徹底を通して求められた「真の自己」は「絶対無」という宗教的次元に見出されたのである。西田は云う――「知的直観の一般者をも包み、我々の真の自己がそれに於てあると考へられるものは絶対無の場所ともいふべきものであつて、即ち宗教的意識と考へられるものである」（V・一八〇）。このことを裏から観れば、判断的知識や概念的知識、総じて対象認識一般の可能根拠は「真の自己」たる「絶対無」の場所にあるのであって、諸々の知識・認識は「絶対無」の次元から生起し、そこから限定創出されてくるのである。それが「見るものなくして見る」ということであり、「場所が場所自身を限定する」ということである。一言でいえば「絶対無の自覚的限定」ということである。そしてそこでは、日常茶飯事としての知ることも絶対無の現成なのである。神にも通ずる「真の自己」の出来事なのである。

最後にあえていえば、この境位への参入・「自覚」の極致としての「真の自己」の体得は、禅でいわれる「己事究明」の事態に相応ずるものと云ってよいであろう。つまり、西田の「自覚」の根幹は禅の「己事究明」の事態が換骨奪胎的に哲学に活用されたもの、と見ることができるであろう。しばしば西田哲学の宗教的性格が指摘され、彼の参禅体験が云々されるのであるが、その具体的な一つの哲学的表現が『一般者の自覚的体系』、とりわけ、対象論理を超えた「叡智的世界」および「絶対無」の論理の樹立と云ってよいであろう。それは通常の哲学的知解の段階を超えるものであって、いわば、「般若の智」の哲学的表現と見ることができるのである。しかし、これについては別途詳細な考究を要するであろう。

（一九九六年）

註

①高橋里美　『認識論』　一三七〜二二〇頁参照
②フィヒテ『全知識学の基礎』（木村素衛訳）所収「西田博士序」
③高橋里美　前掲書一八六〜七頁
④フィヒテ　前掲訳書七一頁
⑤土井道子「フィヒテ的自覚の根本構造」参照（『覚と他者』所収）
⑥フィヒテ　前掲訳書七二頁
⑦・⑧フィヒテ前掲訳書一〇一〜七頁
⑨沢田允茂『現代論理学入門』七八頁
⑩高坂正顕『西洋哲学史』八九頁
⑪西谷啓治『宗教とは何か』一三〜一五頁参照

第六章　師弟の対決……西田の「絶対無の自覚」と田辺の「絶対弁証法」

〔一〕

「西田先生の教えを仰ぐ」――この表題の下、京都帝国大学文学部教授田辺元は昭和五年『哲学研究』第一〇七号において西田哲学に対して初めてその批判の矢を放った。それは西田の著書・『一般者の自覚的体系』にみられる思想に対して田辺の抱く「根本の疑問を極めて率直に述べた」ものであった。

『働くものから見るものへ』を刊行した翌年の昭和三年から五年にかけて、西田は「所謂対象認識界の論理的構造」、「術語的論理主義」、「自己自身を見るものの於てある場所と意識の場所」、「叡智的世界」、「直覚的知識」、「自覚的一般者に於てあるもの及それとその背後にあるものとの関係」、「一般者の自己限定」などの諸論文をやつぎばやに発表、それらをのちに加筆・添削して『一般者の自覚的体系』と銘打って一冊の本に上梓したのであった。通例のように、この本に収録された一連の論文は『哲学研究』や『思想』に掲載されたもので、田辺自身は「すでにこの書に収められた諸篇のおのおのが雑誌に発表された都度、自己の了解に余る疑問をもつて先生を煩わし、親しく先生の懇切なる教えを厚くした」という。

実際、田辺は西田の聴講者の一人で、講義が済むとよく西田に質問をしたという。田辺の同僚であった天野貞祐はこう述べている――「時として御両人とも熱中されて議論が激しくなり、側で聞いているわたしなどはなんとか早く済んでくれればと思う場合もありました。田辺博士の議論は厳密徹底的で妥協をゆるさず、西田先生にとっては必ずしも愉快ばかりではなかったと想像されます。田辺先生としては西田先生の実力を信じ、尊敬しておられるから、遠慮などする必要はないと考えられたことでありましょう」(『田辺哲学とは』・二五六)。このような講義後の質疑応答、「それにもかかわらず、今この書を全体として通読するにおよび、依然として難解の疑問に苦しめられざるを得ない」ので、同じような疑問を懐く同学の士のためにも「自分の疑問を開陳公表して公に先生の教えを仰ぐ」ことを敢行した、というのである(①)。(以下、この論文を《批判》と略記。なお文中の傍点は筆者のもの)。

田辺の批判は、いわば形成過程・建設途上の西田哲学への批判であったといえよう。それは未完成の西田哲学への批判であった。事実、この段階における西田哲学の中心的課題は認識の論理的構造を究明することにあって、まだ弁証法の問題、行為や実践の問題、歴史や社会など現実世界の問題、さらには宗教の諸問題を真正面から取り組んではいなかったのである。もっとも田辺の場合も同様であって「田辺哲学」の成立を画するとされる『種の論理の弁証法』も『懺悔道の哲学』もまだ立論されていなかった。しかしながら、田辺の批判の対象になったのは外ならぬ西田哲学の立場そのものであって、決して過程的・過度的な思索ではなく、そこには極めて重大な問題が包含されていたのである。すなわち、批判の核心は西田哲学における宗教的なるもののあり方に関するもので、絶対的なる宗教と相対的反省の場の哲学のあり方、その関係を巡っての問題なのであった。

田辺によれば「宗教はすべての動を包む絶対の静であるのに対し、哲学はあくまで静を求むる動」なのであるから、「哲学と宗教とはその本性上合一すべからざるものといわなければならぬ」。にもかかわらず、西田哲学にあってはいわば「哲学の宗教化」が見られ、哲学が「宗教的自覚」である「最後の不可得なる一般者を立て、その自己自身による限定として現実的存在を解釈することは、哲学それ自身の廃棄に導きはしないか」というものである。つまり、西田哲学では「絶対無の自覚」が高調されてこれが哲学の根本原理となっているのであるが、田辺の見るところでは「かかる絶対無の自覚はいかなる点においても現前し得る宗教的体験としてのみ認められるのであつて、現実の種々なる立場を全体として組織する哲学体系の原理たるべきではない」と論評するのである。「絶対無の自覚」という宗教的体験、それは確かに「微分原理としては、哲学の立場からもかかる宗教的自覚が承認せられなければならぬけれど、同時にそれが哲学的自覚の積分原理たることは許されない」。なぜなら、哲学の立場は「あくまで現実に立脚してその生ける地盤を保持し、その地盤に即した極微的課題的ノエシス化、精神化主観化ないし自覚を求めること」なのであるから、この哲学的立場・その方法を無視して、「既成的に自覚せられたる諸段階の一般者の累層構成をもつて哲学となすこと」は哲学の立場そのものを廃棄に誘導しないのか、という強い疑念なのである。

そこで、我々は主として批判の中核をなす宗教的覚悟としての西田の「絶対無の自覚」の概念をとりあげ、これがその哲学にあってはいかなる事態を証示するのかを正確に理解し、その上で田辺の批判が果して正鵠を得た内在批判であるのかどうかを検討することにしよう。また、これに関連して、西田・田辺の哲学的立場の相違は一体那辺に由来するのであるのかを探究してみよう。

〔二〕

田辺によって、「もし哲学がこの宗教的立場を自己の立場としようとするならば、それは必然に自己廃棄の運命に陥らなければならぬ」と論難された西田の絶対無の自覚、それはたしかに宗教的覚悟・内的生命の体験を内包しこれを表白する概念ではある。それは、一方において禅の「見性成仏」にも通づる西田個人の宗教的体験の概念化を推測せしめるもので、「宗教的自覚」であり、「宗教的真理」であることは疑いを入れない。しかしながら、他方、絶対無の自覚は先ずもって確固とした哲学の概念であり、しかも勝れて広義の認識論的概念なのである。そこで以下、我々は先ず絶対無の自覚が有力なる哲学の一概念であることを簡潔に確認してみよう。絶対無の自覚の哲学的側面を概観してみよう。

西田の「絶対無の自覚」、それは単純素朴に言えば、主客合一の純粋経験においての知識成立のことである。「直接経験」においては唯独立自全の一事実あるのみであって、そこには「見る主観もなければ見られる客観もない」のであるからこの事態が「無」とされ、後年、認識論的判断論を考究するに至って、その究極的「無」の次元においての論理の成立を「絶対無の自覚」と呼んだのである。すなわち、既述のように西田は知るということを広く「自覚」と捉えたから、自覚の成立形成もまた「無」の境位から捉える必要があった。たしかに「自覚に於いては知るものと知られるものとが一である」が、しかし両者は同位同格ではなく、「知るものは知られるものに対して高次的でなければならぬ。……知るものは何処までも対象化することのできぬものでなければならぬ……知るものは知られるものに対して、無といふべきものでなければならぬ。苟も対象的に見られるもの、主語的に考えられるものに対しては、無といふべきものでなければならぬ」（V・四二二）として、真に「知るもの」の認識のありかたを「絶対無の自覚」と称したのである。

また、西田は知るということを論理的には「包摂判断」の形成と考えたから、知識の成立を「知るものは知られるものを包んで、之を自己の中に限定することである」とし、さらに真に「知るもの」が「無」であることから、知ること・認識することは「無にして有を限定する」ことであるとなした（同上）。これを「場所」と関連させて云えば、知るということ・「自覚といふことは場所が自己自身の中に自己を限定するといふこと」であり、先の「無」の現出とは「場所と之に於いてあるものとが一であることを意味するのである」（V・四二三）。したがって、「無」の成立とは「包むものと包まれるものとが同一なること、場所と〈於いてあるもの〉とが同一である」ことである（V・四二五）。それゆえ、認識の成立とは「包むものと包まれるものとが同一である」「無の場所」の自覚的限定であり、「見るものと見られるもの」との合致である「無」がその無の場所に「於いてあるもの」を包摂し限定することである。端的には「無にして有を限定する」ことなのである。

結局、判断論理の形成は〝無による有の限定〟であって、それはまた、「無」たる「場所の自覚的限定」ということでもあり、「見るものなくしてみること」である。そしてそのこと、つまり、「見るものなくしてみるといふことは〈自己〉が〈自己に於いて〉となることである。即ち場所其者となることである」（V・四二七）から、知るということは場所が場所自身を見ることで、それが「絶対無の自覚」なのである。

ところで、西田は無の自覚的限定の在り方を自覚の深度に応じて「判断的一般者」・「自覚的一般者」・そして「叡智的一般者」による限定の三段階に区分した。「判断的一般者」の限定とはいわば素朴実在論における認識のあり方のことで、そこでは認識の主体は考慮されず、存在はすでに自明の前提として与えられている。つまり即自態における認識である。これに対し「自覚的一般者」の限定とは当の認識主体に自己反省があり、客観態の存立はこれを志向する認識主観あって始めて可能である、と捉える立場である。つまり対自態の認識である。

ところで、これら二つの認識のあり方は、そこに認識主体の自覚のあるなしの相違があるが、知るということがいずれも認識主観つまり「判断的一般者」および「自覚的一般者」の作用として捉えられている。「見るもの」としての〝認識主観の作用〟と捉えられている。よって、これらの段階の判断は「見るもの・見られるもの」のない西田の実在次元に立脚した立論ではない。絶対無に根拠した判断論理ではない。それゆえ彼はこれらの一般者の根柢に「知的直観の一般者」すなわち「叡智的一般者」を構想したのであった。「判断的一般者」はいわば「叡智的一般者の」ノエマ側にあり、自覚的一般者」はそのノエシス側のものである。「私は判断的一般者を包むものとして自覚的一般者を考へ、自覚的一般者を包むものとして知的直観の一般者といふものを考へた。知的直観の一般者から見れば、之に於いて包まれたものは、之によつて基礎づけられたものである」（一七〇）。

問題は、「絶対無の自覚」と上の三者の関係である。再三いうように、西田は知るということの成立を「見るもの・見られるもの」のない絶対無の次元から捉えたから、判断成立の基底を同じ絶対無の場所に措定し、そこから上記の判断者の限定を考究したのである。つまり、「判断的一般者」「自覚的一般者」「知的直観の一般者」はそれぞれ固有の名を有する限りいまだ「見られるもの」にとどまり、「見るものなくして見る」という認識成立根源の絶対無の次元に到達していない。そこで、これら三者の根底に、これらすべてを基礎づけ得る「絶対無の自覚」を考えたのである。「……すべての一般者を包む一般者の限定といふのは、無にして見る自己のノエマ面的限定の意味を有つて居なければならぬ、最後の一般者と考へられるものは絶対無の自覚のノエマ面的意義を有つて居るのである。我々のすべての生命の内容は此に映されねばならない」（Ｖ・四三八）。

以上、我々は西田の絶対無の自覚がいかなる事態を示したものかを概観した。それは物を知るということの真の在り方を捉えた概念と云ってよい。認識の形成・知識の成立は主観が客観を模写することでもなければ、単に主観が客観を構成することでもない。そうではなく、認識論的には云わば自覚的大我たる実在の自己分節による主観・客観の成立、そして判断論理的にはこの認識の段階を踏まえての判断的一般者による主語・述語の樹立、この一連の働きが認知の形成なのである。この一連の働きは作用面をみれば個々人の自覚なのであって、その自覚の在り方を極致にまで遡源して捉えたのが絶対無の自覚なのである。曰く――「自己が自己に於て自己を見るといふ自覚的限定の極限に於て、見るものなくして見る自覚に至つた時、かかる自己のノエシス的限定と考へられるものは、我々の内的生命の内容といふべきものであらう。無論真に絶対無の自覚の立場に至れば、見るものもなければ見られるものもない、心即是物・物即是心と云はざるを得ない」（V・四四二頁）。

〔四〕

田辺の批判の矛先は主に今まで述べてきた「絶対無の自覚」に向けられたものであった。それは田辺の立つ哲学的立場そのものからの絶対無の概念に證示される宗教的なるものの拒否なのである。すなわち、確認すれば――哲学は「あくまでも静を求むる動」であって、その方法は、どこまでも現実的生に立脚し「その地盤に即した極微的課題的ノエシス化、精神化主観化ないし自覚を求めること」にある。この哲学の立場からすれば、「絶対無の自覚」といった宗教的自覚は「すべての動を包む絶対の静」であって、それは「与えられたるもの」ではなくして「求められたるもの」・「イデー」たるべきものなのである。にもかかわらず、哲学の立場にそのような宗教的自覚を取り入れてこれを体系化することは、これを最後の一般者として定立することになり、その哲学の内容は「絶対無の自覚」による限定として諸段階の一般者とそこにおける存在とが秩序づけられる「一種の発出論的構成」になって、「哲学それ自身の廃棄に導きはしないか」――というものである。換言すれば、「絶対無の自覚」という宗教的自覚を哲学の終極原理として掲げれば、哲学の内容はこの「絶対無の自覚によつて、すべての段階における一般者とその於てあるものとが、ノエシス的に自己に化せられるとともに、すべては影の存在に変じ、ただ静視諦観の光に包まれて、生のままなる現実とか行為とかいうものが、まつたくその本来の意味を失うこと」になるのではないか、という疑念である。

さて、今や我々は如上の田辺の批判が果して正鵠を得た内在批判であるか否かを検討する段階に至った。ところで、その際に最も肝要なことは、田辺が西田の「絶対無の自覚」を真の意味において理解していたかどうかである。西田の意図する方向に沿ってその真意を了解していたかどうかである。田辺は《批判》の中でこう述べている――「自覚とは自己が無になることであろう。真に生きることは死することでなければならぬであろう。……生きることは死することであり、自己が自己になることはすなわち自己が無になることでなければならないのである。この存在の奥底に横たわるところの自己否定的すなわち弁証法的なものが、われわれの反省的自覚をすべて弁証法たらしめる」のである……「しかるに宗教的自覚はこのような弁証法的なるものを絶対的に止揚するところに成立する。それは生きながら死することであり、自己が有りながら自己がないことである。否完全に死せるが故に完全に生き、まつたく自己が無くなるが故に一切の有が自己なるごとき境地ともいうべきであろう」。

我々が上述してきたところとこの文面を比較するならば、これが西田の「絶対無の自覚」を十全に理解した上でのものとは思われないであろう。冒頭に田辺は「自覚とは自己が無になることであろう」と述べているが、その言が西田の自覚の極致たる「見るものなくして見る自己」、「無にして

見る自己」、「無にして有を限定するもの」など、「絶対無の自覚」を正確に理解してこれを説明したものとは思われない。むしろ、この文面全体から窺われる「無になること」とは私心を捨てて無心になること、私利私欲を放擲して無我に生きることの意味にとれる。つまり、この引用文が示している自覚は哲学上の認識論的原理というよりは、むしろ道徳的実践的な信念であり、倫理的決意・宗教的心情のニュアンスが濃厚なのである。事実、最後のところで正直にも宗教的自覚（田辺が絶対無の自覚を解釈した意味でのそれ）は「まつたく自己が無なるが故に一切の有が自己なるごとき境地というべきであろう」と云っている。

すでにみたように、西田の絶対無の自覚すなわち「無にして見る」とは認識活動の極致のあり方を示すものであって「対象的に見られた自己がなくなる」その地盤でこそかえって真に知るということが生起するということなのである。それは先ずなによりも認識論的な哲学の原理なのであって、単に無心になり、私欲を捨てて無我の「境地」になるということではない。もちろん、このような死して生きるということと全くの没交渉ではないが、しかしそれはなによりも認知形成の終極的原理なのであって、単なる道徳的・宗教的「境地」ではない。絶対無の自覚それ自体のあり方は認識主体・判断主体を真の主体の只中に捉えたものであり、知るものとしての真の自己の働きなのである。その限りで田辺の説くような道徳的主体・倫理的主体にもなり得る自己であり、「無になる」という宗教的心条に生きうる自己なのである。そしてそのような「真の自己」はあくまでも見られることなき見るものそれ自体であって、絶対に客体化されず、対象化されることはありえない。したがって「自己」とすら命名されることはない。客観化され、ノエマ化されて命名されれば、その自己はすでに「対象的に見られた自己」であり、意識によって捕われ、理知によって囚われた自己でしかない。我々の本来の自己はそうではなく、意識を意識とし、知を知とする自己なのである。あらゆる思惟的範疇から超脱し、ノエシスのさらに此方に超出した「真に見る自己」・「見るものなくして見る自己」なのである。日々新たに現実の生を営んでいる我々の自己は、実在の次元の相の下すなわち「絶対無の場所」においてはこのような透脱自在な自己なのである。自己は通常の自己そのものであって、これと寸毫も変わることない自己でありながら、そのままで絶対無の現成なのである。曰く――「知るものは何処までも対象化できぬものでなければならぬ、苟も対象化せられるかぎりそれは知るものではない。かういふ意味に於ては、知るものは知られるものに対して、無と考へられるものでなければならない、苟も対象的に見られたるもの……主語的に考へられたものに対しては、無といふべきものでなければならぬ」(V・四二二)。

結局、真に「知るもの」は無の現成なのである。逆に無の一限定が「知るもの」なのである。西田のこの文面と先の田辺のそれとを照合する限り、田辺が「絶対無の自覚」を完全に了得していたとは思われないであろう。西田にあっての自覚の極致たる真に知ることとは「知るものなくして知る」ということであって、この事態を「絶対無の自覚」と捉えたのである。したがって、田辺のいう「それは生きながら死することであり、自己が有りながら自己がないことである」ということとは本質的に別な事柄である。それは無我たらんとする宗教上の信条ではなく、無心に生きようとする宗教的決意でもない。田辺は、「まったく自己が無なるが故に……」と述べているが、真実のところは「自己が無」なのではなく、逆に「無が自己」なのである。自己こそはかえって無の現成なのであって、決してこの逆ではない。そこには通常の見方の転換がなければならない。狭義の自覚的一般者から叡智的一般者、さらに絶対無の一般者へ転入するような生命の転換がなければならない。それゆえ、「絶対無の自覚」は単なる「境地」ではなく、むしろ認知成立の根本原理なのである。そして、西田の自覚的体系に則って直截に云えば、無心に生きようとする宗教的境地やその信条も、これが生成してくるそのことがそのままで絶対無の自覚なのである。単に知ることだけではなく、意欲や決意、行動も、実践も、人間の営為すべてがこの絶対無の自覚の現成であり、その表出なのである。

以上のところからは、少なくとも田辺が西田の「絶対無の自覚」をその真意において理解していたとは思われないことが窺知されたであろう。そこには一種の錯誤があることが判明したであろう(②)。もちろん、絶対無の自覚は後述するように宗教的覚悟であり、宗教的真理である。したがって田辺の理解したような宗教的境地を示すこともあろうが、それよりも何よりも、それが哲学的認識論的原理であることを先ずもって知るべきである。

このような田辺の誤解ないし錯誤は西田の「場所」の概念に関しても見受けられるのである。そこで、次に田辺は「場所」をどのように理解していたのかを検討してみよう。いわゆる「場所」について田辺はこう論評している――「したがつてそれ(絶対無の自覚)は絶対無の場所が場所自身を限定したものと考えられるのである。その限り先生の自覚的体系においては、最後の一般者が単に求められたものとしてではなく、与えられたものとして存するのである。私はこの点において根本の疑問を懐かざるを得ない……しかし私の考えるところによれば、場所は自発的に自己を限定するものではない。逆に限定によって始めて場所として現われるのである……しからば場所は限定によって始めて場所となるので、限定と独立にそれに先だってこれを限定するものとして場所を考えることはできぬであろう。場所が自己自身に含まるる限定の原理によって、自発的に限定をなすとは言われぬであろう」。

西田の「場所」とは、田辺の批判するように単に「与えられたもの」ではない。なぜなら、それは主客対立の場を超克せんとして「求められたもの」だからである。それは二元的相対の立場を克服せんと相対の立場の此岸に求められた実在の次元を面的・地平的に捉えた概念だからである。主観・客観が共にそこから生成由来し、共にそこにおいて成立する根源的地平の謂であり、外ならぬ自覚が生起するその源底のことなのである。再三繰り返すように、「自覚とは知るものが知るもの自身を知ること」である。しかし「知るもの」といっても「知るもの」の名称を有する限り、それは「知られたもの」でしかない。それゆえ真に知るものは「知るもの」の境位をさらに此岸の方向に超出し、逆にその地平より自己を「知るもの」と限定している当のそのものなのである。それはもはや「無」としか言いようがない。かくて「無にして限定するもの」が真に知るものすなわち無の自覚なのである。そのような「無にして限定する」意識の働きを作用的にではなく、構造的平面的に捉えたものが「場所」の概念に外ならない。換言すれば、物を知るとは意識によって対象を包むことである。しかしその場合、意識が意識の外なる対象物に働きかけて知に至るということではない。西田のいう「意識する意識」がまさに働くとき、意識の外延的広袤においてすでに対象物は摂取・包括されているのである。意識の働きは点的ではなく、面的であり、目前の世界を背後から主観的自己に向って平面的に切り拓くのである。「場所」とはそのような広袤的外延的な意識のあり方を構造的平面的に命名したものに外ならない。もとより、その意識が「意識された意識」ではなくして、「意識する意識」であることは云うまでもない。結局、実在の次元における「意識する意識」を認識論的立場から作用的・過程的に把握したのが自覚であるとするならば、意識の広がり、その包容性に注目してそれを空間的領域的に捕捉したものが「場所」と云って大過ない。かくて、自覚すなわち真に知るものはつねにすでに世界に開かれており、世界を背面から照射して世界を世界たらしめているのである。西田は云う――「更に意識現象を無限なる過程と見て、本体なき純なる作用と考へても、それは既に対象化せられたもので、真に知るものではない。真に知るものは、何処までも範疇的に限定せられるものでなく、而も範疇的に限定するものでなければならぬ。斯く考へるならば、真に知るものと考へられるものは、私が上に云つた超越的述語面とか場所とかいふものでなければならぬ……普通には、作用として対象化せられたものを自己と見ているから、之を包むもの、私の所謂場所といふようなものは見られないで、却つてそれが超越的なるものと考へられるのである。併し真に知るものから云へば、場所其者が真の自己」なのである（V・四二三頁）。

要するに、「場所」とは「真の自己」の意味であって、認識論的に「真に知るもの」を空間的平面的に表現したものに外ならない。実在の次元における主客合一のいわば〝大我〟を構造的に捉えたものと云ってよい。認知の形成は世界の外に立ち、そこから世界に点的に切り込んでこれを知るということではない。そうではなく、存在論的には世界の内にありながら、逆に意識的認識論的には世界の外に立っているこの我が、眼前の世界を我々の意識の無限の広袤において内包し世界たらしめ、客観的事象として生成せしめ、もって認識・知識の形成を導出するのである。「場所」とはこのように世界を成立せしめ、その認知の成立を導く意識の拡がり、意識の包括面を指すものに外ならない。

以上の場所の概念と《批判》に示された田辺のそれの見解とを比較してみれば、そこにはやはり明瞭な相違があることがわかるであろう。「場所」は目前の世界を背後から切り取って認知を導出する「意識する意識」の平面的源底なのである。論理的に云えば田辺の立場も含む対象論理がそこから生成する根源的な地平なのである。「場所」とは、内外を超越せる「真の自己」が己自身を知るために主語・述語へと自己を分裂せしめ、これによって命題が可能となることを空間的に捉えた概念なのである。そして認識し判断するものはこの現実に生存している我々自身に外ならないのであるから、田辺の「場所は限定によつて始めて場所となるので、限定と独立にそれに先たつてこれを限定するものとして場所を考えることはできぬであろう」との批評が西田の云う「真の自己」を捕捉しているとは思われないのである。限定それ自体がどこかで作動する訳ではない。神なるものが存在してこれが限定するというならいざ知らず、限定すなわち知覚・認識し断案し知を形成・体系化する主体はあくまで人格としてのこの我々以外にない。このような人格的自我を判断形成の原理となしたのが「場所」なのである。したがって、「場所は自発的に自己を限定するものではない」・「場所が自己自身に含まるる限定の原理によつて、自発的に限定をなすとは言われぬであろう」との田辺の批判は西田の「場所」の概念に沿ったものとは云えない。先に指摘したように、「場所」とは主客が交叉することによって認知が生成する地平であり、「真の自己」の限定によって判断が樹立するその原理的場なのである。いわば認識、判断する主体としての人間の根源的意識活動を作用面ではなく構造的に捉えて空間化した概念なのである。したがって、例えば田辺の《批判》が至当であると否とを問わず、そのような論評それ自体も所詮は西田のいう「絶対無の場所」において生起したものであり、「場所」の一つの限定として発現したものなのである。我々は前に田辺が《批判》を開陳公表するに至った動機を小論の冒頭で紹介したが、西田の自覚的体系からみれば、そのこと自身、田辺が自覚した・しないにかかわらず、概念・「場所」が「自発的に限定」した結果なのである。現実の世界では田辺という人格ある者が「公に先生の教えを仰ぐの可なることを思う」に至って批判したのであるが、それは西田から云えば、「絶対無」の現成としての田辺その人の奥底において「絶対無の自覚」が生起したからなのである。したがって、「限定と独立にそれに先たって場所を考えることはできぬであろう」との田辺の批判を認めるならば、西田の自覚的体系の上では田辺その人を否定することになる。この「西田への批判」も出現し得ないことになる。

次に我々は、田辺の批判する西田哲学の「発出論的構成」云々について検討してみよう。

田辺は、「先生の説かれる場所は無の場所であつて」、「実際宗教的自覚においてかかる最後の一般者がいわゆる随所に主となる我として現前するのであろう」とする一方で、「しかるに哲学の立場から絶対無の自覚が思惟せられるときには、それより具体性を減じた被限定的存在を包み、それの自己自身による自覚的限定としてこれが理解せられるごとき最後のものとして定立せられるのである。それはかかるものとしての Sosein を有するのでなければならぬ……これは正にプロティノスの一者から順次に drei Hypostasen が思惟せられたのと軌を一にするものではないか」と評論し、西田哲学が「発生論的構成」ではないのか、と指摘するのである。

これまでのところから推測できるように、「絶対無の自覚」ないし「絶対無の場所」は「最後の一般者」といわれても、それは必ずしも発出論的意味における最終究極の根源的一者ではない。我々の通常の認識のあり方・判断形成のあり方を究極の相の下で認識論的概念で證示すれば「絶対無の自覚」としか云いようがない、ということなのであって、決して単なる「一者」ではない。たしかに、西田は認知の形成・判断の樹立を絶対無の極限にまで推し進めて、それ以下の判断形成のあり方すなわち「叡智的一般者」、「自覚的一般者」、「判断的一般者」などの限定すべてを、この「絶対無の自覚」の一つのあり方として「絶対無の場所」において生起すると説くのであるから、「発出論的構成」と疑われてもある面では止むを得ない。事実、西田も『一般者の自覚的体系』の後半・最後の方に至ってこの論理的一般者の世界を狭義の「行為的一般者」や「表現的一般者」の世界と云い換え、広義の行為的一般者の世界をノエシス的限定からノエマ的限定の方向に「自由意志」以下「意味了解」に至るまでを排列・秩序づけ、「遂に宗教的体験に至つてノエマ的限定は失はれて絶対無の自覚に入るのである」と体系づけているのであるから、一面では、発出論的な構成と云われうる側面はある。「発出論」ではないが、多少、「発出論的構成」にはなっている。しかしその解釈には条件をつけねばならない。その但し書とは、最後の一般者たる「絶対無の自覚」は他の一切の存在を「流出」し、他の段階を産出するといった意味での根源的一者ではない、ということである。種々の世界における多様な認知・判断の形成をば認識論的反省を加えてその究極のあり方を洞察した結果、これらすべては「絶対無の自覚」として一つの概念に定式化できるということであって、それは断じて万物の母としての根源的一者ではないのである。もし発出論を以て「一即全・全即一」的に一者が他のすべての存在の流出的根源であり、その母胎であると解するならば、そういう意味では西田哲学は発出論ではない。「絶対無の自覚」と他の一般者との関係は「一即全・全即一」ではなく、むしろ「一即多・多即一」というべき関係である。一つ一つの認識・一つ一つの判断はそれぞれ独自独特な認知・判断であって、それらが絶対的唯一神のような最後の一者に収斂統合されることはない。そうではなく、各人における一一の認知・判断はそれが拠って立つ根底を洞見すれば「絶対無の自覚」として一つの概念に定式化できるということであって、その地盤から見れば一一の判断・一一の命題はその個別性・その特殊性を持ちつつ「絶対無の自覚」の現成なのである。一つ一つが比類なき意味を持つ「絶対無の自覚」なのである。様々な世界の場面で個々の人格によってなされている一一の覚知・一一の認識は、真実在の次元すなわち絶対無の場所から見ればそれぞれの認知でありながらそれぞれ「絶対無の自覚」の一表現として現成しているのである。一つ一つが精粗深浅の差はあれ、「絶対無の自覚」として成立しているのであるから、その共通せる面を学問上統一的に捉えて「絶対無の自覚」と形式化したのである。それゆえ最後の一般者といっても、それは万物がすべてそこに収束し、そこから流出・出現する根源としての一者ではなく、種々の論理形成の総括的形式的な原理という意味である。認知形成の形式的統一的な究極原理であって、全存在がそこから産出されるような万物の母としての一者ではない。したがって、先の田辺の「絶対無の自覚によつて、すべての段階における一般者とその於てあるものとが、ノエシス的に自己に化せられるとともに、すべては影の存在に変じ、ただ静視諦観の光に包まれて、生のままなる現実とか行為とかいうものが、まつたくその本来の意味を失う」のではないか、との批評も的を射たのとは云えないであろう。否、それどころか絶対無の立場は「生のままなる現実」や個人の「行為」の成立・その生成を根本から捕捉する場であるから、生一般にそれぞれ所を得さしめ、その意義を賦与し、根拠づけるのである。この立場は人格としての個々人の一一の認知・判断形成、したがってこれに基づく行為行動そのものも、そのつどそのつど「絶対無の自覚」の現成として絶対無の場所において生起していると思量するのである。もちろん、この時点で西田はまだ生における否定的なるものの媒介によって認知が成立するといった弁証法的思惟を正面から検討・論理化していず、その限りで知の生成の根拠づけは不十分ではあるが、認識・判断がいかにして成立するかの原理は明瞭に与えられているのである。これを西田自身がするように図解によって示せば、「絶対無の自覚」、それは〝周辺なくして全る所に中心を持つ無限大の円〟、ということになるであろう。一人一人の人間が無限大の円なのである。「発出論」における根源的一者と他の存在との関係は「一即全・全即一」なのであるから、これが円錐形のように示されるとすれば、絶対無の自覚と他の一般者との関係は「一即多・多即一」なのであるから、随所に中心を持つ無限大の円であろう。円が成り立つためには中心がなければならぬ。中心はこれすなわち個々人における「絶対無の自覚」に外ならない。付言すれば、田辺は「宗教としては絶対無の自覚として立場なき立場といわれるのも、それが哲学体系の終極原理を与える立場となるとき、かえってそれ以下の被限定的抽象的なる立場を、その限定として理解せしむべき一の立場となり、決して立場なき立場に止まることができないのではないか」と評しているが、上述の所から、この評言も妥当ではないことが察知できるであろう。各自が絶対の個として〝周辺なくして到る所に中心ある無限大の円〟なのであるからそれは「立場なき立場」と云ってよい。形式からみれば、確かに西田哲学は一つの立場に立脚する哲学である。しかしその内容からみれば絶対無を説くその哲学はやはり「立場なき立場」の哲学と云ってよい。田辺自身にあっては宗教的なる「絶対無の自覚」がなお「敬仰の念」の対象であり、その限りで求められるべき「一つの立場」なのであるが、西田にあっては、「絶対無の自覚」のあり方は「一即多・多即一」であるがゆえに「立場なき立場」なのである。

〔五〕

今まで我々は、絶対無の自覚が何よりも確固とした〝哲学の概念〟であることを強調し、その上でこれに対する田辺の批判が必ずしも正鵠を得たものではないことを検証して来た。

そこで、次に我々はこの「絶対無の自覚」が他面においては有力な〝宗教的概念〟であることを確認し、田辺のこれに対する論評が正当なものか否かを検討してみることにしよう。絶対無の自覚という概念の宗教性に焦点を合わせ、田辺の批評が果して妥当なものか否かを吟味してみよう。もとより「絶対無の自覚」を哲学・宗教と両面に分断するのは無理ではあるが、とりあえず試みてみよう。

「絶対無の場所」の宗教性について西田はこう述べている——「叡智的世界に於てある最後のものが自己自身の中に矛盾を含むと云ふことは、同時に自己の中に自己超越の要求を蔵することを意味する、即ちその背後に之を越えたもののあることを意味するのである……此故に、知的直観の一般者といへども、尚最後のものではない、更に之を包む一般者即ち絶対無の場所といふようなものがなければならない、それが我々の宗教的意識と考へるものである」（Ⅴ・一七六—七頁）。

主客合一の真実在の次元たる絶対無の場所が宗教的意識の場であり、したがってそこに成り立つ絶対無の自覚がこれまた宗教的自覚であることは右の引用文から明らかに確証できるであろう。また、こうも云っている——「……そこに私が無にして見る自己のノエシス的限定と考へる所以のものがあるのである。此の如く外を内となすといふ方向を何処までも進めたものが、私の内的生命と考へるものである。その極限においては、もはや翻つて之を自己の行為と見ることはできない、即ち行為を超えた内的生命といふものがなければならない。それが絶対無の自覚として宗教的生命と考へられるものである」（Ⅴ・四一四）。

田辺も当然西田が説くこのような「絶対無の自覚」が「宗教的体験」であり、「宗教的自覚」であることは十分了知はしていた。田辺が「もとより私も、形有るものは形無きものの影という観念論を全く解せないのではない。ことに無にして見るという東洋流の宗教的自覚に対しては、みずから到り難き高き境地として渇仰の念を懐くものである」と告白する通りである。問題は、田辺がどの程度の意味において了解していたかである。西田の思惟に即した理解であったかどうか、である。先の田辺の絶対無の自覚について述べた説明を再度取り上げるならば、そこではこう云われている——「自覚とは自己が無」になることであり、「真に生きることは死することでなければならぬ。……しかるに宗教的自覚はこのような弁証法的なるものを絶対に止揚するところに成立する。……それは生きながら死することであり、自己が有りながら無いことである。否完全に死せるが故に完全に生き、全く自己が無なるが故に一切の有が自己なるような境地というべきであろう。ここにおいては双関規定というごときことを容れる余地はない。何となれば規定するものも規定されるものも無い絶対一如の立場だからである。……西田先生の絶対無の自覚と呼ばれたものはかかるものであると思う」。

ここから容易に推察できることは、田辺はその思惟的基調において「絶対無の自覚」という宗教的覚悟を哲学という立場の枠内で理解しており、しかもそのような宗教的自覚は双関的弁証法的なるものの絶対止揚において成立するものと理解していた、ということである。西田の「絶対無の自覚」は「双関的規定というごときことを容れる余地はない」絶対一如の境地であるとしているが、これも宗教的自覚が宗教性そのものから捉えられているのではなく、「双関規定」という用語から弁証法的思惟の延張上に考えられていることがわかる。もっと強調して云えば、宗教それ自体の立場からの了得ではなく、哲学の立場からの一種観想的な宗教理解になっているということである。「宗教はすべての動を包む絶対の静」であり、「すべての動を静化する立場である」と高説しているが、これも弁証法の「合」における止揚と考えればその意味がよく理解できるのである。要するに、田辺は西田の宗教的立場を拒否してその「思想の特色を無視せんとする者では勿論ない」。「有の自覚ならぬ無の自覚の特性も無視して」はいないし、宗教的体験としての「絶対無の自覚」が「現実のいかなる点においても現前しうる」ことは認めている。

しかし、田辺が弁証法的思惟から離れた宗教そのものの立場に立って、西田の宗教的自覚を真底了悟していたかどうかは疑問なのであって、その理解は一定の固定した哲学の立場からの観想的なものと推測せざるを得ないのである。このことは以下の事態からも推知できるであろう。すなわち田辺は、宗教的自覚は哲学の立場では「無限に求めらるるイデー」であると主張しているが、そのことは裏から云えば、田辺にとってはまだ宗教が「渇仰」のものでこそあれ、自己の外なるものであって自己自身のものになり切っていない、ということを意味している。宗教が自己の中に完全には内面化されていず、なお自己の彼岸にあるということである。その事態は宗教そのものの立場から云えば、自己自身の「脚下照顧」がなされていないということであって、田辺個人にとって本当の自己・本来の自己がまだ体認・体得されていない、ということなのである。自覚がまだ「見られた自己」の段階に停まっているということなのである。というのも、宗教本来の一大要諦は何よりも個々人が自己自身の真の生命を生きることであって、生けるこの自己自身がいったい何者なのかの徹見が必要不可欠なのである。外ならぬ自己自身の内省・自己の内面への究徹こそが宗教の精髄だからである。西田が「かかる矛盾を脱して真に自己自身の根底を見るのが、宗教的意識である」（V・一七五頁）とする所以である。

しかしながら、ここで強調されるべきは、自己の探求は一面において哲学の本質でもある、ということそのことである。哲学という立場は実は反省の立場であり、批判の立場であって、その反省・批判はとうぜん自己そのものをも対象となすからなのである。すなわち哲学はギリシアにおける成立以来、根源探究の学であったが、その根源探究は特に近世に至って真理如何を認識する主体を対象とし、自己そのものの探究に向ったのであった。近代哲学の特色はその認識論的傾向にあるが、それは世界の根源を外なる客観ではなく、内なる主観的自己に求めたからに外ならない。主観の認識によって存在が確保されると考えたからに外ならない。デカルト、ロック、カント、ヘーゲル等の哲学はそのいずれもがいわゆる主観の立場に究極の根源を見出そうとしたものと云って大過ない。そして外ならぬ田辺も《批判》から二年後に著わした『哲学通論』の中で哲学の一般的立場を明確にこう断言している――「主観の自覚を離れた哲学はない。哲学に於て我々は外なる対象に向ふのではなしに、内なる自己に反省するのである。哲学は不断にして徹底的なる反省の学である」(③)。

そして田辺の場合、「不断にして徹底的なる反省」は彼をして哲学の要求する一般的内省の次元に満足せしめず、反省の究極たる弁証法の立場をとらせるに至ったのである。究極原理を徹底して求めた田辺は、弁証法の「絶対自覚」こそが哲学の立場であると確信したのである。その旨は――特殊科学においては「その認識は一般に客観に関する」のに対し、哲学は絶対反省の学として「客観でなく主観の自覚といふ立場に立たなければならぬ」。しかし「反省の徹底は主観の反省」であると同時に「主観と対立する客観の契機と対立統一を成す主観の立場でなければならぬ」。つまり、哲学は「主観と客観との対立を絶対否定的に統一する」絶対反省の立場であって、これを「絶対自覚」というなら「哲学は絶対反省の学、絶対自覚の学」なのである。そして主客対立を統一する思惟こそが弁証法なのである。

以上のところからすれば、他の哲学一般と同様田辺自身の哲学的立場も宗教の立場と同じように自己に向っての絶対の反省であり、絶対の自覚であることがわかる。「宗教」も「哲学」も自己に向っての探究なのである。問題は西田、田辺両者とも同じ内省の方向を尋究しながら図らずもそこに相違が出て来たということ、そのことである。同じ哲学の立場に立ち、究極的根源を自覚の徹底に求めながら、宗教ひいては哲学の立場についての思惟・思量の差異が両者に招来したということ、そのことである。端的に云って、その相違の主因は田辺の自覚の不徹底に求められるであろう。主客相対の場を超えられない反省の不徹底にあるであろう。果してそれは如何なることか。

田辺は哲学を以て「絶対反省」の学と主張し、「絶対自覚」の学であると宣揚する。

しかしながら、その主張せる究極的な「反省」とは、結局、弁証法的思惟において実現されるべきものなのである。弁証法を超え、逆にそこから弁証法それ自体を成立させる根源的な地盤ではない。それは、たしかに単なる客観から孤立せる空虚な主観の反省ではない。そうではなく主観と対立をなす客観を契機として主観の側に取り込み、その上で綜合統一するものとしての反省であり、自覚なのであるから、その意味でカント的な立場を超えるものではある。「主観と客観との対立を絶対否定的に統一するもの」としての絶対反省ではある。

しかしながら、その場は、所詮は自明の主観・客観の存立を前提とするものであって、自己の徹底的反省とはいえ、それは決して通常の主観概念を破壊し質的転換をもたらすものではないのである。それは西田にあっては克服されるべき場なのである。西田が超克した主客相対の場が、とりもなおさず田辺の立脚する哲学的地盤なのである。結論的に云えば、両者の差異はこの次元の差にある。西田が主客相対の場を超克した実在の次元に立脚しているのに対し、田辺は主客対立のその場に定位している。その立場から見れば、田辺は不徹底であったと云わざるを得ない。それゆえ哲学が「絶対自覚」の立場であると断言強調するも、その自覚は西田のそれとは意味を異にし、内容を異にしている。それは西田のような極限にまで徹底した絶対無の自覚ではない。当然のことながら、この《批判》にみられる自覚の術語は西田の考えに沿ったものであるから、そこから田辺と西田との自覚との相違が判然とは識別できないが、しかし田辺のものは弁証法的なニュアンスが強いことは窮知されよう。

そこで、両者の自覚の相違を検証すべく、さらに一歩踏みこんで、田辺の『哲学通論』を取り上げてみよう。昭和七年に出された『哲学通論』(以下『通論』を略記)は哲学入門書として一般論の形式をとっているが、田辺自身の哲学立場を極めて明白に表わしたものとみられ、彼の自覚の内容もよく示されているのである。そこではこう述べられている――「主観とか精神とかいはれるものは斯く自己に直接に対立する他者に於て自己を見い出し、自己を否定する敵を自己として自己に包むことが出来る所に其特色があるのである。真の自覚といふのは、斯く自己が否定せられて消滅しながら自己を否定せる対者を通して再び真の自己が生き、死して蘇る転換の過程をいふのである。斯かる転換の媒介としては全く自己に属せざる他者、自己を否定する敵としての他者が必要なのである。其様な対立なくして自覚の弁證法は成立しない」(一九九頁)。

もとより、この『通論』にみられる自覚の概念は田辺自身の弁証法的立場を一般的に説明するためのものなのであるから、西田のそれとは意味を異にするのは当然と云ってよい。しかしながら、この『通論』に見られる田辺自身の弁証法的自覚概念と西田哲学を対象とした《批判》にみられるそれとが、如何に意義を同じくしているのかは改めて注目されねばならぬ。《批判》においては当然のことながら西田の「絶対無の自覚」を説くも、やはりそこには田辺個人の弁証法的自覚の観念が反映されている、と断言せざるを得ない。もっと積極的に云えば、田辺個人の自覚についての思惟が西田の自覚理解の先人見となり、それが真の体得を妨げているのではないか、との謂である。卒直に云って、既にみた《批判》で云われている「それ（宗教的自覚）は生きながら死することであり、自己が有りながら自己が無いことである」という「絶対無の自覚」の解釈と、『通論』で示されている田辺自身の「真の自覚といふのは、斯く自己が否定せられて消滅しながら……再び真の自己が生き、死して蘇る転換の過程をいふのである」との主張は殆んど同じ意味のものと云ってよいであろう。つまり、田辺の西田哲学における自覚の理解度は真に内在的ではなく、外からのものであり、真正な了得になっていないのである。田辺の自覚は主観の弁証法的「過程」のそれに外ならず、弁証法的自覚・「主観の自覚」なのである。それゆえ西田の「絶対無の自覚」に関する理解もこの次元を超えるものではない。結局、両者の哲学的立場の相違の核心は、西田が主客相対の場を超克した実在の次元に根差していたのに対し、田辺は主客相対の場に立脚していたという次元の差異なのである。したがって、この哲学的立場の相違こそ田辺をして「絶対無の自覚」を西田の云う意味において真に理解せしめなかった原因、と結論することが出来るのである。

〔六〕

確認するならば、田辺の西田哲学における宗教理解度は哲学という一定の立場からのそれであって、必ずしも宗教それ自体からの理解ではない。すなわちそこには哲学という確固とした知的立場からの宗教に対する一種の観想的態度が見られるのである。したがってここで顧慮されるべきは、いわば宗教を哲学の外となすような田辺自身の哲学的立場如何である。「西田先生の批判を仰ぐ」はやはり田辺個人の哲学的立場の反映であって、この批判の背景ないし根底をなす田辺自身の哲学的立場がいったい如何なるものかの考察が肝要となる。そこで我々は、しばらく、田辺の哲学的立場がいかなるものかを前に利用した彼の『哲学通論』をたよりに調べてみよう。なぜならば、『哲学通論』は、一に、《批判》の二年後に公刊されたものでその思想的立場は「西田への批判」とほぼ同期のものと見ることができ、二に、それはたしかに哲学入門書としての一般論的性格を持つものではあるが、田辺自身「緒言」で旧来の一般的「入門書」とせずして『哲学通論』とした理由を明言し、彼の思想的立場を公平ではあるがしかし積極的に反映させているからである。曰く――「哲学の立場と方法とを明にすることを主たる課題とする此書物は、少なくとも此書物を読まれる間、私と共に同じ立場に立ち、私と共に同じ方法を辿ることを肯んぜらるゝ読者に対してのみ、意味を有するであろう」(二―三頁)。後、叢書たる『岩波全書』の一巻として発刊された時の「序」においても、「尚、其後の一年間で私の進んだ所に出来るだけ近づけるように加筆した」と述べているのであるから、公正なる一般的な入門書の次元を超えて田辺個人の哲学的立場が色濃く反映されている、と見てよいからである。

さて、『通論』にみられる田辺にとっての哲学とは――「窮極原理の学」を意味するものであった。世界の根源を究極まで探究してなんらの「仮定なき認識」にまで到達し、この地点における「第一原理によって根拠附けられたる認識」こそが哲学なのである（④）。したがって哲学は生の直接的知や気分的知ではなく、間接的概念的知識なのである。つまり生における直接既知性に停まる常識の立場とは異にして、哲学は何よりも窮極原理にまで高められねばならない。このように哲学は「直接に与えられたる特殊の体験内容をその否定的限定として含むような普遍」へと統一組織化されねばならないが、この媒介の働きをなすものこそ概念に外ならない。つまり、直接知でない間接知の哲学・気分的な知でなくロゴス的・理性的な知の哲学は、先ず概念による思惟をその本質とする。概念の展開によってしか哲学の目的とする絶対普遍は把握されえないのである。しかるに、哲学のアポリアはまさにこの点にある。なぜなら、概念は歴史的であって、「其社会の個性に制約せられる特殊性」を脱せず、「有限相対なることを免れない」からである。哲学が概念的思惟に依存する限り「媒語的に中間性を帯ぶる相対的普遍に止まらなければならぬ」からである。しからば「哲学の目標とする絶対普遍の超越的全体」は、これを求めることができないのであろうか。「哲学の目的たる絶対普遍の超越的全体」、それは「理念」と呼ばれるが、哲学の立場上その「理念」は相対的普遍に止まる概念によっては把得できないのであろうか。この「哲学の根本的アポリア」を田辺は新カント派の哲学や「ヘーゲルの一元主義」を援用することによって、いわゆる批判主義の消極性を超えた「絶対批判主義 absoluter Kritizismus と呼ぶことも出来る」立場に拠って解決を図る（三四―四一頁）。すなわち――「相対的なる概念も哲学の窮極原理として理念の部分的実現であると考えられる限りは、それは相対的であると同時に絶対的であると認められなければならぬ」。なぜならば、哲学の窮極原理、それは新カント派では「先験的《アプリオーリ》有 das Apriori」であるが、それは「既に先験的なるものとして経験の相対性を脱する所あることを標傍するのである」から、「概念は同時に理念を自己の内に含み、絶対的なるものを相対の立場に於て実現すると解せられるのでなければならぬ」。仮定せられた絶対者であるならばいざ知らず、「然らざる限り絶対的なるものは却て相対的なるものの地盤に現れ、後者の媒介に由つて自己の絶対性を證示するものでなければならぬ。即ち極限は進行の行先にただ接近の目標として静止するものでなく、却て現実の脚跟下に常にはたらき、相対的なものが相対的なものでありながら其位置に於てはそれであるより外無き必然的なるものである限り、同時に絶対的なるものとして理念の実現であると考へられるのでなければならぬ」。つまり、彼岸の理念を此岸に内在化・内面化し、絶対的なるものはこの相対的なるものを通してしか顕現されえないとの自覚を持つに至れば、そこに相対的なるもの即ち絶対的であり、そこに具体的に絶対性が実現する。それゆえ、「進んで積極的に自己が相対的なることこそ必然的唯一的にして代換を許さざる、現位置に於ける絶対的なることの自覚が現れるならば、此処に相対と絶対と合一し、概念と理念と一に帰する。斯くて哲学の窮極原理は相対的なる概念の外に求められるべきでなく、それの内奥に求められるべきものであり、彼岸の目標として概念の近づくべく達すべからざる超越者たるべきでなく、却て此岸の奥底にあつて随処相対の内に自己を実現する相対現実の根柢であると解せられる」——

以上が『通論』に示されている哲学に関する田辺の根本的思惟である。それは一言で云えば、弁証法的立場そのものと云ってよいであろう。現実の生を基盤にし、そこにおける問題を反省考察し、論理の媒介によって絶対普遍的なる根拠まで遡源し、その窮極原理によって問題の本質すなわち問題の「個別性」を解明すること、これである。これすなわち概念による思惟であり、その思惟の展開の道程こそが外ならぬ弁証法そのものなのである。

ところで『通論』にみられるこの田辺の哲学的立場から見れば、西田哲学の「絶対無の自覚」はやはり問題であり、「疑惑」と映るであろう。「絶対無の自覚」を説く西田哲学の立場はやはり批判されねばならないであろう。なんとならば、一般に哲学の立場は概念による思惟なのであるから相対性を免れることはできず、もし哲学という一定の立場で絶対的なるものを捕捉せんとするならば概念の相対的普遍を否定し、その否定を通して絶対的全体を探究する以外にはないからである。「哲学の絶対普遍の窮極原理は、決して相対的現実の外に求められるべきものではなく、相対的現実そのものの内に求められなければならぬ」からである。つまり、相対的概念による弁証法的論理の展開なくして西田のように絶対普遍それ自体を説くことは、「発出論的構成」になる神秘的方法を除けば、少なくとも哲学の立場においては許されるべきことではないのである。『通論』に曰く――「哲学の立場の必然の要求として、其方法は相対と絶対との相即を論理的に媒介するものでなければならない……絶対は単に相対に対立し、之を超越するのみでは、却て絶対ではなく一の相対に過ぎない。それが絶対である為には自己に対立する相対が同時に自己であるといふ対立の統一において、相対に対し超越的であると共に内在的でなければならぬ。……内在は超越に即し、対立者の統一を意味するのでなければならぬ。斯かる対立の統一、相対と絶対との超越的内在が論理的に媒介せられることが哲学的方法の要件なのである。然るに斯かる要求が矛盾律を最後の原則とする分析理論の満たし得る所でないことは明である。……弁證法といふのは斯かる端的に対立するものの統一を思惟する論理である」(九九—一〇〇頁)。これが田辺の主張するあるべき「哲学」の立場である。

我々はここに至って、田辺が西田哲学に対して抱いた、「しかしながら哲学ははたしてかかる宗教的自覚を体系化することができるものであろうか」という疑念をよく理解することができるのである。それは宗教の絶対性と哲学の相対性の立場に関しての問題なのである。すなわち、相対的概念による思惟を方法とする哲学にあっては、絶対は相対的なる概念の絶対否定によってしか把握されえないはずなのである。それにもかかわらず、西田哲学における「絶対無の自覚」はなんら弁証法的論理によって「求められたもの」ではなく、「与えられたもの」として初めから構想されているのであって、概念を駆使する哲学に従事する以上これは許されることではない。哲学の方法は、「相対と絶対との相即を論理的に媒介するもの」であって、哲学はこの準則を守るべきである。これを守らずに論理の媒介を抜きにして絶対を説くことは神秘的方法に基く発出論となる。したがって自覚も「常に自己否定を媒介にして行われなければならないのであつて、絶対無の自覚といえども、否定的限定を媒介にして行われるほかはない」。しかるに西田哲学にあっては、哲学が目標とすべき終極原理としての絶対無の自覚がすでに「与えられたるもの」となっており、これを哲学の第一原理となして「その限定によって一切を自覚の体系に組織せん」としているのであるから、その構造は「発出論的構成」たらざるをえず、必然、そこに現実を「静視諦観」する「哲学の宗教化」をもたらすのではないか、との批判なのである。

右の「発出論」についても、これを『通論』の背景の下に改めて眺めてみると、田辺の真意がよく理解できるのである。すなわち、田辺の哲学的立場からみるならば、これといった明確な弁証法的思惟によらずして「絶対無の自覚」を説く（と田辺に映った）西田哲学は一種の神秘主義のような立場と云わざるを得ないのである。なぜなら、一般に論理的思惟に依存せずしての絶対なるものの捕捉は体験的直観による以外なく、直観による相対者と絶対者との合一こそが神秘的方法の立場とされるからである。『通論』では「哲学の方法」としてその一節に「神秘的方法」を設け、これについての関説がある。そこでは、「絶対が反省によつて思惟すべからざるものとして無と称せられる外なきものなること」、「哲学が単に客観の認識ではなく主観の自覚であるという意味において……心の内奥に於て絶対を捉へんとする」神秘的方法の要求に合致していることを挙示し、その方法の妥当性を認めている。しかし同時に、この立場は「絶対的一者」に至るためには「論理を否定し思惟を超越し、一切の対立の消える」直観によると主張するのであるから、これを哲学の場に取り入れようとするならば、そこにどうしても弁証法が援用されなければならぬ、と結んでいる。曰く——「若し、神秘主義が宗教の立場に立ち直接なる生の態度に終始するならばとにかく、哲学の体系として神秘的直観と論埋とを結附け以て一系の組織を成さんとするならば、それは直観と論理というふ端的に相対立するものを矛盾律以上の立場で絶対的に統一する論理に依るのでなければならぬ。即ち哲学としては再び弁證法的なる論理を要求するのである」（一一五頁）。

この『通論』にみられる「神秘的方法」はそのまま西田への《批判》にみられる田辺の主張であろう。つまり絶対無を説く西田哲学が「哲学」という学的論理的立場に立脚せんとするならば、それならば宗教的直観と論理とを統一する弁証法の採用が不可欠ではないのか、という指摘である。

再確認のために、『通論』にみられる田辺の哲学的立場に則って『西田先生の教えを仰ぐ』を大観するならば、その批判の骨子は以下のようなものとなるであろう。

――絶対的なる宗教を哲学の領域に取り込んで学的体系を構築しようとするならば、それは二つの意味において弁証法的方法たらざるを得ないのではないのか。なぜならば、一に、理としての哲学の立場はあくまでも事の反省的思惟に基づくものであるから相対性を免れることはできず、もし哲学の場で宗教的絶対性を求めんとするならばあくまでも概念的思惟の絶対否定すなわち弁証法的思惟に依存せざるを得ない。二に、絶対無なるものが宗教的体験として直観的に体得されたにせよ、「学」としての哲学の立場の上では、そこに根源的一者と多の個体との対立を媒介すべき論理が欠如しているならば、それは一種の発出論的構成たらざるを得ないのであって、これを克服するためにはやはり弁証法の導入が不可欠であろう――

しかしすでにみたように、田辺の弁証法的立場は次元の異なる西田の絶対無の立場を包括することが出来ず、そこにむしろ誤解ないし錯誤が生じる余地がある、と見られるのである。

〔七〕

以上、我々は田辺の哲学的立場がすぐれて弁証法的立場であり、この保塁から西田哲学批判がなされたことを垣間見た。同時に、その批判が必ずしも西田の真意を理解したものではないことをも粗述した。

ところで、田辺自身はいったい宗教をどのように見ていたのであろうか。『通論』の段階では宗教はどのように捉えられていたのであろうか。これを知ることはやはり《批判》を分析する上で欠かせないであろうから、田辺の宗教一般に関する思惟如何をきわめて大雑把に見てみよう。『通論』では「道徳と哲学に対する宗教関係」と題した一節が編まれている。そして、そこでは「宗教的信」は端的に「有限相対なるものの否定的絶対転入」によって成立する旨が述べられている。すなわち、「超越的絶対との否定的合一の自覚たる飛躍的信」こそが「宗教的信」と解せられるのであって、宗教は「ただ有限相対の否定、無限絶対の転換的現前が成立すれば十分」なのであるという。換言すれば宗教の要諦は「絶対との冥合」にあるのであって、そのような冥合すなわち「有限の否定、無限の摂取が起こるには……絶対否定の飛躍的転換が必要なのである」としている。

　西田との対比で極論を云えば、この説明から看取されることは、いわば〝己事究明〟を旨とする宗教が宗教性そのものからは捉えられていず、むしろ弁証法的哲学的思惟の延長上に捉えられている、ということである。すでにみた相対・絶対との関係から宗教が説かれ、肝心な自己についての言及が少ない。自己は、ここで「有限相対なるもの」と云われているのであろうが、それがなぜ「絶対」を求めるのかの説明がない。一方では「絶対との冥合」は神秘的直観による方法があることは認めつつも、田辺自身の宗教性に関する基調的思惟はやはり弁証法的立場にある、とみてよいであろう。例えば右の、「相対有限の否定、無限絶対の転換的現前」という「宗教的信」の説明と、同じ『通論』にみられる左記の「弁証法」の説明とがいかに酷似しているかは極めて注目に値する。「……然るに真実の無限 wahrhafte Unendlichkeit は、有限に於ける否定を媒介として自己の外に出で、自己の具体性を実現しながら、自己自身の内に還帰する円環としての全体的自覚を謂ふ。それは有限相対の否定を媒介として自己内還帰をなす無限絶対である。従つて此自覚の自己内還帰をなす無限の全体は、如何なる有限に限定することも不可能にして、而も如何なる有限にもそれが綜合として媒介せられたものなる限り現前する所のものである」(一八五頁)。

さすがにこの『通論』においては、《批判》の中でいわれた宗教的自覚が弁証法的綜合の止揚において成立する旨のことはいわれていないが、この時期、田辺がそのように考えていたのは否定しえない事実であって、昭和八年頃に東京帝大で行われた「弁証法の意味」⑤の講演においてもその趣旨が明瞭に述べられている——弁証法での「合」といふのは否定をも否定する絶対否定ということであって、「絶対と申します以上は、その否定はあらゆる否定を超えた超越的なものでなければならぬ。すなわちわれわれが仏教でいう空とは、そういうものにほかなならぬ。空とか絶対無というものは、ただあるところのものを無くしたというものではない。無や空は常に活きており、現実の中に働いているものでなければ、無や空ではない。そこに空というものの積極的な活きた力がある。絶対否定というのはやはりそういうものである」(一四二頁)。「宗教は信仰をもつて成り立っている。この〈合〉の立場は単なる論理の立場で決まるものではない」。「やはり信仰的真理というものがあることを承認する必要がある。しかしまた同時に、そういう信仰というものは、科学の媒介なしにただ信ずるということが決まるのでない。そこに…実践に対し認識が必要であるゆえんがある」。「信仰というものは理性を媒介しておる、理性から離れない、そこが私の特に強調したいところである」。「…科学的認識と宗教的信仰とは結びついていて、お互いに反対のものが必要だという関係にある」。「お互いに独立な力として働いている正反対のものが結びついて、そこに具体的なわれわれの立場がある。それがすなわち弁証法的に実践を考える道である」。「〈正〉〈反〉から〈合〉が連続的に出てくるのでなく、そこに信ずるというような飛躍行為があって〈合〉という立場に行（く）」――

要するに田辺によれば、宗教は理性の媒介を必要とし、「信ずる」ことは実践的行為としての弁証法的「合」によって成り立つものなのである。

ところで、前にも触れたように田辺の哲学的立脚地は主客相対の場であるのに対し、西田のそれは主客対立の場を手前に超越した主客合一の実在の場である。両者の哲学的立場は明確な次元の相異を示している。そこで、この差異を宗教性に係わらせて、以下に概言してみよう。両者にみられる宗教性の差異は那辺に求められるのであろうか。

田辺の弁証法の思惟的基調は、結局のところは、主観・客観相対の立場であって、その思惟法はいわゆる「即非の論理」――これは内容的には西田の「絶対矛盾的自己同一」と同じもの――のような主客相対の立場を飛躍的に翻転するものではない。たしかに哲学は、特殊科学にみられる生への「第一次の反省をも反省し、第二次の反省ともいふべきものにおいて客観でなく主観の自覚」というふ立場であって、しかもその「主観の自覚」は「客観を主観に吸収し客観の独立性を没却する」ようなものであってはならず、「それは同時に主観に対立する客観の契機と対立的統一を成す主観の立場でなければならぬ」のであるから、哲学に要求されることは「第三次の反省」ともいうべき、単なる主観・単なる客観を共に否定することによって「両者を超える超越的全体が実現せられる」立場なのである。「主観と客観との対立的なる統一」を実現する弁証法たるべきである。

田辺のこの主張のように、弁証法はたしかに意義深き有力な哲学の方法ではある。しかしながら、それが主観・客観相対の立場であるということは、西田哲学の「絶対無の自覚」から見れば「自覚的一般者」の世界に居留しているということであって、「叡智的世界」さらには「絶対無の世界」から抽象された境位に止まっているということを証示している。したがって、「自覚的一般者」の限定論理・「甲ハ我アッテノ甲ナリ」といった甲の自己同一性は観られても、「甲ハ甲ニ非ズ」という「即非の論理」あるいは「甲ハ甲ニ非ズ、故ニ甲ナリ」という「絶対無の論理」は産出できないのである。

弁証法的思惟は基本的には「甲ハ甲ナリ」の自己同一律をその底流としている。正の「甲」が反の「非甲」と対立し、その対立の中から合としての「乙」に止揚せられても、その綜合「乙」は「甲」・「非甲」の延長上に考えられたものに過ぎない。「乙」は「甲」・「非甲」と全く別物ではあり得ず、没交渉ではない。そして前提たる「甲」はあくまで「甲」であって、そこでは「甲」は既存のなじみのものであり、「甲」がいかなる事態において「甲」として成立しているかは不問にされ、なんらの疑念なき自明のものとなっている。同時に合としての「乙」は前提たる「甲」・「非甲」の対立統一の結果なのであって、弁証法は時間的経緯を組み込んだ同一律を基調とする過程的思惟法にすぎない。そこでは何よりも前提的な甲が「甲」として成立する所以・その根拠が問われていない。

これに対し、西田の場合の「自覚的一般者」を超える「叡智的一般者」の世界、さらにはこれを包む「絶対無の世界」において成り立つ「即非の論理」ないし「絶対矛盾的自己同一」は、「甲」それ自体を自明・直証なものとせず、これになじまず、甲をして「甲」たらしめている当のそのもの、甲を「甲」として成り立たしめているそのものを捕捉する。それは、甲のリアルな在り方、甲の真実在を極致において洞察する論理なのである。したがってそれは過程的思惟ではなく、最奥の存在の根拠を開示する論理と云ってよい。「甲」の存在の成立所以・甲の甲たる成立根拠を時間的経過に流れることなく、甲の根源に向って垂直に問う論理なのである。そしてこの根拠を問うことが外ならぬ宗教的世界に直達する道であり、宗教的自己を確立する方途なのである。果してそれはいかにしてか。

　田辺のように弁証法の「綜合」的止揚において宗教的信が成立すると説くにせよ、その思惟法の根底にあるのは「主観的自己」であり、「意識的自己」である。西田のように「意識的自己」が徹底的に破られて「自己ならざる自己」、「見ることなくして見る自己」と云った「真の自己」の徹見には至っていない。「絶対無の自覚」には到達していない。それはあくまでも主客相対の場での思惟の深化であり、主客対立の場での思惟の展開なのである。『通論』で、「弁證法的思惟に於ては客観の思惟が同時に主観の自覚であるといふ意味を有し、他を知るは自己を知る所以、自己を知るは他を知る所以、といふ意味が成立つ」（一八二―三）とされるのも主客相対の場であることを明確に告白している。弁証法的思惟はあくまで「主観の自覚」なのであって、そこに「主観」の深化ないし拡大・伸張はあっても客観と対立以前の「主観」そのものの脱底・脱化はない。「主観」の枠組を破壊し、その次元を脱却超越するものではない。「大死一番乾坤新なり」というような「主観」の転換・自己そのものの変革はない。

　田辺の拠って立つ哲学的地盤が主客相対の場であるのに対し、西田のそれは主客相対の場を彼岸に超克した実在の場なのである。主客未分ないし主客合一せる実在の次元こそ西田の立脚する哲学的立場なのである。そのことは西田の立場から見れば、田辺が「自覚的一般者」の世界に停留しているのに対し、西田自身はこれを超えた「叡智的一般者」の世界、否、これをさらに超越した「絶対無の世界」に境位していることを意味している。けだし、「自覚的一般者」の世界は主客対立の世界であるのに対し、「絶対無の世界」は主客未分ないし主客合一の世界であるからである。否、単純には主客合一とも云えない無名・無規定の世界であるからである。端的に「絶対無」である。そして外ならぬこの「絶対無の世界」への参入・「絶対無」の立場に地歩を占めることこそ自己の徹見であり、自覚の究極的な深まりなのである。すなわち「自覚的一般者」の世界から「叡智的一般者」の世界を経由して宗教的「絶対無の世界」に躍入すること、それこそが自己の究徹であり、自覚の深化徹底なのである。果してそれは如何にして可能なのであろうか。

　すでに述べたように、「判断的一般者」および「自覚的一般者」の限定論理一般はいわゆる「甲ハ甲ナリ」という「自己同一律」である。そしてこの場においての視座は主観的自己であるから、その地点から見られた面だけが知となり識となる。主観的自己から照準され望見された領域だけが客観についての認知となる。たしかに「自覚的一般者」の世界の場合には、素朴実在論とは異なってそこに認識的反省が伴うのであるから、その「自己同一律」も「甲ハ我アッテノ甲ナリ」という論理になる。しかしそこにおいてはあくまで甲は「主観的自己」に対する甲なのであって、甲それ自体のもと、甲それ自身の立場からの甲ではない。甲を根底から成立せしめている視点は等閑に付され、看過されている。中心の視座はあくまでも「主観的自己」なのであって、認知の論理はその「主観的自己」を中心とした世界の論理なのである。つまりその世界は「主観的自己」の視圏に成り立つ世界であり、「主観的自己」の視線に照射された限りでの世界なのである。

しかしながら、世界は人間のためにだけ存在する訳でもなければ、人間の視野に入ったものだけが世界なのではない。我々は他方ではつねにいわゆる物自体の世界を考慮に入れなければならない。人間的視座から離れ、人間的視圏を離脱した物自体の世界の存在を考えねばならない。そのことによってのみ真に人間や物にその所を得さしめ、世界を真に世界たらしめることができるからである。

かくて、物自体の世界への超入は「主観的自己」の脱却にある。主客相対の世界・対象論理の世界は、ひっきょう、自己が主観としての視座に位していて、自己の外なる世界（自己自身を対象とした場合には〝みられた自己〟）を客観としているのであるから、ここからの離脱は外ならぬ「主観的自己」からの脱脚にこそある。「主観的自己」の突破にある。「主観的自己」からの脱底こそが物自体の世界へ参入する道なのである。果して西田は「自覚的一般者」の世界から「叡智的世界」への道を「意識的自己」の超越に求めている。曰く――「何物かを考へるといふことが一般者の自己限定であるとするならば、如何なる一般者の自己限定によつて、叡智的世界といふものが考へられるのであるか。私は意識の志向作用といふようなものに基いても、かゝる世界を考へ得ると思ふ。我々の意識作用は一方に於て実在的と考へられると共に志向的である、ノエシス的なると共にノエマ的である。而してその志向する所のものは、単に所謂意識内容に止まるのではなく、超意識的内容である。……併し我々の意識作用は我々の意識を超越したものを志向するのである」。「超意識的内容を志向するには、我々の自己は所謂意識的自己を超越せなければならない」（V・一二四頁）。

我々は意識的存在であって、極論すれば我々が意識を有しているのではなく、逆に意識が我々を造形している。この事態を認識論的観点から見れば「主観的自己」といえようが、広く生活一般の中において捉えれば「意識的自己」であろうから、したがって「主観的自己」からの脱却をより広く一般化して云えば「意識的自己」の克服であり、これの超越と云ってよい。そして「意識的自己」はまた「知的自己」「情意的自己」「意志的自己」に一応は識別できるであろうから、「意識的自己」の超克は最奥の「意志的自己」を超出することでなければならぬ――「真の自覚とは単なる知的自覚にあるのではなく、意志的自覚にあるのである」。「それで意識的自己が自己を超越して叡智的存在の世界に入るには、自己が自己の意志を超越せなければならない。我々の意志の奥底に於て、意志的矛盾を超越して之を内に包むものが、叡智的世界に於てあるものである」(Ⅴ・一三三―四頁)。「意識的自己」の超克・「主観的自己」の超越、それは絶対無の世界への超出転入を意味するが、実はそれこそが外ならぬ宗教的自覚そのものなのである。代替を許さぬ自己自身の生を良く生くべく指針を与える宗教こそは、外ならぬこの「意識的自己」の変革・転換を要求するのである。

我々は、以前、田辺の哲学的立場が不徹底である旨を指摘したが、そのゆえは彼が自己自身の徹見に至らず、なおも主客相対の場・西田の「自覚的一般者」の次元に停留していて、主客合一の実在の場・「叡智的一般者」の境位に超入していないからである。宗教的自覚を「主観的自己」の突破にではなく弁証法の綜合的止揚に求めているが、その「綜合」は決して「自己同一律」的思惟を根底から転覆破壊するものではなく、また、「自己同一律」を支える「主観」を粉砕するものでもない。『通論』に曰く――弁証法の綜合、「それは「甲」と異なり、「甲」を否定すると共にそれを包含する具体的なる規定「乙」として成立するのである。「乙」は「甲」の真実態であり、「甲」が其根柢を自覚した成果が「乙」なのである」（一八四）。このように底流に「自己同一律」があるのであるから決して「甲ハ甲ニ非ズ」とする「即非の論理」ではない。甲が乙に変ったにせよ、そこにはある種の連続がある。要するに、弁証法は客観を契機として摂取する「主観の自覚」と云われるように、決して主観という枠組みそのものを粉砕転換する底のものではない。「乙」は「甲」の変様的生成であり、「甲」の過程的成果である。

これに対し、この「主観的自己」の破壊突破・その脱却脱化こそが西田の絶対無の世界に超出することであり、宗教的自覚なのである。自己の徹見であり、〝己事究明〟なのである。「自己ならざる自己」、「見るものなくして見る自己」、「無にして見る自己」「無にして有を限定する」など、これらすべては絶対無の自覚の別称であって、「意識的自己」「主観的自己」を克服超越した事態に外ならない。曰く――「意識的自覚に於ては自覚は単に無限の過程に過ぎない、真に自己自身を見るものに至るといふことは、かかる過程を越えることでなければならない。故に自己が自己を越えることによつて超越的自己に至るといふことは、真に自覚することである、意識的自己といふのは何処までも見られた自己に過ぎない。然らば真に自己自身を見るとは如何なることを意味するか。それは見られる自己がなくなることである、自己が絶対に無なることを見ることである。故に我々は真に自己自身を忘じた所に真の自己があると考へるのである（V・三七三―四頁）。

結局、「絶対無の場所」に超入してそこに地歩を占めることが宗教の本質なのである。「絶対無の場所といふようなもの」、「それが我々の宗教的意識と考へるものである。宗教的意識に於ては、我々は心身脱落して、絶対無の意識に合一するのである、そこに真もなければ、偽もなく、善もなければ、悪もない。宗教的価値といふのは価値否定の価値である」（Ⅴ・一七七頁）。

主客相対の対象論理では、「真の自己」も対象的にしか捉えられないから「見られた自己」が「真の自己」そのもののように映り、自己の同一性しか捉えられない。したがって「自己ハ自己ニ非ズ、故ニ自己ナリ」といった本来の自己・「真の自己」が透見できないのである。「意識的自己」が自己の「本来の面目」を遮蔽し、隠匿しているのであるから、「真の自己」の解放救出は「意識的自己」からの解脱以外ない。右の「心身脱落」とはこれをいうであろう。これすなわち主客相対の場から真実在の場への転入なのである。

〔八〕

西田哲学は勝れて宗教哲学であると云ってよい。しかし宗教哲学と云っても既成のある特定の宗教について哲学的に考察解明し、一般化普遍化して宗教哲学なるものを打ち建てたという類のものではない。そうではなく、哲学の立脚地そのものが宗教的地盤すなわち絶対無の場所の只中に定位され、この地盤より客観的知識・概念的知識成立のあり方を、さらには歴史や社会など現実の世界の論理構造を究明し論拠づけたという意味である。つまり、西田は知るということは如何なることかの哲学的課題を持ち、認知の形成・判断の樹立を自覚に求め、この自覚のあり方を極致にまで押し進めて宗教的地盤たる絶対無の場所に到達、逆にその境位より翻転して改めて様々な認知の形成を絶対無の自覚の形式の下に、それぞれの所を得さしめるような思惟法で体系化したのである。したがって、それは田辺の云う「与えられたもの」ではなく「求められたもの」なのである。そしてその哲学は「往相の哲学」ではなく、いわば「還相の哲学」と云うべきものなのである。一切の知の成立生成する最終究極の地・絶対無の場所の宗教的地盤から翻って多様な段階の知識の形成を見直し、改めてその位置と意義づけを構想したのであるから往相ではなく、「還相の哲学」と云ってよい。そういう意味で勝れて宗教哲学なのである。西田哲学の独自性およびその哲学的意義はまさにここにこそ求められるべきである。同時に、このような思惟の展開こそ弁証法的運動であることを知るべきである。たしかに、この時期、西田は「理」としての哲学の場ではまだ弁証法の根源的論理化を正面から取り組んではいないが、「事」としての概念の運動を彼自身がすでにして実践しているのである。

これに対し、田辺の場合には、宗教的地盤たる絶対無の場所はなおまだ「求めるもの」「求められるべきもの」なのであって、西田のように自己の却下にすでにして探究の所産としての「与えられたもの」にはなっていない。したがって絶対的なる宗教は思考の上での相対的概念の否定的展開によって求めるの外なく、弁証法によって「求めるもの」・「イデー」たるべきものなのである。宗教はまだ完全に田辺自身のものとなり切っていず、宗教的自覚は自己の外なる「渇仰」の対象なのである。その意味で田辺哲学は還相ならぬ「往相の哲学」と云ってよい。西田その人にあって先なるものは「事」としての個人的宗教体験であり、後なる「理」としての哲学はその体験を論理化、一般的ロゴス化したものであるから、宗教と自己とがいわば一体をなし、宗教が自己に完全に内面化されているのである。自己が宗教性を有しているということでなく、逆に宗教的なるものの一限定が西田個人としての自己の生なのである。したがって、宗教と哲学とは絶対無の自覚を媒介として接続連結しており、統一的に体系をなしている。「理」としての哲学の根底に哲学以前の宗教が位置し、宗教が哲学を基礎づけ根拠づける立場になっている。「唯、知ると云ふことを一般者の自己限定と考へ、かゝる考を絶対無の一般者にまで押し進めた時、如何なる意味にても限定を超越すると共に、そこに絶対無の場所として尚映すと云ふ意味が残されねばならぬ、それが我々の知識の根本的立場となるのである」（V・一八二頁）。「此のようなすべての知識を超越した知識の立場から、種々なる知識の立場およびその構造を明にするのが純なる哲学である、即ち絶対無の一般者の立場から之に含まれたる種々なる一般者の限定其者を明にするのである」（V・一八三頁）。

　田辺は、西田のこのような考え方を「一種の発出論」と解釈したに相違ないであろう。田辺にあっては、宗教はまだ自己の外なるものであるから、宗教と哲学とが一体化をなさず、両者は分立・並存関係にある。宗教と哲学とがいわば垂直に一元化されず並置されている。そしてそのことは「本来哲学はすべての立場に対して自由なる無立場を目標とする」と宣揚しながらも、これを裏切る形の一つの固定した立場となっている。そのことが彼をして、宗教を宗教そのものから了得せしめず、哲学的立場から見た宗教理解に停めている。宗教そのものの立場からの宗教性を論究せしめず、宗教理解を外なる哲学的立場からの一種の管見・観想に終始させている。哲学が「自由なる無立場」なのではなく、一つの固定した立場になっているから、宗教は哲学の外に置かれ、求められているのである。したがって、宗教的体験は超歴史的であるとし、「歴史的なるものの基底としての予想せらるる超歴史的なるものは、ただ歴史的なるものの方向の中に含まるる微分であって、後者を通じて無限に求めらるるイデーに外ならない」ということになる。つまり、哲学の立場では宗教的自覚は微分的に認められこそすれ、あくまでそれは「イデー」たるべきものなのである。すなわち哲学の立場は与えられたる絶対者をその原理とするのではなく、求められるべき「絶対者を極限点とする」ことであって、「ここに哲学が常に相対に即しながら絶対を求めんとする愛知的動」である旨の正当化が図られることになる。

結局、以上のことはすべて田辺が主客合一の「絶対無の場所」に直達せず、主客相対の場・自覚的一般者の次元に無自覚のうちに停留していることを物語っている。

総じて、田辺の思惟では宗教と哲学、超歴史と歴史、絶対と相対など、すべてが二元的双極関係に捉えられているが、このことは彼の思惟法そのものが二極的二元的であるということであって、その根本的事由は田辺が主観・客観相対の場に居住しているからに相違ない。西田のいう自覚的一般者の世界に立脚しているからに相違ない。したがってその哲学的立場も主客相対の場を前提とする弁証法たらざるを得なかったのである。それゆえ、哲学は「絶対自覚の学」であると標榜しても、その自覚の内容は高々客観を契機として主観に取り込む「主観の自覚」でしかなく、主観という枠組みそのもの、主観という概念そのものは依然として堅持されていて、これを西田哲学のように突破・超出した哲学ではないのである。例えば、「自覚は常にノエマ的には限定せられた内容に即して行なわれるほかはない。自覚は常に自己否定を媒介にして行なわれなければならないのであって、絶対無の自覚といえども、否定的限定を媒介にして行なわれるほかはない」と主張するも、それは対象論理の次元でこそあれ、断じて「絶対無の論理」ではない。たしかに自覚は「限定せられた内容」に即して行なわれなければならぬ。認識が憶見や独断でない限りこれは守らねばならぬ。しかし、そのようなノエマ的に限定された対象認識がまさに成立するためには主が主として、客が客として共にそこにおいて成立・生成せる地盤がなければならない。主客が交叉し「主客合一」せる地平がなければならない。西田の説く「場所の論理」ないし「絶対無の論理」は、田辺の拠つて立つ主客相対の次元をその手前・その此岸の側に超えた境位での論理なのである。そしてこの次元を超出するためには「考えられた自己」すなわち「主観的自己」を克服して「叡智的自己」に転生することである。自己自身に纏綿し、自己に執し自己を繫縛している自意識を粉砕し、これから脱却することである。主観の脱化を通して「主客合一」に至ることである。西田は云う――「而して意志を越ゆると云ふことは、自己が考えられた自己を越ゆることであり、意識が意識せられた意識を越ゆることであり、それは所謂主客合一の知的直観に至ることであるから、叡智的自己とは直観的に自覚するもの、即ち直ちに自己自身を見るものである」(V・一六六―七)。

外なる宗教を完全に自己のものとし、自己の内面化を通してこれと一体化を図ることは、外を外としているこの内なる自己すなわち「主観」を究徹破壊して内外の障壁を潰滅することである。内と外を分別しているこの「意識的自己」を徹見し、これを突破脱底することである。これを透過してのみ我々は叡智的世界ないし宗教的な絶対無の世界に参入することができる。「是故に、意志の矛盾の如く、自己を見ること深ければ深い程、自由なれば自由なる程、自己自身の矛盾に苦まなければならない。かかる矛盾を脱して真に自己自身の根柢を見るのが宗教的意識である。叡智的世界から宗教的意識の世界に至るには、そこに意識的意志を超越して意識一般の自己に至つたような一種の超越即ち廻心がなければならない。斯くして我々は真に自己自身の矛盾を脱し、自己自身の根柢を見るのである」（Ⅴ・一七五―六頁）。

ところで田辺は《批判》の後半において、前半の西田の「哲学の立場そのものに対する疑惑と相関する」ところの「哲学の具体的内容」についてもその疑念を開陳している。それが「歴史の非合理性」の問題であり、「反価値（悪）」の問題であり、さらに西田哲学から現象学とカント哲学に対してなされた批判に関する問題である。これらの問題もその核心は主に絶対無の自覚に関するもので、前二者に関して田辺の批判を約言すれば――西田哲学では絶対無においては「自己が無になるとともに一切が自己となる」、「絶対無の自覚においてすべての外が内になる」と高唱されているが、行為的自己の底にある「無限に深いもの」がもたらす「歴史の非合理性を自覚の体系に収めることが困難なのではないのか」、また、この一般者の自覚体系の内へは「自己否定性としての反価値の原理は這入ることができなくはないであろうか」――というものである。すなわち「歴史の非合理性」や「悪の問題」は西田の絶対無の自覚体系から導き出すことができず、その限りで「完全に自己に化することあたわざるもの」を残しているのであるから「絶対の自覚とはいわれないであろう」というのである。

果して田辺の云う通りであろうか。以下、我々はこの田辺の指摘が必ずしも妥当ではないことを極めて簡潔に略述しよう。

我々は、先に、叡智的世界における論理が「即非の論理」であることを確認した。そこはいわば物自体の世界であって、常識的人間の視圏が及ばないところであるから、常識人たる我々にとっては「甲」なるものも「甲ニ非ズ」なのである。したがってそこでは自己も「自己ニ非ズ」なのである。そのことは、換言すれば「徹底的に自己を否定すること」であって、「徹底的に自己を否定することによつて自己の根柢を知るのである。その境地に於ては、善もなければ悪もない、叡智的自己を尚ノエシス的方向に越えることによつて、自由意志をも脱却し、そこには罪を犯す自己もない」（V・一七二）ような世界なのである。つまり、「主観的自己」ないし「意識的自己」が破られて「見られた自己」が消失する叡智的世界、さらにこれを包む絶対無の世界においては、先に見たように、「我々は心身脱落して、絶対無の意識に合一するのである、そこに真もなければ、偽もなく、善もなければ、悪もない」（V・一七七）。したがって田辺の指摘するいわゆる常識上の「歴史」もなければ、その「非合理性」もなく、「悪」もない。そこではあらゆるものが否定され、「非」とされる。しかしそれはノエマ化されたあらゆる人間の思惟的範疇・あらゆる人間的価値観が否定され、無化されるということであって、これらすべてが絶対無の自覚体系に包まれず・これに吸収することができないということではない。田辺は主客相対の「自覚的一般者」の世界にいるから、そこでは主観（具体的には田辺本人）から客観の側に「見られたもの」として「歴史」や「悪」が存在しているが、この世界を超えた主客合一の「絶対無の世界」は徹底的に「見るものなくして見る」立場であるから「見られたもの」としての「歴史」や「悪」は否定されるのである。逆に「甲ハ甲ニ非ズ」の如く、「歴史ニ非ザルモノ」「悪ニ非ザルモノ」が露呈されるのみである。端的に場所ならぬ「絶対無の場所」という地平があるのみで、そこでは従来の主観からみられていた価値が転倒し、翻転する。それゆえ、西田にあっては「宗教的価値とは自己の絶対的否定を意味」し、それは「価値否定の価値である」とされる。しかし、この価値の否定・一切の無化を以て、田辺のいうようにこれらが西田の自覚体系に包まれず・そこに編入されえない、とすることはできない。むしろ「歴史の非合理性」も「悪」も無の自覚体系のノエマ側に内含包括されているからこそ「非合理性」とされ、「悪」と云われるのであって、その次元はさらに無化されて「絶対無の世界」に至らねばならぬ。それは「真に絶対無の意識に透徹した時」であるが、そこにおいては「我もなければ神もない。而もそれは絶対無なるが故に、山は是山、水は是水、有るものは有るが儘に有るのである」（Ｖ・一八二頁）。「即非の論理」が無化されて大なる肯定の「即是の論理」に反転するのである。つまり、「歴史の非合理性」も「悪」も絶対無の立場から改めて光明・照射され、善は善、悪は悪として絶対無に裏付けされて現出するのである。色即是空が空即是色に翻転するのである。要するに、田辺の批判は主客的相対の立場からその根底に位置する西田の絶対無の立場に向けられたものなのである。次元を異しての批判であって、真の内在批判ではない。

　結局、歴史における非合理的なるもの、反価値的悪なるものが絶対無の自覚的体系に組み入れることができず、これを積極的に根拠づけることができないのではないかという田辺の論難も、西田の絶対無の自覚的体系に問題があるのではなく、むしろその真相は田辺の哲学的立場そのものに起因していると云ってよいであろう。彼の主客相対の二元的思惟法に由来するであろう。なぜなら、田辺の思惟の枠組が主観中心となっているためにどうしてもその主観の枠の外に客観なるものが残留し、主観の枠を拡大した田辺自身の「主観の自覚」という場合でもこれが障害となって客観すべてを摂取包括することができないのである。主客対立の田辺の思惟的構造が「一切が自己」・「すべての外が内」となる「絶対無の世界」を包摂吸収できないのである。それはあたかも一八〇度の視圏の狭義の「自覚的一般者」が三六〇度の「絶対無の一般者」を包括できないのと一般である。そしてそのことは、「西田への批判」の末部に示されているように、西田の「行為的直観」を「働くこと」と「見ること」とに二分し、「働くことを見ることに吸収し尽すこと」は「哲学の本意に反する」という主張になって現われている。すなわち、田辺はこの主客相対の立場こそが「哲学の宗教化」をさける哲学固有の立場であるとみて、「哲学は一層非完結的なる立場を守り、ただ絶対的なるものへの極限的関係において反省せられる無限の動性に住し、その非完結的欠隙の故にかえつて行為において現実に処する生命の力を宿すものではないであろうか」と結語するのである。

しかしながらこれは、哲学は「絶対自覚の学」であると宣言しながらその自覚を主客合一の「絶対無の世界」にまで深めず、不徹底に終った田辺の意識せざる敗北宣言ではなかろうか。

（一九九八年）

註

①田辺元の論文・「西田先生の教えを仰ぐ」は〈現代日本思想体系23　田辺元〉所収のものを利用した。

②西谷啓治は、論文・「西田哲学と田辺哲学」とにおいて、田辺の西田「批判のうちには誤解と思はれるやうなものも混じてゐるが、そういふ種類のものを除外してもなほ、卒直にいつて、それらが果して西田哲学の言はんとする真意を踏まえての批判であるか否かといふことには、少なからず問題がある」と指摘している（『田辺哲学とは』　六頁）。

③田辺元　『哲学通論』（岩波全書2）　三頁

④田辺元　同　前　第一章第二節「哲学の形式的規定」参照

⑤田辺元　「弁証法の意味」（〈現代日本思想体系23　田辺元〉所収）

付録㈠　真実在の論理……「絶対矛盾的自己同一」

与えられたテーマは「事実と事実性」であります。この場合、「事実」とは普通に理解されている意味の事実、具体的には個々の行為的事実を指すとし、「事実性」とは事実をして事実たらしめているもの、事実を事実として成立せしめる根拠、というように理解したいと思います。

さて、西田哲学では事実がきわめて重要視されています。ある時期、西田は自分を「徹底的実證主義者」とか、「徹底的現実主義者」とか云っていますが、それは個々の事実をその事実性から捉えて重視するからでありましょう。したがって事実を探求する学問も高く評価され、客観的知識も重んぜられています。例えば、「知識の客観性について」という小さなエッセイでは、こう述べています――「学問というものはいつでも批評的指導的立場にたつものでなければならない。而して学問がそういう役目を果たすとすれば、学問というものは何処までも客観的ということを理想としなければならない」。……「物そのものをして語らしめ、事実そのものをして証明せしめねばならない。かくして初めて万人を承服せしめることができるのである」。これは戦時体制下の所言でありますが、時局や政局に左右されないためにも、学問においては事実の客観的把握がきわめて大切である、と云っているのであります。

さて、西田哲学の学問的方法・その思惟のあり方は、いま述べたことからわかりますように、まず事実を前提とし、その事実の成立について究明・説明するという手法であります。すなわち、一定の事実を前提とし、これに基づいてその成立根拠に哲学的考察を加えるという方法であります。例えば、彼の最後の論文・「場所的論理と宗教的世界観」ではこう述べています――「宗教は心霊上の事実である。哲学者が自己の体系の上から宗教を捏造すべきではない。哲学者はこの心霊上の事実を説明しなければならない」。……「人生の悲哀、その自己矛盾ということは、古来言いふるされた常套語である。しかし多くの人は深くこの事実を見詰めていない。どこまでもこの事実を見つめて行く時、我々に宗教の問題というものが起こつてこなければならないのである」。

宗教哲学は心霊的な事実・宗教的な事実を前提にしなければいけないのであって、そうした事実を踏まえたものでなければ本当の宗教哲学・宗教論にならないということでしょう。恣意的な説明・解釈は許されないということでしょう。

ところで、このような学問的方法はひとり西田哲学にのみ固有なものではありません。哲学の立場にあってはきわめて一般的な方法だと思われます。例えば、カントの場合は近代自然科学の成立という歴史的事実が、また、ヘーゲルの場合には近代ヨーロッパの市民社会という歴史的事実が前提となっている、と云ってよいでしょう。

さて、このように西田は他の哲学者と同じように事実を前提とし、その事実のうえに哲学的考察を加えて論理を展開していくことになる訳ですが、それにもかかわらず、他とは異なる哲学体系になっていきます。そして、当然のことながら、その論理も他の人と同じような事実に立脚しながらこれと異なる独自の論理を形成していきます。西田哲学における論理は、そのつどの課題に応じて「自覚の論理」、「述語的論理」、「場所的論理」、「絶対無の論理」、「個の論理」、「歴史的形成の論理」

などと名付けられていますが、西田哲学の論理といえば、やはり「場所的論理」がその典型であると云ってよいでしょう。そして、その「場所的論理」の論理性が明確に展開され、場所的論理固有の論理らしさが最も先鋭的に表現されているのが最後の論文・「場所的論理と宗教的世界観」でありますす。そこで、ここではおもにこの論文に見られる「事実と論理」を取り上げていきたいと思います。「場所的論理」の固有性をこの論文に即して探ってみたいということであります。題目を大きく「西田哲学における事実と論理」としましたが、話の中心が西田哲学の頂点とも言うべき「場所的論理と宗教的世界観」になるのをお許し頂きたいと思います。

さて、西田はこの論文の中で自己の論理的立場・自己の「場所的論理」を強調して、このように云っております――「私は対象論理の立場においては、宗教的事実を論ずることはできないのみならず、宗教的問題すらも出てこないと考えるのである」。……「宗教は従来のような主語的論理や対象論理的には把握できないのである。そういう立場から宗教を考える人には、宗教が神秘的と考えられる所以である」。

つまり、西田は宗教的事実、これを前提としてその上に哲学的考察を加えて宗教論を築こうとしている訳でありますが、それにもかかわらず宗教的事実に関しては「対象論理」ではいけなく、彼固有の「場所的論理」によらなければならない、と主張するのであります。どういうことでしょうか。

率直に云って、このことには事実の究明ないし事実の把握には従来の「対象論理」と西田の「場所的論理」の二通りの方法があること、また、事実の解明、少なくとも宗教的事実の考察には「対象論理」では不十分であって彼の「場所的論理」でなければならないことが指摘されていると思います（最終的には、「対象論理」も「場所的論理」の一形態としてそこに吸収統合される）。場所的論理はまた鈴木大拙の術語をかりて「即非の論理」ともいわれるのですが、このようにも云っています――「私の神というのは、いわゆる神性 Gottheit のごときものをいうのではない、自己自身において絶対の否定を含む絶対矛盾的自己同一であるのである、般若の即非的弁証法が最もよくこれを表している。これを対象論理的に考えるから、それが無差別とも考えられるのである」。意味は、私の「神」は対象論理では捉えられない、それは絶対矛盾的自己同一なのであるから般若即非の論理すなわち場所的論理によらなければならない、ということでしょう。

西田はこのように対象論理を厳しく批判しているのですが、少なくともこの論文のなかでは、心霊的事実・宗教的事実の理解に関してなぜ対象論理が制限となり、十全でないのかの理由を明確に説明しているわけではありません。読者にはすでに周知のことであると見做したのでありましょうか、そもそも対象論理とはいったいどういう論理なのかも、また、場所的論理はどういう根拠を有するのかも、明快で統一的な説明をしておりません。ですから問題は、我々自身が対象論理およびこれに対比される場所的論理とはいったい如何なる論理なのかを的確に把握することであり、また、これを通して対象論理が宗教を理解するうえでどのような障碍となり制限となるのか、これを解明することであります。対象論理および場所的論理とはどのような論拠の上に成り立ち、また、それらは宗教理解のうえでどのような相異・差異をもたらすのでありましょうか。

さて、私は対象論理とは「主客相対」からなる論理であると理解し、場所的論理とは「主客合一」

の論理であると解したいと思います。というのも、西田は早い段階から「知るということ」に知る主体を含まない「対象認識の方向」と、これを含む「自覚の方向」との二つの立場があるとし、「場所」の立場を後者すなわち知る主体を哲学的考察の根底に含む「自覚の方向」に求めているからであります。つまり、「自覚というのは、知るものと知られるものが一であるというように、対象的に認識することではない」・「真の自覚の意識は述語的一般が無となること、すなわち真の無の場所に求めなければならぬ」(論文・「左右田博士に答う」より)と云っているからであります。換言すれば、対象論理には知る主体が考察の対象に含まれていないとして批判し、自分の哲学的立場はこれを含む「自覚の方向」であるとしてその旗幟を鮮明にしているのであります。「知るものと知られるものとが一である」とは「知られるもの」が「知るもの」に包摂されていることでありまして、形態的には「主客合一」ということであり、それはとりもなおさず認識論的・論理的には「見るものなくして見る」つまり「絶対無の自覚」ということであります。そして、「知られるもの」すなわち客観を「知るもの」すなわち主観が包摂する地平こそがまさに「場所」なのである、と解されるのであります。もし、主客が〝合一〟せず両者が乖離していれば、そこに〝見る・見られる〟二元的な主客相対の立場が残存し対象論理が形成されますから、「無」ないし「絶対」は決して現成しません。「絶対」とは「一にして多」・「多にして一」なのでありますから、そこに「知るもの」が包摂されていなければ「絶対」は現成しません。これ以外は〝考えられた絶対〟・〝表象された絶対〟でしかなく、それは対象論理の「相対」にすぎません。要するに、西田は論理の形成を「知るものと知られるものが一である』主客合一の「場所」の次元から探求し、それを「場所的論理」と命名した、と理解できるのであります。そして、西田哲学の独自性・その学問的価値はまさに主客合一の体得による論理的「場所」の発見にあり、それはまた山内得立の用語を借用すれば大乗仏教を根底とする「レンマ」であって、西欧の論理・「ロゴス」には見られないもの、と思われるであります。

実際、西田自身、「論理というものは主観・客観の対立を越えたもの」としていますが、主客の対立を越えるということは論理の真の主体が単なる主観でもなければまた客観でもなく、されぱと云って主客を離れたものではなく、主客の対立に即して一方を主観とし、他方を客観と命名判別しうる高次の立場であります。主客と全く別ものではないが、しかし主を主とし、客を客と識別するのですから、それは主客を此岸に超越する主客合一の場所なのであります。よって、その論理主体は決してたんなる主観ではありません。主観を論理形成の自明的前提とすることはできません。

以上のところから、認識や論理の真の主体を主客対立の立場から考える対象論理は適切ではないことがわかります。例えば、対象論理では「主観」とは一般に「知るもの」・「認識するもの」とされています。そして、多くの論者はそこになんらの疑念も抱かずこれを自明のごとく前提としている訳ですが、それは誤りではないでしょうか。というのも、深く沈思すれば、「知るもの」は知ることそれ自体ですから知られることはありません。それは知る働きをする絶対の主体ですから「知るもの」という客観化すら許すものではありません。つまり、その真に知る主体の働きを「主観」とすることもできないはずであります。「主観」という名辞をもつ所以はそこにすでに客観化が入り込んでいるからです。それは抽象化され・媒介されたものであって、決して生ける真の絶対主体ではありません。真の実存的自己を包摂・貫徹しておりません。ですが、対象論理の立場はこの事を看過して立論しているのであります。対象論理の隠れた陥穽であります。かくて、主客の対立を自明の前提とするのではなく、主客対立以前の、主客がともにそこから生成してくる場所に立脚した論理が要請されなければなりません。主客成立以前の根源的実在に即した論理が求められねばなりません。

西田の場所こそはまさに主客を生成せしめることによって論理を樹立せしめる根源的次元なのであります。曰く――「今日、人の考える如く、論理は我々の自己の主観的形式ではない。論理の立場とは、主客の立場を越えて、主客の対立、相互関係も、そこから考えられる立場でなければならない。我々の自己が自己を考えるのも、論理的形式によって考えているのである」（論文・「デカルト哲学について」より）。論理を「主客の対立」から考えるのではなく、逆に「主客の対立」を一つの論理的帰結とする論理形式が求められねばならない、というのであります。結局、論理の真の主体は主客が共にそこから成立する場所なのです。単なる主観ではありません。「自己」が「論理」を対象的に考えるというのではなく、かえってその「自己」そのものが場所的論理の一帰結なのである、とする立場であります。より根源的な場所の限定こそ「主客の対立」の生成なのであります。

次に、対象論理がなぜに宗教的事実に関して欠陥となるのかを考えてみたいと思います。さて、対象論理はやはり宗教の核心をつかむためには短所を有するのではないでしょうか。対象論理は宗教的事実の把得には隘路となるのではないでしょうか。なぜなら、主客相対の対象論理は立場そのものがすでにして二元的・派生的なものでありますからそれ以前の根源的場所に遡源できず、そこにおける絶対者を捕捉できないのであります。そしてそのことは、また、「矛盾的自己同一」の論理を導き出せないことを意味します。というのも、「一にして多・多にして一」という「絶対」のあり方は矛盾的自己同一の論理形式でしか示すことができないからであります。例えば、西田は場所的論理に基づいて、神と人間とは絶対矛盾的自己同一であるとし、神と人間とは逆対応の関係にあると主張しております。しかし、対象論理では、矛盾的にもせよ人間と自己同一をなすような神は考えられるものではありません。神と人とのあり方を絶対矛盾的自己同一となすことは出来ません。通常の対象論理では、神は神であり、人は人であります。両者はあくまでも別異・別個な存在であって、神と人間とが同一であるとは到底考えられるものではありません。この辺の事情をもう少し詳しく見てみましょう。

西田は宗教の核心をなす神と人間との関係についてこう述べています――「神と人間との関係は、人間の方からいえば、億劫相別而須臾不離　尽日相対而刹那不対　此理人人有之という大燈国師の語が両者の矛盾的自己同一的関係を云い表していると思う。否定即肯定の絶対矛盾的自己同一の世界は、どこまでも逆限定の世界、逆対応の世界でなければならない。神と人間との対立は、どこまでも逆対応であるのである」。

問題の核心は、対象論理では立論不可能と思われる神と人間との絶対矛盾的同一関係をなぜに場所的論理は導き出すことができるのか、ということであります。場所的論理は、対象論理では不可能と思われる絶対矛盾的自己同一の論理をどうして樹立することができるのでありましょうか。場所的論理成立の根拠如何、であります。そのことは対象論理との比較によって明らかになるでありましょうから、まずは対象論理について考えてみましょう。

対象論理、それは主客相対をなす我々の普通の考え方の論理と云ってよいでしょう。我々の普通の考え方・認識の形式が対象論理といわれるものなのであります。我々の常識的考え方がそのように呼ばれるのは、我々個々人が主観として客観的対象に向かい、客観を対象視し、そこから対象との認識・対境の知識を獲得しているからでありましょう。つまり、一般の認識・知識は、日常生活における実用的知も、学問を構築する論理的知も、さらには自己についての反省知も、これらはすべて主観的自己による対象についての認識であり、客観的対境に関しての知識なのですから、総じてそれは対象論理といえるでありましょう。意識を有する人間であるということが主観的自己たらざるを得ないわけでありまして、対象論理はこの主観的自己を基盤にして産出・形成されるのであります。つまり、対象論理は内なる主観と外なる客観という二元的構造による論理なのであります。近代哲学の主流をなした認識論、それは歴史的必然性あってのことですが、それも結局は二元的対象認識の哲学的考察と云ってよいでしょう。また、いわゆる「自己同一律」・「矛盾律」・「排中律」を原則とするアリストテレス以来の論理学もこの対象論理を考察の基盤としているのであります。

ところで、主客相対からなる対象論理の最も根本的な形式は・論理形成のその形式は、「自己同一律」と云ってよいでありましょう。歴史的にはパルメニデスが発見したものといわれている「自己同一律」であります。ここで心すべきことは、「AはAである」と云ったすでに出来上がった既成の論理形式に寄りかかるのではなく、「AはAである」という「自己同一律」がいかにして形成されうるのか、その根拠を追体験的に解明することであります。「自己同一律」を自明の前提とするのでなく、「自己同一律」という原則そのものがどのような論拠のうえに形成されうるのかを検討することであります。そして推うに、対象論理こそは「自己同一律」を形成する基盤と云ってよいでありましょう。自己同一を確認する論理は主客対立の立場によって樹立されるのではないか、という意味であります。なぜなら、例えば、「AはAである」という「自己同一律」の根底には、まず、対象が「A」であるという論定がなければならないからでありまして、対象が「A」であるという論定は外ならぬ主観・客観の対立構造によって得られるからであります。甚だ粗雑な言い方をすれば、対象論理樹立のあり方は主観が客観を対象とし、その客観に主観から認識的視線を投射することによって対象の何たるかが判読され、その対象の覚知・認識が獲得される、というプロセスであります。我々の認識のあり方は、認識主体としての主観がつねに客観の手前・その内側に位置し、その内から外なる客観に認識的視線を投げかけて対象知を獲得しているのであります。もし、主観が客観の手前・その内側になく、両者の間に認識的距離がなければ客観は主観から光を投げ与えられ・見られることがないのですから、対象の認知は成立しません。対象が「A」として論定されることもないのであります。ですから、「AはAである」という「自己同一律」樹立の可能根拠は客観的対象がとりもなおさず「A」であるとする主客相対の構造なのであります。そして、この原則が成り立つためには主観・客観がそれぞれ独立的に自己同一性を保っていることが前提となるのであります。もし、主客のいずれか一方が変われば、そこに論定「A」が成立しませんし、「自己同一律」も成り立ちません。つまり、客観が主観の外に、また、主観が客観の外に独立して固定されているという論理構造こそが論定「A」を確保しているのであります。結局、内と外なる主客相互の固定的立場が両者の間に認識的距離を措定し、対象論理の「自己同一律」形成を可能にしているのであります。

さて、このように主客相互の独立した固定的立場が論理の「自己同一律」をもたらすわけですが、そのことは、裏からいえば、対象論理は「絶対矛盾的自己同一律」を生み出すことが出来ない、ということを意味します。「自己同一律」を産出するまさにそのことが逆に「矛盾的自己同一律」を生みだせない、ということであります。すなわち、対象論理で「A」とされたということは、主観が客観の外に立って「A」と判読したということであって、それは主観の視座が客観の外に固定されていたから可能なのであります。ですから、客観が「A」以外の「非A」と論定されることはないのであります。たしかに、主観の位置の移動によっては認識の角度が変りますから、客観は「A一」、「A二」「A三」……と判読されることはありますが、「非A」と判定されることはありえません。つまり、主客対立の対象論理の立場では客観が「A」とされれば、これと同時にそれ以外の「非A」は成り立ち得ないのであります。云わば「客観」イコール「A」ということであります。ですから、客観は一義的に「A」として認識・命名され、「A」という名前に固定されていきます。「A」は「A」であって、それ以外のものではありません。「A」と同時に「非A」の論定はありえません。結局、対象論理が樹立するのは一義的・自己同一的な論定であって、「A」と「非A」とが同時・同等に成立する「絶対矛盾的自己同一律」ではありません。一義的な対象論理の成立根拠は主観・客観対立の地平であって、そこでは「自己同一律」の定立こそあれ、「矛盾的自己同一律」の定立はありえないのであります。

さらにいえば、対象論理は、相対的半面の論理なのであります。つまり、対象論理「A」はあくまでも主観の立場から見られた限りで成立するものでありまして、いわば客観の半面の姿でしかないのであります。たしかに論理「A」は客観ではありますが、客観それ自体ではありません。「A」は主観から照明された限りでの「A」なのですから、客観それ自体ではありません。それはあくまでも客観が主観に見せた限りでの「表の顔」ということであって、「裏の顔」はつねに隠匿され、我々にはその姿は全く見えないのであります。主観の座が客観の外に固定されているのでありますから、そこからの認識的視線は客観の背後に回り込むことができないのであります。それゆえ、主観によって投光された部分のみが客観の姿として映出され判読されるのであります。かくて、対象論理は主観の視圏内の論理であり、全体的・絶対的なものではありません。したがって、そこにおける論理は一義的で自己同一的なものに留まります。ですから、神をもとめれば、「神」はあくまでも「神」であってそれ以外でなく、「人」はどこまでも「人」であってそれ以外のものではありません。神は神として自己同一体をなし、人間は人間として自己同一体なすのであります。神は神、人は人、であります。神と人間とが表裏一体的に同一をなすことはありません。なるほど、対象論理でも神は「絶対者」であることを主張します。しかしこの論理では神は「相対者」としてか把握されません。観念的・表象的には「絶対者」と主張するでしょうが、現実的には「相対者」でしかないのであります。観念と現実とは一致しないのであります。以上のところからも分かりますように、我々の通常の考え方・対象論理というものは相対的半面の論理でしかないのであって、そこでは絶対的なものは把握されないのであります。それこそは対象論理の制限・制約と云ってよいでしょう。そして、その原因は主観が客観の外に固定・繫留されていて客観と対立し、客観の真っ只中に躍入できないからであります。主客が合一できないからであります。主観とは自我自執的なあり方であり、一つの囚なのであります。

これに対し、西田の場所的論理とは彼のいわゆる「場所」において樹立される論理のことで、場所とは主客がともにそこから成立・派生してくる源底なのでありますから、場所の論理とは主客合一の論理なのであります。つまり、主客がお互いに自己を否定し、相互対立・相互対峙を超克することでありますから、その主客の合一・主客の合致という事態においてはじめて当事者に「無」の現成という形で場所が開かれることになります。見る・見られる立場が合致・一体化するのでありますから主語も述語もなく、端的に「無」が現成します。その時、まさに場所がそこに開かれていることに気付くのであります。始めから当事者を離れて場所がどこかにある訳ではありません。もし、これ以外の立場を考えればやはり主客相対に陥り、「無」でもなく、絶対でもなく、主客の超克にはなりません。「絶対無」は当事者と客観との一致・一体冥合によってしか獲得されないのでありますます。ですから対象論理では絶対の把握は不可能なのであります。論理を産出する構造自身が二極的・双極的なのですから絶対的なるものの把握はできません。対象論理が宗教的絶対的なるものの把握に関して一大制約を有する所以であります。

これに対し、場所においての主客は対立・相対ではなく両者の合一・合致なのでありますから、絶対矛盾的なるものの把得も可能となります。つまり、主観がその桎梏から解放されて客観に合致・融合するのでありますから、対象たる客観の裏側にも認識の視線が届くことになります。対象論理の場では、主観の視座が客観の外に固定されていましたから、これが制限となって客観は照射された表の顔でしかその姿をあらわすことができませんでしたが、しかし、いまや場所においては主客合一なのですから単に「表」だけではなく、客観の「裏」の顔も見られるのであります。認識主観の視座の反対側も見られるのですから、客観というものは「表の顔」だけから成るのではなく、「裏の顔」からも成り立っているということが判明します。（すでに主客合一の時点で「客観」も消失し「客観」それ自体は存在しない）かくて、真の客観それ自体は表裏一体の立体的なものであることが分かります。対象論理に埋没している我々はこれに気付かず、客観とは「表の顔」だけであると思い込んでいるわけですが、場所からみれば、客観それ自身には「表の顔」以外に我々の認識的視線が届かない「裏の顔」があるのであります。それは明らかに「A」ではないが、しかし客観態の一部をなしているのでありますから、結局、客観態は「A」と「A以外のもの」すなわち「非A」から成り立っていることになります。したがいまして、対象論理で「A」とされたものは、場所的論理ではそれが否定されて「非A」となります。主客の間に認識的距離があればこそ、そこに認識が成立して「A」の論定がえられたのですが、いまや、その対立が超克されて主客合一の場所が実現したのですから、そこにおいては客観は単なる「A」だけでなく、「非A」とされるのであります。対象論理では単純に「客観」イコール「A」でありましたが、今度は「A」であると同時に「非A」となります。このことは、客観態の真の在りかたは単純な「A」ではなく、「A・非A」であるということを意味します。「A」と「非A」ではなく、「A・非A」ないし「非A・A」なのであります。「A・非A」の表裏一体的な合体・合成こそ客観の真のあり方なのであります。かくて、場所においては客観それ自体・物それ自体のあり方が把握されるのであります。主客の合一こそがこれを可能にするのであります。そしてさらにいえば、主客合一とは意識的次元からの脱却を意味するのであります。執着として働く意識的自己からの脱転こそが「ロゴス」と異なる「レンマ」の基盤なのであります。

我々は人間であります。人間であるということは意識的存在であるということで、それは客観的世界に対し一定の角度を持っていると言うことを意味します。そしてその一定の角度こそが対象論理を構成する角度でありまして、それが客観と相対峙することになりますから、いわば一八〇度の角度であります。そして一八〇度以上のものは「A」の陰に隠れてしまいますから「非A」の面は見えないのであります。それゆえ、現実の論理では「客観」イコール「A」とならざるをえないのであります。我々の認識が相対的なものでしかないのはまさにこのゆえなのであります。ここに時間的プロセスを入れて客観の核心に迫れば「非A」の部分も垣間見られるようになり、そこからいわゆる弁証法という論理が生成するのではないかと思われますが、それはともかくとして、主客合一した場所においては客観の背後すなわち「裏の顔」も見られるに至り、客観の真のあり方が把捉されるのでありますから、そこにおいては「A」が「非A」であり、「非A」が「A」であります。「A・非A」が同時・同等に成り立つのであります。そしてこの事態を表現するならば、やはり「絶対矛盾的自己同一」とする以外にないでしょう。「絶対矛盾的自己同一」の論理樹立はまさに主客合一の場所においてこそ可能なのであります。対象論理は一義的な「自己同一律」的な論理でしたが、場所的論理は「絶対矛盾的自己同一」の論理なのであります。そのことは、換言すれば、場所では真実在がその姿をあらわすのであって、しかし我々にはその姿は矛盾的自己同一的にしか掴まえられないということであります。つまり、事実の真のありかた・真実在は一義的自己同一ではなく、

「矛盾的自己同一」的である、ということであり、真実なるものは「絶対矛盾的自己同一」なのであります。ですから、それは決して一義的半面的な対象論理では把握されえないのであります。

ここで、話を神と人間の関係に戻しましょう。場所的論理を両者の関係にあてはめて考えてみましょう。そうすると、神と人間の絶対矛盾的自己同一の関係がよくわかるのではないでしょうか。

我々は場所をもって主観・客観合一の境位であると理解してきたわけですが、この場合、主観とは神をもとめる人間のことであり、客観とは求められる神のことでありますから、主客合一とは神と人間とが合一することであります。「神人合一」という事態であり、「神人同体」ということであります。神と人間とは別の存在でありながら、二あることなく一なのであります。一にして二なのであります。主客相対の対象論理では、主観としての人間と客観としての神はお互いに別個の存在なのですから、神はあくまでも神であり、人間はどこまでも人間であって両者が自己同一をなすことはありません。しかし、主客合一のこの地平では神と人間とが合一し、両者は、いわば、〝異身同体〟ないし〝同身異体〟ともいうべきあり方をなしているのであります。神は神でありながら神だけであることなく人間と一体をなし、人間は人間でありながら人間だけであることなく神と合体しているのであります。神が人間であり、人間が神なのでありますから、これはまさに矛盾の極致であります。「絶対矛盾的自己同一」という以外にないのであります。そして、このようなあり方においてのみ絶対者としての神はその絶対性を発現・発揮しうるのであり、また、人間は本当の人間になるのであります。すなわち、絶対とは、有であれば相対に堕すゆえ無でなければならず、ために自己自身のうちに自己否定を含むものでありますが、その自己否定によってのみ絶対者としての神の自己実現が可能となり、絶対者としてその姿を現すのであります。

以上は、主客合一という神と人間とのありかたをいわば形態の観点から見たのですが、次にこれを「絶対」という論理性に注目してみましょう。神人合一の絶対性はどのような論理によって導き出せるのか、ということであります。

言うまでもなく、神は絶対者であり、人間は相対者であります。対象論理ではこれでよい訳でありますす。神は神、人間は人間で、ごくあたりまえのことであります。しかし、場所的論理は主客合一の統一的立場・高次の大なる統合の立場でありますから、論理上、一方が神、他方が人間という二つの対立的存在・相対峙する存在は許されません。対象論理では一方が神、他方が人間という二つの存在を認めることは理の当然でありますが、場所的論理ではこれをそのままに認める訳にはいかないのであります。それを大なる立場から一旦否定したうえで、それぞれ所を得たものとして再統一しなければなりません。いわば、場所において還元・統一して見る、ということであります。真実在の世界において捉え直してみる、ということであります。こういうことであります――贅言するまでもなく、絶対とは相対ではありませんから相対を越えることであります。しかし、この高次の絶対が越えられた相対と相対峙し・相対立するのであれば、それは一種の相対でしかありません。絶対が自己の外に低次の相対を有し、これと並立しているのですから絶対でなく相対でありまず。それゆえ、絶対の実現のためには越えられた相対と対立しないように絶対が自己自身を否定しなければなりません。自己を虚しくし、自己を虚無化して先の相対に帰属、これに一体化しなければなりません。それ以外の第三者に帰着すれば、これまた相対に堕することになりますから、先の相対に帰一する以外にありません。結局、絶対者たる神はその絶対性の実現のためには自己を無となし、相対者たる人間に合一・一体化しなければならないのであります。いわば、「神の受肉」ということでしょうか。そこから見れば、受肉はイエス一人に限るものではありません。西田はこう述べていますーー「絶対は、自己の中に、絶対的自己否定を含むものでなければならない。しかして自己のなかに自己否定を含むということは、自己が絶対の無となるということでなければならない。自己が絶対無とならざるかぎり、自己を否定するものが自己に対して立つということである。故に自己が自己矛盾的に自己に対立するということは、無が無自身に対して立つということである。真の絶対とは、かくのごとき意味において、絶対矛盾的自己同一でなければならない。我々が神というものを論理的に表現するとき、かく言うのほかない」。神の受肉に関し、「……我々の個的自己、人格的自己の成立の根底には、絶対者の自己否定というものがなければならない」。「人間は神の絶対的自己否定から成立するのである」。要するに、場所においては、絶対は相対であり、相対は絶対なのであります。神と人間とは二でありながら一であり、一でありながら二なのであります。自他不二であると共に自他不一であって、神と人間とはお互いに矛盾的自己同一なのであります。

ここまでくると、西田が神と人間との関係を示したものとされる大燈国師の言葉もよく理解できるのではないでしょうか。それは、「億劫相別而須臾不離　尽日相対而刹那不対」というものですが、端的に云って「相別れて離れず・相対して対せず」ということですから、これは矛盾的関係を示していています。そしてすでに見ましたように、明白に矛盾を産出しうる立場は西田の場所であるわけですから、これすなわち場所的論理の典型的表現と云ってよいでしょう。

これをあえて前段・後段にわけてみると一層わかりやすくなると思います。前段は神と人間とが「相別」れ・「相対」しているのですから、普通の宗教現象を示した言葉であり、対象論理に基づく神人の関係と云ってよいでしょう。対象論理は主客対立なのですから、主観としての人間と崇拝される客観としての神とは「相離れ」た存在であって、両者は「相対する」ことになります。通常、人間は神を聖なるところに奉り、これを崇めているわけですが、これはそういう形で神と人間とが「相離れ」・「相対している」ことを示しています。ここでの宗教は対象論理的に考えられものであり、対象論理の産物なのであります。

問題は後半です。「相別」れているにもかかわらず「不離」であり、「相対」しているにもかかわらず「不対・対せず」ということでありますから理解しにくいのでありますが、しかし、神人合一の事態を考えれば容易に理解できるでしょう。絶対の神はその絶対のゆえに自己を虚しくして人間に帰一するのですから、それは神人合一という事態になり、〝離れず・相対していない〟のです。神と人間とは矛盾的であれ自己同一をなしているのですから、いつ・どこにおいても両者は「離れず・対せず」の事態であります。絶対者としての神がその絶対性を実現するためには、自己を否定して相対者の人間に帰着し合一しなければならないのです。

以上簡単に見ましたように、いわゆる絶対者としての神と相対者としての人間との真の関係は場所的論理によらなければ理解できないのであります。西田が対象論理を批判する所以、それは対象論理がこのような「神・人」の絶対矛盾的自己同一と云うあり方を捉えることができないからと云ってよいでありましょう。神の絶対性を把得できないからでしょう。

ところで、次の課題は、我々はいかにしたら場所的論理を手に入れることができるのか、ということであります。我々はつねに対象論理の立場にいるのでありますが、いったいどのようにしたら場所的論理を獲得できるのでありましょうか。

それは、結論的に言えば、我々自身が主観的自己を脱却することであります。なぜなら、場所的論理とは主客合一の場所そのものにおいて形成される論理なのでありますから、なによりもまず我々自身が場所そのものに転入することが要求されねばなりません。主客合一の場所に立脚することであります。そして、そのためには、主客合一を他人事として外に求めるのではなく、己が身の上に実現しなければなりません。客観との合一を目指して現実のこの主観的自己を転換しなければなりません。客観と対立してしまう主観的自己のありかたを客観と合一せる自己・客観と合致せる自己に変革することであります。我々が、平生、主観的自己であるというまさにそのあり方が客観と相対峙し、そこに対象論理を構築してしまうのですから、この立場を脱却して場所に超入するためには、主観というあり方を脱底しなければなりません。通常の主観的なあり方の自己を客観と合致せる自己・客観と融合せる自己に変革・改造し、よってもって場所に転入することであります。そして、それこそもはや論理上の事柄ではなく、宗教的体験なのであります。体験が論理に先行し、我々自身のあり方こそが論理の場を開拓するのであります。決してその逆ではありません。

さて、自己の転換・自己の変革、それは、煎じ詰めれば、意識的自己の克服ということになるでしょう。意識的自己の実存的超克ということです。なぜならば、意識こそが現実に生きているこの主観的自己をたちあげ、対象論理を築くからであります。しかし考えてみれば、これは最大にして最深の問題ではないでしょうか。というのも、我々のあり方は洋の東西・老若男女を問わず意識的自己・主観的自己以外にはありえないからであります。我々は人間でありますが、我々が人間であるということは意識ある存在として生まれついたということであります。したがって、意識的自己の脱却とは一面では人間的次元の脱却を意味するであります。はたしてこのようなことが可能なのでありましょうか。

ところで、意識的次元の突破・主観的自己の脱底とは、真の意味の自覚であります。自覚の深化徹底であります。西田哲学の場合、自覚とはさしあたっては「自己が自己を反省すること」であり・自己が自己を知ることであって、この自覚によって自然科学や精神科学の認識・知識が得られ・体系化されるというのでありますが、しかしそれはこのような対象論理的自覚だけに留まるものではありません。自覚は究極的には「絶対無の自覚」を意味します。宗教的な覚醒という意味でありますす。それゆえ、西田の自覚の概念理解は単なる知的レベルのものであってはならず、実存的体験を要求します。観念的・表象的な理解ではなく、各自の体験であります。ここに西田哲学体得の難しさがあると思われます。西田哲学は勝れて宗教哲学であり、深い宗教性を内蔵した哲学であることは通説となっていますが、如何なる概念が宗教性を深く内含しているのか、必ずしも明らかではありません。惟うに、純粋経験を踏まえた自覚の概念こそは哲学と宗教をつなぐものでありまして、それは実用知や学的客観知を含むものであるとともに、他方では絶対無に通底する宗教的概念なのであります。自覚こそが哲学の次元を貫徹し、さらにその奥の宗教的領域を拓く概念である、という意味であります。そしてそれはあとで触れますように、禅の「悟り」の哲学的表現とも見られるのであります。かくて、その自覚はデカルトにみられるような対象論理的自覚であってはならず、実存的自己の場所的自覚・絶対無の自覚でなければなりません。ですから、その自覚による「我」ないし「我在り」の捉え方も一義的・自己同一的なものであってはならず、「我」と「非我」との矛盾的自己同一でなければならないのであります。デカルトと比較してみましょう。これについては、ここにおられる上田先生がすでになされていますが。

周知のように、デカルトは曖昧な基盤のうえに成り立っていた従来のスコラ的学問に代えて、新しい学問を「堅固で確実なもの」の上に構築しようと決心しました。そして、「方法的懐疑」といわれる思惟法によって「コギト」・意識としての自我を見出したのであります。しかし、この場合、発見された「我」ないし「我在り」は一義的自己同一的なものであって、決して西田の捉えたような矛盾的自己同一なものではありません。つまり、「自我」は見られても、「自我」の手前に働く「非我」は洞見されなかったのであります。というのも、デカルトの思惟にみられるあり方はやはり主客相対の対象論理であったからであります。主客対立という論理構造を基盤とする対象論理的思惟であったからであります。こういうことであります――「我思う、故に我在り」の命題に注目すれば、「我在り」という客観は「我思う」という主観によって捉えられていることがわかります。「我」が「思う主体」であると同時に「おもわれる客体」でもあります。すなわち、同じ「我」が省察の対象であると同時に考察の主体・論理の主体となっているのでありまして、それは、結局、「我」という同一次元上の内在的自己省察であり、脱自的な考察・西田の場所的洞察になっていません。上田先生の言葉を拝借すれば「問から答えにおいて生起した反転再帰によって〈われ〉が定立」された、ということであります。ですから、これは主客対立による自己把握の典型的一例でありまして、主観的自己に反映された限りの「我」は把得されても、主観的自己の手前・その絶対此岸に働く「非我」の洞見は不可能であったのであります。つまり、対象論理の二元的構造は、自己以外の一般的な事物・事象をとらえる時だけではなく、内なる自己自身を反省の対象とするときにも働きますから、求められる真の自己は求める主観的自己の枠組内でしか浮上・映出しません。デカルトでは、それが実体としての「コギト」といわれたものでありまして、真に働くものとしての「非我」・絶対無としての「非我」ではなかったのであります。「コギト」は対象的に捉えられた限りでのものでしかありません。それゆえ、西田は論文・「デカルト哲学について」のなかで、「デカルトの問題と方法とに同意を表するものである」としつつも、こう批判するのであります――「デカルトはすべての物を疑つた」。そして「コギトー、エルゴー、スム」の命題に達したのである。「私は此にデカルト哲学の不徹底があるというのである。私が私の存在を疑うというなら、疑うものが私である。疑うという事実そのものが、自己の存在を証明している。かかる直証の事実から把握せられる実在の原理は主語的実在の形式ではなく、矛盾的自己同一の形式でなければならない、スム・コギタンスの自己は、自己矛盾的存在として把握されるのである」。

つまり、「我在り」の本当のあり方は「我」と「非我」のいわば合成態なのであります。否、「我」はむしろ我の大元としての「非我」の顕現態なのであります。「非我」こそは己を顧みて「我」と命名している真の我なのであります。結局、本来の我は矛盾的自己同一なのであります。

このように、デカルトの懐疑をもってしても主観的自己の厚い壁は突破できるものではなく、場所そのものに立脚することができなかったのであります。それは、デカルトの「方法的懐疑」が不徹底であったともいえますが、むしろ我々の思惟のあり方・主観的自己を中心とした対象論理的思惟そのものの制限と見るのがより真実ではないでしょうか。実際、西田はデカルトに系譜する主観的自己を基盤としたヨーロッパの哲学を「主観主義」とか、「主語的論理主義」とか名付け、このように批判しているのであります――「カント哲学以来、人は先ず主観客観の対立を考え、主観の立場から出立する。意識的自己の立場から出立する。而してそれを内在的立場からと考えている……私からいえば、それは逆であって、主客対立というのが、この世界の自己矛盾から成立するのであり、意識的自己というのはこの世界の個物として、この世界において考えられるのである。いわゆる内在的立場というのは、考えられた立場、媒介された立場であろう。主客の対立というには、かかる対立の成り立つ場がなければならない」（論文・「自覚について」より）。「非我」は、そこにおいてすべてが如実にあらしめられる根源そのものでありますから、「自己」およびこれを一支柱とする「主客の対立」もそこから生起することになり、それがここでは「世界」といわれております。「主客の対立」から「世界」が出てくるのではなく、逆に根源的な「世界」の限定がいわゆる「自己」および「主客の対立」を現出するであります。

要するに、われわれがアラヤ識を基層とする意識的存在として生をうけているということ、そのことが主観的自己を立ち上げ、客観と相対立する対象論理を構築してしまうのです。「主観主義哲学」・「主語的論理主義」もこの延長上にあるのでありまして、それは「レンマ」でなく「ロゴス」の立場なのであります。とはいえ、対象論理に依存しなければ我々の生は確立・維持できないのも厳然たる事実なのであります。それゆえ、西田はこう述べるのであります――「私は対象論理を迷いの論理というのではない。場所が矛盾的自己同一的に自己において自己を限定する時、それは対象論理でなければならない。唯、対象論理的に限定せられたもの、考えられたものを実在としてこれに執着するところに迷いがあるのである。宗教においてのみならず、科学的真理においてもかくいうことができるのである」。

再三申しますように、我々は「意識的自己」ないし「主観的自己」でしかありえないそのあり方が対象論理の構造を造形し、それが自己省察の場合にも障碍となって働いて真の自己把握を不可能にしているのであります。それは意識的存在たる我々にとっては避けられないことであり、その限りで、対象論理は必至の論理なのであります。ですから、それは単なる論理や哲学固有の問題ではありません。それ以前の生そのものの問題であります。論理以前・哲学以前の生の宿命と云ってよいでありましょう。つまり、それはもはや宗教の次元なのでありまして、主観的自己・意識的自己の突破・脱却がいかに困難なのかを想うべきでありましょう。

しかしながら、いかに困難とはいえ、真の自己は他からあたえられるものではありません。自己自身が求めねばなりません。禅でいう「己事究明」が課題になるのであります。そして、そのことは、外ならぬこの自己の身上において、求める自己と求められる自己との合一を図ることであります。自己自身における「主客合一」とは、主客対立の元凶となる求める側に働く、求める「意識的自己」の枠組みを破り、「意識的自己」の奥底に明々歴々と働いている「真の自己」・「本来の自己」を見出すことであります。というのは、「真の自己」は客観と対立するものではなく、かえってその手前から客観をして客観たらしめる当の働きであり、それがまた自己を省みていわゆる「意識的自己」と把握する能産的働きだからであります。己自身を顧みていわゆる「自己」と捉えるその働きが外にたいしてはいわゆる客観を定立するのでありますから、真の主観はその展開において客観と対峙し対象論理を樹立するとしても、そのことをよく知るがゆえにそれに執われず、逆に客観を客観として活かすことができるのであります。西田はこう述べています――「我々の自己の奥底には何処までも我々の意識的自己を越えたものがあるのである。しかもそれは我々の自己に外的なるものではなく、意識的自己というものは、そこから成立するのである、そこから考えられるのである。それは単に無意識とか本能的とかいうものではない。爾考えるのが対象論理的錯誤である」。「我々の自己の根底には、何処までも意識的自己を越えたものがあるのである。これは我々の自己の自覚的事実である。自己自身の自覚の事実について、深く反省する人は、何人も此に気付かなければならない。鈴木大拙はこれを霊性という」。

結局、主客合一たる場所への転入は「主観的自己」の脱底であり、「意識的自己」の突破であります。すなわち、「主観的自己」(或る種の客観)の脚下に捕縛されている「真正の自己」(真の主観)を解放することであります。しかし、これこそが最大のアポリアなのであります。というのも、本来の自己の発見・発掘の仕方、その方法も実は対象論理を必然的に築いてしまう「意識的自己」の働きによる以外にないからなのであります。真の自己の探求は、これの妨げとして働く「意識的自己」の思量・対象論理的方法による以外にはないのであります。しかも「主観的自己」が度を深めて探求すればするほど対象論理の壁を厚くしてしまい、真の自己をその壁の中に塗り込めてしまう恍れがあるのであります。我々に許されている「己事究明」の方法は「主観的自己」による究明だけなのでありますが、しかしこれをもってしては真の自己の解放を不可能にする危険があるのであります。これはまことに矛盾であり、大いなるディレンマであります。真の自己は「求めよ、さらば与えられん」という具合にはいかないのであります。むしろ「向かわんとすれば即ち背く」底のものなのであります。

では、西田はどのようにして真の自己を解放したのでしょうか。西田の場合、それは若き日の参禅体験に負うもの、と云ってよいのではないでしょうか。その詳細を語る余裕がありませんが、西田はこのように言っております――「仏教においては、すべての人間の根本は迷いにあると考えられていると思う。迷は罪悪の根源である。而して迷ということは、我々が対象化せられた自己を自己と考えるから起こるのである。迷の根源は自己の対象的見方に由るのである。故に大乗仏教においては、悟によって救われるという。この悟という語が、一般に誤解されていると思う。それは対象的に物を見るということではない。……それは自己自身の無の根底を、罪悪の本源を徹見することである。道元は仏道をならうことは、自己をならうなり、自己をならうというは、自己をわするるなりという。それは対象論理的見方とは、全然逆の見方でなければならない」。

場所的論理、それは主観の立場から対象的に見ることとは逆の見方であります。「意識的自己」からではなく、「意識的自己を越えたもの」からであり、「主客合一」の根底からであります。自己を否定して「物になって考え、物になって見る」立場であります。人間の側からではなく、物の側から・「世界」のもとから洞察することであります。したがって、そこでは人間の側からの論理すなわち対象論理は一旦否定されます。しかし、それは絶対否定でありますから「非」はさらに「非非」として否定され、「是」という肯定の場に超出することになります。これすなわち「非非」の成立です。「場所的論理」が鈴木大拙の「即非の論理」「即非の論理」に通ずる所以であります。

いままで「西田哲学における事実と論理」ということで、主に宗教的事実と場所的論理について話をしてまいりました。しかしこのことは、場所的論理がただいわゆる宗教的事実のみに妥当する論理である、ということではありません。場所的論理は広く一般的事実・あらゆる事実にもあてはまるのであります。それは「世界」の論理・「世界成立の論理」なのであります。なぜかと申しますと、それは「世界」における一つ一つの事実がそれ相応の論理を持っているからであります。事実をその事実性から究めれば、そこに場所的論理がみられる、ということであります。そしてこれが成り立つのは、西田哲学は「事実」を実在の次元たる「純粋経験」の立場において把捉するからであり、事実をして事実たらしめる「事実性」から捉えるからなのであります。我々はこの講話の最初の方で、他の哲学者と同様に事実を前提とし同じ事柄を追究したにもかかわらず、西田は彼らとは相違して場所的論理を樹立したと述べましたが、それは西田が「事実」をそれと同次元の「事実」から考察するのではなく、その根源の「事実性」から究明したからであります。このような、事実の根源たる純粋経験からの探求はすでに『善の研究』以来遂行され、そのことがやがて場所的論理に結晶するのであります。『善の研究』の段階における西田は、当然のことながら、まだ経験と論理との深いつながりを結びつけて考えてはおりません。それは、いわば純粋経験の心理学の段階でありまして、論理への考察はまだされていません。しかしながら、たしかに純粋経験は場所的論理の母胎なのであります。場所的論理が純粋経験から導き出される必然性はあるのであります。というのも、純粋経験の概念こそは主客合一の境位でありまして、この境位が、「自覚」の段階を経由し、さらに判断論理の成立・その形式を探求する段階に至って「場所」と命名され、深められて概念化されたからであります。ですから、絶対矛盾的自己同一という論理形式も純粋経験の立場からも考えることができるのであります。すなわち、『善の研究』を引用すれば、純粋経験とは「まだ主客の対立なく、知情意の分離なく、単に独立自全の純活動あるのみである」ということです。「主客の対立」がない・「知情意の分離」がないということは経験の当事者が経験の主体として経験そのものになり切っている事態であり、「独立自全の純活動」の真っ只中にいることであります。それはいわば渾然とした一つの星雲状態でありますから、そこにおいてはまだ精確厳密な知識も認識も成立しません。それは認識以前の場であり、主客の成立以前、知・情・意分離以前なのですから、いわば混沌であり・カオスでありまして、そのことがそのまま論理的には絶対矛盾的自己同一の母胎なのであります。つまり、やがてそれは主客に分節し、客観が主観によって判読されて、たとえば「甲」なる認知を得るのであります。対象論理の樹立であります。但し、その認知は主観によって照明された限りでのものでしかなく、相対的な半面の認知でしかないこと、すでに述べた通りであります。

対象論理が半面の論埋でしかないということ、それは、我々が事実を自己同一性ある事実としか認めない、ということであります。つまり、我々は事実を外から見ているのでありますが、しかしその見方は事実が事実として成立してくる根源・事実性という事実成立の根拠を塞ぐことによって成りたっているのであります。なるほど、対象論理は事実を捉えますが、それは始めからその根底の事実性を塞ぐ見方なのであります。

これに対し、西田哲学で「事実」という場合、それは「対象的に考えられた所謂事実」を意味するものではなく、事実を事実たらしめる「事実性」すなわち純粋経験の事実なのであります。それは、「対象的に考えられたものは、自己自身を限定する事実ではなくして、物である」(論文・「論理と数理」より)と洞見しうる立場なのであります。「対象的に考えられたもの」が「事実」でなく「物」であるということは、対象論理の枠組みに入ってきたものは既に「純粋経験」ではなく生命を喪失したもの、という意味であります。ですから、例えば我々は「純粋経験如何?」と問われて、それを種々に説明してこと足れりとしているのでありますが、しかしその時その説明内容に執われていれば、それは「純粋経験」ではありません。なぜなら、それは〝説明された純粋経験〟・〝客観化された純粋経験〟であって真のそれではないからであります。「純粋経験」は〝説明される側〟にはなく、つねに〝説明する側〟なのであります。客体ではなく、絶対主体の経験なのであります。

純粋経験のいかなるかの説明内容(客)、それは手前の説明者(主)の説明として成り立っているのであって、そこに説明者および聴き手への視線がなければ「純粋経験」とは云えないのでありま す。要するに、西田の「純粋経験」の立場とは「事実性」に立って物事を把握することであります。それは事実の真っ只中に没入し、事実の内・事実それ自体の中心から掴むことでありますから、そこでは主客合一すなわち自己の中心と事実の中心とが一体となっているのであります。そこから見れば事実は単なる「事実」ではなく、「非我」と一つになった「非事実」なのであります。「事実」

は外の第三者に示した表の顔であって、事実性から見ればそれは正に「事実」と「非事実」との合成からなる純粋経験なのであります。絶対矛盾的自己同一とはこの事態を論理的に表現したものにほかなりません。この事態がやがて場所的論理に深められたと云ってよいでありましょう。「即非の論理」の形式で言えば、「事実は非事実であるが故に事実である」、あるいは、「事実が事実であるのは非事実だからである」ということになるでしょう。このような事実の生起、そのことは同時に真の自己の確立であり、真の自己の実現なのであります。真の自己の成立において、事実が事実となるのであります。ご清聴、ありがとうございました。

〔付記〕　平成一七年九月、「土井道子記念京都哲学基金シンポジウム」に参加する機会に恵まれた。本稿はその時発表したものを加筆・修正したものである。

付録㈡　道元禅と西田哲学との一接点……「自受用三昧」と「純粋経験」

小稿の目的はいわゆる「悟り」といわれる事態を中心にして、道元禅と西田哲学との接点を模索することにある。道元は日本曹洞宗開祖の禅僧であり、西田は臨済宗の居士号を持つ哲学者であるから、両者の思惟の間にはさほどの相似性はないとも見られる。しかし仏心に二心ある筈はないのであるから、その核心部においては交叉するものがあるであろう。宗派以前の求道者としての思量的接点があるであろう。以下は「小異を捨てて大同に即く」の立場から、両者の相類性・近似性を垣間見ようとするものである。紙幅の関係上、試論的素描の域を出るものではない。只々、識者のご叱正を乞うのみである。

さて、道元が日本海の荒波を越えて宋に渡った事由の一つは、「如来自ら法身清浄ならば、諸仏甚麼としてか更に発心して三菩提の道を修行するか」という一大疑念にあった。そして四年後、その道元は眼横鼻直を認得して帰国した。いわゆる空手還郷である。

眼横鼻直はごく当たり前のことであって、ことさら奇異なことではない。しかしこの当たり前のことを言い得るためには如浄禅師の下での身心脱落の体験がなければならなかった。それゆえ眼横鼻直は身心脱落後のそれであり、脱落身心としてのそれである。つまり仏法を経典や法具においてではなく、また単なる知解の対象としてではなく、まさに身心においての体得・体解であったから眼横鼻直は道元の身心にして兼ねて法身としてのそれなのである。行の上での証としての眼横鼻直なのである。そこに思量の転換が看取される。

ところで、仏教の精髄をなす悟りとはいったい如何なる事態をいうのであろうか。『さとりとは何か』(大法輪閣)における諸家の所説はいずれも隔靴掻痒の感を禁じえない。その点、西田は道元の言葉を援用し、ズバリとその核心を衝く――「仏教においては、すべて人間の根本は迷いにあると考えていると思う。…故に大乗仏教においては、悟によつて救われるという。私は、この悟という語が、一般に誤解せられていると思う…それは対象的に物を見るということではない…それは自己自身の無の根柢を、罪悪の本源を徹見することである。道元は仏道をならうことは、自己をならうなり、自己をならうというは、自己をわするるなりという。それは対象論理的見方とは、全然逆の見方でなければならない」。つまり西田によれば、悟りとは平生の我々が陥っている「迷い」すなわち「対象的に物を見る」見方から脱却し、「自己自身の無の根柢を徹見すること」なのである。己事を究明し、自己をならうて、自己の無なることを自証することなのである。それはいわゆる修行とは異なり、修行の内に完全には吸収されざる我々自身の捉え方の転換なのである。修行がそのまま悟りに直接するものではない。

ところで、我々の自己の根底が無であり、無を自得したならば、そこには客観と合一した自己が現出するであろう。つまり客観と一体化した「主客合一」の事態の自己である。否、そこではもはや「自己」とすらいえない。見るもの・見られるものがない境位なのであるから、言語表現は成立せず、ただ単に有無の相対を越えた「絶対無」の現成があるだけである。結局、悟りとは「絶対無」（これを裏返して云えば「絶対有」）の自得であって、それは抽象的に云えば絶対無を現出する「主客合一」の現成なのである。己を無にして客観との一体化を図り、随所に絶対の主（客を含んだ大なる主）となることである。

実際、西田はその若き日の著書・『善の研究』において「主客合一」の宗教的意義をこのように云っている――「…実地上真の善とは唯一つあるのみである、即ち真の自己を知るといふに盡きて居る。…而して真の自己を知り神と合する法は、唯主客合一の力を自得するにあるのみである」。「真に主客合一の境にいたること」、「これが宗教道徳美術の極意である。基督教では之を再生といひ佛教では之を見性といふ」。「宗教的要求は自己に対する要求である。…我々の自己が相対的にして有限なることを覚知すると共に、絶対無限の力に合一して之に由りて永遠の真生命を得んと欲するの要求である」。「主客合一」を神との関係で考え、これを神―人の関連で云えば、「かく最深の宗教は神人同体の上に成立することができ、宗教の真意はこの神人合一の意義を獲得するにあるのである」ということになる。このように西田は禅仏教をも含む真の宗教の極致を「主客合一」に求めているのである。

周知のように、仏教の宗教的特質は「一体の三宝」にあるであろう。それは「神人隔絶教」と云うより、むしろ「神人合一教」なのである。それは仏を理想的境地に祭り上げて崇拝・帰服することではなく、自己自身の脚下を照顧して仏祖に通底する真の自己を発見・自得することである。仏教が解脱の宗教であり、祖仏と等しく成正覚を目指す宗教なのである。高崎直道も「仏教の特質をひとことでいえば、真理と一つになる、絶対との合一ということを目標とする点にあるといえよう」と明言する。如来とは解脱後の真の自己のことである。

実際、臨済は「你、若し能く念念馳求の心を歇得せば、便ち祖仏と別ならず。你は祖仏を識らんと欲得するや。祇だ你面前聴法底是なり」と説き、「道流、山僧が見処に約せば、釈迦と別ならず。今日多般の用処、什麼をか欠少す。六道の神光未だ曽つて間歇せず。若し能く是の如く見得すれば、祇だ是れ一生無事の人なり」と道破する。つまり臨済は、〝俺の前で説法を聞いているお前たち、それこそ仏祖と別者ではない。よく看よ〟と喝破しているのであるから、これは求道者と祖仏との合一・「主客合一」を勧説したものといえるであろう。鈴木大拙によれば、臨済の説示する一無位の真人は「個一であると同時に超個者であり、超個者であると同時に個一である」いう。これは個と超個者の合一ということで、「主客合一」を端的に直指したものと云ってよい。禅の真諦を構造的に見れば祖仏と自己との「主客合一」なのである。

道元もまた、『正法眼蔵』・「八大人覚」の最後に説く――「いま学習して生々に増長し、かならず無上菩提にいたり、衆生のためにこれをとかんこと、釈迦牟尼仏にひとしくしてことなることなからん」と。「無上菩提」に至って「釈迦牟尼仏にひとしくしてことなること」のないこと、これ、得悟を介しての「主客合一」でなくて何であろうか。求道者としての自己と釈迦との「合一」の現成こそが禅の勝義諦にほかならない。「殺仏」というのがこれである。そしてその合一の境位においては釈迦も自己も単なる「釈迦」・単なる「自己」でなく、只々、絶対否定・脱落身心としての当事者が存在するだけである。そのとき初めて平常のこの自己も釈迦と同位・同格の「真の自己」となる。「唯仏与仏」である。儞藤即応は「仏教の教学的理解から言えば、眼蔵の全体は、一法一如、性相不二、生仏一体の原理で盡くされ、法の上からは一法窮盡、人の上からは独立無伴で終始一貫しているといえる」とする。この原理は道元禅の精髄が西田のいう「主客合一」に相似することを示すであろう。但し、「一法」は単なる一法ではなく、一即全・全即一としての全一的法であらねばならない。

ところで、「主客合一」という観点から曹洞宗を管見して不満に思うことは、悟りへの取り組み方が希薄ではないか、ということである。筆者が宗教学界において尊敬するのは寸心・西田幾多郎、大拙・鈴木貞太郎、渓聲・西谷啓治であるが、いずれも公案の劫火を潜り抜けた臨済系の人達である。「物になつて見、物になつて考える」主と客との合一を体験・体得した居士方である。それゆえその教説は単なる分別知を超えたものとなっている。

では、曹洞系の方に彼等に比肩しうる学者が出ているのであろうか。不遜にいえば、筆者の知る限りでの狭い範囲内では見当たらない（筆者は儞藤即応を尊敬するが、やはりその学識は無分別知よりむしろ分別知に傾いている）。なぜなのであるか。愚見するに、曹洞系の人たちは良く云えば悟りへの執着がないということであり、悪く云えば修行重視の余り成正覚の大智的側面に意を払っていないのではないか、ということである。修証一等の言葉に無意識の内に安坐し、当事者としての主観的自己を客観に合一させるべく身心を賭しての自己の転身を遂行していないのではないか、との謂である。

道元の住法位の考えに基づくならば、たしかに修証一等であろう。しかし証は証であり、修は修であって修は必ずしも証にはならないのであるから、行の上に証を証として断然確実に自得すべきではないのか。なるほど道元禅の根本は悉有仏性という法理にある。それは本覚の立場ではないにせよ、その延長上と思われる行的方面での仏作仏行や威儀即仏法を説くのであるから、行の上での証仏もさほどの困難なくして可能であるように思える。曹洞宗は転迷開悟よりは修証一如の行を旨とするから、ただ坐り、日常生活の中に仏事を行ずればよい、と思いがちになる。「真の自己」の徹底的な把得なくともよいように錯誤しやすい。単純に坐禅即坐仏とすれば、そこに大智獲得の側面は看過されやすい。

しかしながらである。仏陀とは正覚者であり絶対無の現成としての「真の自己」の自得者なのであるから、仏教信者は己事の究明こそが一大事でなければならぬ。曹洞宗には行を重視するのあまり己事の究明・自己の徹見にやや欠ける嫌いがあるのではないのか。他ならぬ自己自身との抜き差しならぬ格闘が薄弱ではないのか。この姿勢は学一般の立場では許容されようが、こと、仏教学に関しては許されることではない。己の究徹なくして何で仏教学たりえるのであるか。まさに「仏道をならふといふは、自己をならふ也」である。

問題は、「自己をならふ」というその習い方である。如何にしたら「人々の分上にゆたかにそなはれり」し妙法を自証・自覚しうるのか、である。道元禅は見性悟道ではなく修証一如の行の立場であるから、「この法は…、いまだ修せざるにはあらはれず、證せざるにはうることなし」として只管打座と参師聞法の両行による自内証を強調・勧説する。衛藤を引用すれば、道元禅は「教学仏教の究極を越えての行の仏教」であり、「単伝正直の仏法というのは、自内証を純粋行として体得し相続する上に始めて云える」立場である。教学の仏法でない打坐の仏法は「無上菩提を行によって相続することであるとみなければならない」のであって、行・打坐がこのうえなく宣揚される。当然のことではある。

しかしここで省慮されるべきは、行の強調によって大智的側面の自内証を蔑ろにしてはならないという、そのことである。自内証をこの自己の自内証として完璧に承当しなければ、行も真の行とはならない。大悲も大智の裏付けがなければ真の大悲とならない。よって、行の上のことではあれ、自内証を「純粋行として」だけではなく、まさに菩提樹下の釈迦の自内証をそのまま己の自内証として承当しなければならぬ。自内証の内実は大智なのであるから、先ずは大智の如何なるかを精確に了得しなければならぬ。大智とは涅槃経に云う仏性の覚醒のことで、「仏性とは第一義空に名づく、第一義空は名付けて智慧となす」と云われるのであるから、単純に行に収斂されうるものではない。それは般若の智なのであるから、たとえ行住坐臥の行履を優先するとしても、大智としての自内証を自内証それ自体としてこの自己のうちに体得しなければならない。これが道元禅のいう「単伝」に外ならぬ。

分別知ならぬ無分別知の立場に立つ西田は、いわば自内証を的確に把捉してこう述べている――「我々の自己の自覚の奥底には、何処までも自己を超えたものがあるのである。我々の自己が自覚的に深くなればなるほど爾いうことができる。内在即超越、超越即内在的に、即ち矛盾的自己同一的に、我々の真の自己とはそこから働くのである。そこには、直観というものがなければならない」。…「我々の自己の根底には、何処までも意識的自己を越えたものがあるのである。…鈴木大拙はこれを霊性という」。直観とは外ならぬこの自己の奥底に「自己を超えたもの」を一挙に掴むことである。つまり西田は仏教のいう迷いは、「対象化せられた自己を自己と考えるから起こ」り、「迷の根源は自己の対象論理的見方に由る」とするのであるから、自内証とは自己を対象化によって把握するその捉え方の突破にほかならない。平素、我々がそこに陥っている自己把握の仕方からの脱却であり、超越である。〝自分は自分である〟と思っている、その自己認識の超克である。自己同一性の超越である。

学問一般の立場をも含む我々の常識の立場（西田のいう「対象論理」の立場）は、自己を単に「自己」と思っている。内省によって捉えられた「対象化せられた自己」を「真の自己」と思っている。たしかに自分はここにいるこの「自己」であって、他者ではない。しかしながらここで深く思量すべきは、このように自分を「自己」と識別し、他者からこの自分を引き離して「自己」と分別しているものはいったい何者なのか、ということである。云うまでもなく、それは自分自身に外ならない。とすると、自己には、他者と区別され他者と同次元の自己、および自分は他者とは違うのだと現に識別している自己との二者がいることになる。いわば所識としての自己と能識としての自己である。そして後者が「真の自己」であって、これ、西田がいう自己の奥底の「意識的自己を越えたもの」に外ならない。「真の自己」に外ならない。

したがって「真の自己」とは、普通に我々が対象的に捉えた意識的自己ではなくして、この「意識的自己」と「意識的自己を越えたもの」との絶対矛盾的自己同一態であることが判明する。所知としての自己と能知としての自己との矛盾せるものが合体し同一態となっていること、それが「真の自己」なのである。これは前に見た臨済の「人と真人」（「個と超個」）との合一に相当するであろう。西田は後期になると「主合一」に換えて「絶対矛盾的自己同一」を強調するようになるが、結局、禅のいう自内証の一大事とはこの絶対矛盾的自己同一としての「真の自己」の発見・自得に外ならない。曰く――「我々の自己の底には何処までも自己を越えたものがある、しかもそれは単に自己に他なるものではない、自己の外にあるものではない。そこに我々の自己の自己矛盾がある。…しかも我々の自己が何処までも矛盾的自己同一的に、真の自己を見出す所に、宗教的信仰というものが成立するのである」。「我々の自己は動物的でもなければ、天使的でもない。この故に我々は迷える自己である」。しかし「一転してその矛盾的自己同一において安住の地を見出す」こと、これが宗教なのである。要するに、自内証とは我（主）と非我（客）との矛盾的自己同一としての「真の自己」の体得であって、これが大智なのである。「故に我々の自己が宗教的信仰に入るには、我々の自己の立場の絶対的転換がなければならない。これを回心というのである」。道元禅は「得法のなかに修行す」という立場なのであるから、先ずは自己の立場の絶対的転換を踏まえた「修行」が必至となる。

かくして、宗教においては、特に成正覚における釈尊との合一を期す仏教においては、何よりにもまして己自身の変革が要求される。西田の論理に従えば「対象論理」から「場所的論理」への転位であり、実存的に云えば「意識的自己」から「意識的自己を越えたもの」への超脱であり、宗教的に云えば回心・見性、これである。ということは、仏教の真意は外から理解されうるものではなく、それは自己の変革と一つになって活捉されねばならないということである。この己の身心の転換を要しない学問的理解によっても、また「意識的自己」ないし「主観的自己」に留まる修行によっても、正覚は決して成就しない。個々人が己自身を仏海の水すべてを容れるべく一器、否、無際限の大器に改造しなければならぬ。自己の変革による仏海との合一化である。

ここに至れば、西田哲学の自内証もさらに敷衍されねばならない。すなわち、我々は「真の自己」をとりあえず「自己の奥底（の）意識的自己を越えるもの」と解してきたが、しかしこれを文字通り「超えるもの」と捉えてはいけない。なぜならこの大事を単なる「もの」と理解することは、「真の自己」を一つに固定・限定化し、客体化し得ない絶対主体の自己を相対・平板化するからである。主体的な働きを「もの」と解することは対象論理的理解なのである。

逆に西田の場所的論理に基づけば、「意識的自己を越えたもの」とは通常の「もの」という枠を突破して「自己の奥底」から直ちに全宇宙に直通することなのである。否、「直通」ではなくして、もともとすでにして宇宙に「直属」・包蔵されていた自己の発見なのである。つまり「超えたもの」とは無際限に働く働きそれ自体であって、端的にいえば宇宙全体の運きなのである。「真の自己」の在り方は宇宙と一体をなし、これと一にして不二の事態なのである。西田は云う――「我々の真の自己は宇宙の本体である、真の自己を知れば啻に人類一般の善と合するばかりでなく、宇宙の本体と融合し神意と冥合するのである」。「仏教の根本思想である様に、自己と宇宙とは同一の根柢を持って居る、否直に同一物である」。「自己と宇宙」とが「同一物である」こと、それは「主客合一」の事態であって道元禅の「尽十方世界」に通底するであろう。道元が「尽十方界、是自己光明」と説き、「山河大地日月星辰、これ心なり」と喝破するその所以、その仏法的根拠はまさにこのような自内証にある。

最後に「主客合一」の見地から触れなければならないことは、西田哲学の「純粋経験」の概念であり、道元禅の「受自用三昧」のことである。両者の間には小異はあるものの、根底においては同じくするものがあるであろう。道元禅と西田哲学とには接点があるであろう。

まず一方の西田哲学の場合、その出発点にして第一原理とも云うべきものは「純粋経験」の概念である。『善の研究』の「序」に、「純粋経験を唯一の実在としてすべてを説明して見たいというのは、余が大分前から有つて居た考えであつた」というのがそれである。この「純粋経験」の立場はやがて絶対自由の意志、場所、そして弁証法的一般者や歴史的実在の世界などの概念に深化拡大され、論理的には対象論理を克服・止揚する「場所的論理」に結晶化されていった。それゆえ「純粋経験」は西田哲学におけるアルファーにしてオメガーなのである。そして西田によれば、「経験するといふのは事実其儘に知るの意である。…純粋といふのは、普通に経験といっている者も其実は何等かの思想を交へて居るから、毫も思慮分別を加へない、真に経験其儘の状態をいふのである。…それで純粋経験は直接経験と同一である。自己の意識状態を直下に経験した時、未だ主もなく客もない、知識とその対象とが全く合一して居る」。「直接経験」それ自体においては主客未分でいわば理と事が一体となっているのであるから、これが「主客合一」であることは贅言するまでもない。

以上の略述からすれば、「純粋経験」の理解はさほど難しくはないように見える。しかしこれを対象論理的に理解して机上の理に留まるならば、それは真の「純粋経験」の了得にはならない。西田の場所的論理とは決してそのようなものではない。例えば、今・ここでの「純粋経験」を考えてみよう。この場合の「純粋経験」とは、今、読者子が拙稿に眼を落していること、これである。もし読者子がこのように了解しえず他のどこかにこれを求めるのであれば、それは外の客観的方向に求めるということであって、諸氏が無意識のうちに「主客合一」ならぬ主客を分離し、「主客相対」の対象論理に堕していることを証している。「純粋経験」の端的は「主客合一」で、「場所的論理」はこれを踏まえたものである。理上でない事上の「純粋経験」とは、「而今」の読者子の活字を追っている眼の働きそれ自体であって、この外にはない。したがってこれをさし措いての「純粋経験」の理解は無意識の内に真の純粋経験を毀損していることになる。つまり真の主客の合一を自得しえないからこそ、外の客観にこれを求めるのであって、その元凶は無縄自縛に陥っている自己自身の在り方にある。それは自己が「意識的自己」に留まる「もの」だから、客観と合一・一体化しえないのである。自己が仏教のいう「迷い」にあって、道元のいう「自受用三昧」にないからである。

西田哲学が「主客合一」の「純粋経験」から出発したとすれば、道元禅もまた同じように「主客合一」の立場から歩み始めたように思われる。すなわち、釈尊成正覚の「自受用三昧」の境地からである。辧道話の巻頭に云う――「諸仏如来、ともに妙法を単伝して阿耨菩提を證するに、最上無為の妙術あり。これたゞ、ほとけ佛にさづけてよこしまなることなきは、すなわち自受用三昧、その標準なり」。

衛藤によれば、「釈尊四十九年の伝導も、八万四千の法門も要するに自受用三昧の展開であり、正伝の仏法の基本は実はここにあるのである」とされる。「正伝の仏法」とは「自受用三昧」の法をそのまま自己の座禅三昧の下に自得することである。つまり対機の説法でない「道元禅は、一切の経法の根源に遡って、釈尊成正覚の自受用三昧に基本をおき、有情非情同時成道の自證三昧の風光を天真の仏法とし純一の仏法として、これを〝ひろく仏向上の機にこうぶらしめて、よく仏向上の法を激揚す〟」という立場なのであるから、「自受用三昧」がその出発点をなしている、と云ってよいであろう。

では、「自受用三昧」とはいったいどのようなことを指すのであるか。衛藤は云う――「自受用」とは仏身観の他受用に対する語であって、教化のために他によって受用される仏ではなくして、「自ら自證の法を受用する」仏のことである、と。つまり「自受用三昧」とは「自受法楽の境地にある仏」のことであって、「釈尊が菩提樹下に成道して未だ正覚の座を立たず、伝導教化を決意して一歩踏み出す前に、自内証の法悦に安住するとき」のことであるという。

我々がこのような「自受用三昧」を「主客合一」の境地として「純粋経験」と同等視しようとするのは、既述したように西田が悟りを「主客合一」の事態と解釈したことによる。それは菩提樹の下に端坐し、明星を見て開悟した釈迦その人の経験そのものにまさに通底する概念と見られるからである。たしかに「純粋経験」は哲学的概念であるから、そこに抽象的普遍性があり道元云う釈迦の一回限りの成正覚の「自受用三昧」とは相違するであろう。が、その相違を越えて両者には以下のような相似性が看取されるのである。

先ず、「自受用三昧」は「他に動かされないで自ら働く、いわば自主的の動きとも云え」るのであるから、仏身観を除き、これはそのまま真実在としての「純粋経験」に当て嵌まるのである。西田曰く――「余の真意では真実在とは意識現象とも、物体現象とも名づけられない者である。…直接の実在は受動的の者でない、独立自全の活動である。有即活動とでも云つた方がよい」。「他に動かされない」「自受用三昧」は、「独立自全の活動たる」純粋経験と同態であるといってよいであろう。

そして最大にして最要の類似性は、右の「真実在」が「独立自全の活動」であるとする点に関してである。西田哲学の根本概念の一つに「絶対無の自覚」がある。これは自己の無なることの徹見において知ること・認識することを概念化したものであるが、その淵源は「純粋経験」にある。つまり「純粋経験」とは「毫も思慮分別を加えへない」「事実其儘に知る」ことなのであるから、そこでの「知る」ことは経験の真っ只中の「無」（主客合一）の生起なのである。それゆえ認識は自己の外なる客観を知ること（主客相対）ではなく、絶対無の・絶対無における自省・「自覚」なのである。ということは、主客の先行的存在によって認識が遂行されるのではなく、逆に絶対無の自覚的限定によって主客が共に成立するということである。つまり、認識とは主客の相互成立のことであって、主の成立が客の成立であり、客の成立が主の成立なのである。主と客および智の三者同時成立が「絶対無の自覚」なのである。

ここから判明するように、認識すなわち絶対無の自覚は単に対象を知ることではなくして、知ると共にこれを産出することなのである。自覚それ自体においては主が成立すると共に客が創出されるのである。絶対無の自覚は絶対無が主と客とに分裂し、その再統一によって判断的に覚知するのであるから、客観的対象は自覚以前に存在するのではない。そうではなく逆に自覚と共に創出されるのである。絶対無は有・無の対立を超越した次元であるから何も無いということではない。それゆえその自覚は単に知ることだけでなく、云わば「絶対無からの創造」となるのである。結局、西田が真実在を「独立自全の活動」すなわち「有即活動」とするのは、一々の認識活動が客観的存在を模写ではなくて産出・創造するからである。このような「絶対無の自覚」こそ、「自受用三昧」およびその「大智」にそのまま該当するのではないか。

「自受用三昧」は成道時の釈迦のあり様を指すが、その釈迦は十二月八日早暁の明星を見て「我与大地有情同時成道、山川草木悉皆成仏」と開いたのであった。

問題は「我与大地有情同時成道」をどう理解すべきかである。西田自身がこれに触れている訳ではないが、その哲学に即して云えば、それは主観・客観の同時成立ということであろう。菩提樹下静慮の只中の釈迦が端坐三昧（主客合一）にあり、ふと我に返って明星（客観）と自己（主観）の摩訶不思議な存在に覚醒した。それは長年に亘る生老病死の苦因を探究していた釈迦に突然襲った光明であった。一切の存在・苦をも含む万象森羅はこの自己の存在なくしてはありえないのであって、悉皆の存在はひとえに端坐せるこの自己に依存している。明星が明星として存在するのは、現に見る自己がここにいるからである。見る働きとしての自分がここにいなければ明星それ自体もない。客は主あっての客であり、主は客あっての主である。そして明星が「明星」として、また自分が「釈迦」として識別されてその存在性が獲得されるのは、端坐三昧の統一が破れた結果であって、決してその逆ではない。つまり真の実在は禅定三昧の時であって、明星・自己の識別・区別は主客未分の三昧が分化・展開した結果である。これ、真如の成就であって、有情非情同時成道とはまさにこの生起をいうに外ならない。「自受用三昧」は西田の「純粋経験」概念に最もよく該当するであろう。曰く——「凡て直接経験の状態に於いては主客の区別はない……主客の別は経験の統一を失つた場合に起こる相対的形式である。これを互いに独立せる実在と見做すのは独断に過ぎないのである」。明星が孤絶して天空にあるのではない。釈迦の存在も単独の実体ではない。釈迦と明星とは一つの繋がりをなしている

今までは釈迦も自己を「独立せる実在と見做」してきた。「真の自己」を単に「自己」（主）と捉

えるのみで、他者（客）との繋がりを見出せなかった。したがって衆生（客）の苦の真因を解明できなかった。しかし今やすべてが豁然氷解した。すべてが連関のうちに存在しているのだ。つまりなべての存在・有情非情は自己の実存なくしては存在しえず、この一介の自己の現存が宇宙全体の存在性を付与している。我の実存が四苦を含む悉皆を悉皆となし、悉皆にその存在性を与えている。逆に、自己は悉有の一つでしかなく、また、自己の存在は悉有なくしてはありえない。「仏性」とはまさにこのような縁起的なあり方を指すものであって、「真の自己」は仏性の一顕現態なのである。結局、「悉有仏性」である。我々は先に西田の自内証として、「自己」の奥底に意識的自己を越えたものがある」ことおよびそれが直ちに宇宙全体に直属していることを確認したが、この事態は釈迦の「見明星悟道」・「自受用三昧」と類似するであろう。そしてその「自受用三昧」の内実は仏性に覚醒したということであって、さればこそ道元は仏性についてこう道破する——「おほよそ、仏性の道理、あきらむる先達すくなし。諸阿笈摩教および経論師のしるべきにあらず。仏祖の児孫のみ単伝するなり。仏性の道理は、仏性は成仏よりさきに具足せるにあらず、成仏よりのちに具足するなり。仏性かならず成仏と同参するなり。この道理、よく〳〵参究功夫すべし。三二十年も功夫参学すべし」。

約言すれば、道元禅の本質は「自受用三昧」の承当にあるであろう。「自受用三昧」は父母未生以前や朕兆以前にも通底しているのであって、これを論理的に表現すれば西田の「純粋経験」となろう。そしてその心髄が「主客合一」にあることを深く〳〵銘肝すべきである。「主」とは外ならぬこの我々一個人のことなのである。

（小論は駒沢大学日曜参禅会・禅友会会誌『禅叢』第十四号［二〇一三年］に掲載したものである）

【著者のプロフィール】

岡廣二（おか・ひろじ）

昭和18年　栃木県に生まれる。

昭和41年　早稲田大学第一法学部卒業・文学研究科史学専攻修士課程入学（“不詳の弟子”の師は西洋中世史家で、いわゆる「京都学派」四天王の1人・鈴木成高）。

昭和47年　同専攻博士課程単位取得中退。私立十文字高等学校勤務。

※　なお、昭和42年、西田の門弟・西谷啓治の『宗教とは何か』に衝撃を受け、京都に参師聞法をする。また、この頃より同門の下村寅太郎の「プリムツアール会」に参加。退職後、駒澤大学の「日曜参禅会」に参席。

※　所属会員・・・・「日本宗教学会」・「西田哲学会」

※　著作・・・・『西田幾多郎と宗教』（22世紀アート社）

※　主要論文・・「フランス文明における時間の観念」

西田哲学と禅

2022年12月16日発行

著　者　岡　廣　二

発行者　向田翔一

発行所　株式会社22世紀アート
〒103-0007
東京都中央区日本橋浜町3-23-1-5F
電話　03-5941-9774
Email: info@22art.net　ホームページ：www.22art.net

発売元　株式会社日興企画
〒104-0032
東京都中央区八丁堀4-11-10 第2SSビル 6F
電話　03-6262-8127
Email: support@nikko-kikaku.com
ホームページ：https://nikko-kikaku.com/

印刷
製本　株式会社PUBFUN

ISBN：978-4-88877-144-3